高等职业教育市场营销专业"理实一体化"创新教材

# 市场营销学实务教程

## （第 2 版）

主　编　杨　勇

副主编　王晓东　高环成

参　编　张　洁　贾珺婷　李娟丽

中国财富出版社有限公司

**图书在版编目（CIP）数据**

市场营销学实务教程／杨勇主编 . — 2 版 . — 北京：中国财富出版社有限公司，2023.12
高等职业教育市场营销专业"理实一体化"创新教材
ISBN 978 - 7 - 5047 - 8028 - 7

Ⅰ.①市…　Ⅱ.①杨…　Ⅲ.①市场营销学—高等职业教育—教材　Ⅳ.①F713.50

中国国家版本馆 CIP 数据核字（2023）第 249644 号

| 策划编辑 | 谷秀莉 | 责任编辑 | 田 超　刘康格 | 版权编辑 | 李 洋 |
|---|---|---|---|---|---|
| 责任印制 | 梁 凡 | 责任校对 | 张营营 | 责任发行 | 于 宁 |

| | | | | | |
|---|---|---|---|---|---|
| **出版发行** | 中国财富出版社有限公司 | | | | |
| **社　址** | 北京市丰台区南四环西路 188 号 5 区 20 楼 | | **邮政编码** | 100070 | |
| **电　话** | 010 - 52227588 转 2098（发行部） | | 010 - 52227588 转 321（总编室） | | |
| | 010 - 52227566（24 小时读者服务） | | 010 - 52227588 转 305（质检部） | | |
| **网　址** | http：//www.cfpress.com.cn | | **排　版** | 宝蕾元 | |
| **经　销** | 新华书店 | | **印　刷** | 北京九州迅驰传媒文化有限公司 | |
| **书　号** | ISBN 978 - 7 - 5047 - 8028 - 7/F · 3701 | | | | |
| **开　本** | 787mm×1092mm　1/16 | | **版　次** | 2024 年 9 月第 2 版 | |
| **印　张** | 14.5 | | **印　次** | 2024 年 9 月第 1 次印刷 | |
| **字　数** | 344 千字 | | **定　价** | 49.00 元 | |

# 前　言

为了更好地满足高等院校市场营销人才培养及企业市场营销团队建设的需要，适应企业营销专业化、规范化、个性化的要求，本书依据市场营销的基本原理，吸收国内外市场营销的最新研究成果，结合国内外市场营销的实践，尤其是一些原创性营销案例，从营销的起源与发展、营销环境、营销调研、消费者行为、营销战略、4P（产品、定价、渠道和促销）组合、营销管理等方面展开系统论述。

本书保持了第 1 版结构清晰、逻辑性强，从理论、实务、案例三维视角展开论述的特点，但与第 1 版相比，内容有所调整，删除了服务营销与国际营销的内容，将营销实战中的经验、成功营销案例优化整合在重要原理中，原创案例有所增加，以国内企业的成功营销案例为主，力求突出教材的理论性、科学性及实践操作性。本书适合作为高等院校市场营销专业教材使用，也可以供经管类其他专业本科、专科学生使用，还可供企业经营管理者、营销策划者及创业者在实际工作中应用及自学。

全书具体分工如下：项目一、二、四、八由运城学院的杨勇撰写，项目三、七、十一由运城职业技术大学的王晓东撰写，项目五、六、十三由山西传媒学院的高环成撰写；项目九由运城学院的贾珺婷撰写，项目十由运城学院李娟丽撰写，项目十二由运城学院的张洁撰写。杨勇策划全书结构和大纲，是全书的总纂，王晓东负责配套资料建设。

本书在编写过程中得到了运城学院、运城职业技术大学、陕西服装工程学院的大力支持和关怀，北京朝晖策管理咨询有限公司樊朝晖、运城市健康时尚广告有限公司尚兆明、运城市鲲鹏广告策划有限公司党晓坤、运城市关帝表业有限公司董雁红，以及南方出版传媒股份有限公司、广东科技出版社陈航等提供了大量原创案例，运城学院经济管理系赵博宇帮助整理案例，他们对本书的结构及内容的合理性方面提出了很好的建议，在此一并表示深深的谢意。

在编写过程中，本书参考了大量国内外市场营销相关书籍以及部分网络资料，一并作为参考文献附于书后，并向有关作者表示最真挚的感谢。

由于时间仓促，书中疏漏之处在所难免，敬请读者批评、指正，以便再次修订时做出更多的改进和调整。

杨　勇

2024 年 1 月

# 目　　录

教学 PPT

扫码获取
更多教学资源

# 项目一　市场营销导论

## 学习目标

1. 了解市场营销学在国内外的产生与发展。
2. 熟悉市场营销学研究对象、内容及学科特点。
3. 掌握市场营销学研究方法。

## 案例导入

### 九牧集团有限公司

位于福建省泉州市南安市的九牧集团有限公司（简称九牧），创立于1990年，是一家集科研、生产、销售和服务于一体的综合性整体厨卫制造商，在全球拥有1万多家高端卫浴店、超30万个销售网点，是国内大型的卫浴洁具产品制造商和供应商之一。它是一家以智能卫浴为核心的全产业链、创新型国际化企业；在德国、法国拥有高端灯塔工厂，在中国建有15家高端灯塔工厂，全球首创5G云制造灯塔工厂。

九牧荣获绿色设计国际贡献奖、科技创新一等奖，成为自主创新行业典范。2018年入选CCTV《大国品牌》企业，成为2022年双奥会开闭幕式主会场鸟巢卫生洁具独家供应商、中国国家短道速滑队赞助商、大兴机场厨卫产品供应商，彰显出引领中国品牌晋级世界名牌的硬核力量。

九牧能够取得如此成就，主要有以下几点做法。

一、不断创新，精心打造一流产品

创新是九牧领先的原动力，九牧凭借颠覆传统的创变思维，秉承"让智能更懂生活"的理念，拥有行业先进的产品、技术、营销与管理资源。九牧拥有超过5000人的专注卫浴研发设计团队，拥有多家实验室，创立研究院、欧洲运营中心及北美运营中心，拥有超2万项国际领先技术专利，获200项以上全球设计大奖。九牧与西门子、华为、IBM、意大利乔治亚罗设计公司、梁景华设计师事务所建立了长期战略合作，以近乎苛刻的精神，向世人奉献着极致的产品。九牧顺应经济转型升级趋势，响应国家"一带一路"倡议，在供给侧结构性改革大潮中，推行全球泛家居定制战略，全面革新布局。卫浴、厨柜、衣柜、阳台、陶瓷、石材、全屋水系统，应有尽有。

**二、不断整合，建立畅通的营销渠道**

整合设计、物流等跨界产业资源，引进世界顶尖品牌，客户端到工厂端（C2F）全面打通。在国际市场，聚焦"一带一路"沿线国家，通过并购与海外本地化运作开拓国际市场。"实现一站式泛家居定制解决方案，2030年成为全球化泛家居定制引领者"成为九牧在新的发展阶段的企业愿景。

除了让利和定制化服务，九牧还全面打通线上线下渠道，全国多家线下体验店同步开启狂欢购模式。

**三、不断探索，提升体验高品质**

作为关注全球环境可持续发展的厨卫企业，九牧坚持追求可持续发展模式，以智能化、人性化、健康、节能环保的产品优势，促进人、产品、环境的和谐发展，为全球用户创造高品质生活。九牧在健康新技术、系统数字化、轻智能、定制化、新颜值、新材料、新能源、生态品类研发方面继续发挥领先优势，积极响应和实施"双碳"行动，促进人、产品、环境和谐发展，持续为全球用户创造美好家居生活新体验。

作为国内高端卫浴领导者，九牧将"加强与消费者互动"的优势发挥得淋漓尽致，自开展智能马桶"先用后买"活动之后，九牧更在鼓浪屿部分优质老别墅旅馆安装了近百台智能马桶盖，获得了业界和消费者的一致好评。

为顺利打开春季家居市场，各大电商平台纷纷推出"春季家装节"活动，九牧借势推出"九牧微改装，焕新小意思"直播整合营销活动，借助行业设计师的影响力，有效传递了"浴室微改小意思"的活动理念，在更广阔的消费圈层打响了品牌知名度。

**四、不断改进，提供优质服务**

九牧提出了全卫全体系设计方案，售前、售中、售后一站式服务，并通过活动向消费者传达"有九牧，麻烦焕新马上变成'小意思'"的理念。B站和微博家居头部达人"EClife意思生活"对活动的助力，更让微改变得"轻松有意思"。九牧在活动中，从用户场景和需求出发，深度运用家居设计师IP，盘活公私域流量，通过内容直播、微博互动等形式成功实现了品牌心智植入和销售转化。九牧对用户体验和品牌形象塑造的探索，从未停止：通过洞察用户的浴室痛点，提出一站式微改服务，提供多元化的购买选择。

作为连续获得"全国售后服务十佳单位"殊荣的企业，九牧提供一站式管家服务，为客户提供售前、售中、售后全过程服务。九牧又在售后服务方面进行了升级，以"一站式VR体验、一站式管家定制、一站式管家服务"的新型泛家居整体解决方案，依托定制店和销售网点资源，启动服务管家，全国范围覆盖，全力保障售后服务。

九牧在智造战略指导下，基于五星品质所构建起的物联网平台、整体智慧卫浴空间以及五星定制体验店，成为推动"厨卫生态圈"和"泛家居"的重要依托。九牧以24小时一站式管家服务热线为集中点，扩散至电商、终端渠道，并进一步细化到专业技术人才和售后服务团队，打造出行业领先的五星服务链。

五、不断出击，打好各式促销战

九牧在每次促销活动前、中、后期，均深度运用了设计师IP和设计师资源，有效提升了品牌认知度。在活动前期，通过在官博发起浴室困扰征集互动，并发布达人海报，借助"EClife意思生活"的影响力，让更多粉丝关注并参与互动，借势预告直播活动。活动前期积攒的势能，到了活动中段厚积薄发，"EClife意思生活"在京东和天猫进行"九牧微改课堂"3D直播，并同步推流直播。沉浸式场景直播与微改主题巧妙结合，生动、直观呈现九牧微改焕新的轻松效果，并带出产品卖点，实现行业创新。直播观看量高达300万次。直播结束后，九牧在官博发布直播花絮，进行"课堂抢答互动"，维持传播热度。内容直播将单纯的带货直播打造成浴室微改互动小课堂，充分诠释了"九牧微改装，焕新小意思"的核心利益点，颠覆了传统卫浴改装的"困难印象"，引发行业关注，提升九牧品牌以及产品的认知度及热度。

品牌以找准消费者痛点、制订精准策略为起点，选择家居垂直领域的头部关键意见领袖（KOL），将达人IP与项目深度融合。借助设计师影响力打出活动声量，通过直播、微博互动等形式持续引爆热度，强化了消费者对九牧品牌的认知，使"微改小意思"的核心理念深入人心，同时满足了品牌曝光、转化、粉丝沉淀等多维营销需求，打响了家居市场营销破局的精彩一仗。

"双十一"商家都铆足干劲，各种推广玩法、促销活动、优惠信息铺天盖地，让人应接不暇。在这种信息大爆炸和全民集体狂欢的环境下，谁能俘获消费者的注意力，谁就能抢占先机。九牧在"双十一"，除了推出"万台智能马桶先试后买"和"免费五星定制体验"等亮点活动，还重磅请来高颜值又有冠军气质的张继科作为推广大使，一起倡导"致敬生活不凑合"。从天猫预售第一天开始，九牧就全渠道推出系列宣传，吸引粉丝围观。事实证明，"明星效应"引流非常明显，预售期九牧就荣获多个品类的销售冠军。要打好"双十一"这场仗，除了要具备天时地利人和，战略和打法也至关重要。实际上，在每年"双十一"结束之后，九牧都会开始准备下一年"双十一"的产品。九牧除了巩固一贯主打的花洒、水龙头、水槽等厨卫五金产品，也加大了对智能马桶、浴室柜等大件品类的推广力度。按照"单品爆破"的战略，九牧重点针对一体智能坐便器、淋浴花洒套装、浴室柜、面盆水龙头、厨房水龙头、浴缸水龙头等主要品类，实施突破，最终，天猫九牧官方旗舰店一举拿下了6个单品类的销售冠军。"双十一"当天，九牧联动当地和周边城市知名房企推出万人团购会活动，线上线下同步促销，吸引近万人抢购，当天成交额突破千万元。

创新是九牧领先同行的原动力，九牧在不断颠覆中寻找创新的出路，从产品外观设计到产品部件与工艺的优化，从传统专卖店到五星定制体验店的开发，从行业服务标准到特色的一站式管家服务体验，九牧已形成一套完整的创新机制并开创了多项行业先河。

（资料来源：南方出版传媒股份有限公司、广东科技出版社运营总监陈航整理提供）

从上述案例可以看出，九牧通过打造一流产品、建立畅通渠道、提供优质体验与服务、积极开展促销活动，成为自主创新行业典范。九牧的成功充分证明了市场营销学作为一门综合性的应用性学科，对指导企业从事生产经营活动有极其重要的作用。

市场营销学于 20 世纪初创建于美国，是美国社会、经济、文化、科学技术等各方面因素共同作用的结果。后来流传到欧洲各国、日本和其他国家，并从传统的市场营销学演变为现代市场营销学，其应用从营利性组织扩展到非营利性组织，市场营销学在营销实践中不断发展和完善。

# 任务一　市场营销学的产生与发展

## 一、市场营销学的产生与发展阶段

### （一）市场营销学的产生

自从出现市场，人类的市场营销活动就再没有终止过。我国从事市场经营活动的历史源远流长，在漫长的营销活动中我国经营者们逐渐形成"秘而不宣"的经营谋略，这些在《史记·货殖列传》《汉书》等中都有记载。只不过我国古代经营者实践多理论少，总结不够，系统性不强，故而很少被纳入营销经典。

被誉为"现代管理之父"的彼得·德鲁克认为，规范的、系统的市场营销活动理念最早起源于 17 世纪的日本，当时日本三井家族的一位成员成立了世界上第一家百货商店，他为该商店制定了一些经营原则，该原则的基本内容：公司充当顾客的采购员；为顾客设计和生产适合需要的产品；保证满意，否则原款奉还；为顾客提供丰富多彩的产品，而不是只着眼于一套工艺、一种类型、一个程序。

19 世纪后期，伴随着科学技术的进步，标准产品、零部件和机械工具的发展，食品储存手段的现代化，电灯、自动纺织机的应用等，资本主义经济得到了空前发展，资本主义的矛盾日趋突出。连连爆发的经济危机，迫使企业更为关注产品销售，为应对市场竞争，企业在实践中不断探求市场营销的运行机制和运行规律。20 世纪初，世界主要资本主义国家先后完成工业革命，由自由竞争进入了以社会化大生产为基础的垄断资本主义阶段。企业的生产规模越来越大，生产能力迅速提高，专业化程度日益增强，产品市场由本地市场向全国市场甚至国际市场扩张，市场竞争日趋激烈；同时，由于科学技术的迅猛发展，新设备、新产品不断涌现，迫使企业更关注消费需求及竞争对手的情况，以便争取市场竞争中的有利地位。人口的迅速增长，个人收入水平的不断提高，扩大的新市场，为社会创造了无数商机。美国古典管理学家、"科学管理之父"泰罗总结归纳出以提高劳动生产率为主要目标的科学管理理论，现代经营管理之父亨利·法约尔创立一般管理体系。这使企业内部决策、计划、组织、协调与控制变得更为严密，也使企业有可能和有能力运用现代化的调查研究方法预测市场变化趋势，制订有效的生产计划和销售计划，控制和调节市场销售量。为适应资本主义市场经济迅猛发展、社会快速变革的客观需要，市场营销学作为一门独立的经营管理学科诞生了。

## （二）市场营销学发展的四个阶段

市场营销学从诞生到发展，大致经历了以下四个阶段：

### 1. 初创阶段（1900—1920年）

20世纪初，随着西部开发运动和铁路向全国各地的延伸，美国国内市场急剧扩大。生产的社会化、现代化，使企业生产能力的增长超过市场需求的增长。企业开始重视商品销售，美国的许多营销学者开始发表论著，论述产品分销、推销、广告、定价、产品设计和实体分配等。为了培养企业销售人才，美国各地纷纷成立了销售学校，一些大学设立了工商管理市场营销专业。例如，1902—1905年，美国的密执安大学、加州大学、伊利诺斯学院和俄亥俄大学等均开设了市场营销课程。韦尔达、拉尔夫·巴特勒和威尼斯在美国最早使用"市场营销"术语。韦尔达提出，"经济学家通常把经济活动划分为三大类：生产、分配、消费……生产被认为是效用的创造""市场营销应当定义为生产的一个组成部分""生产是创造形态效用，营销则是创造时间、场所和占有效用"。他还认为市场营销开始于制造过程结束之时。1910年，拉尔夫·巴特勒正式出版《市场营销方法》一书，首次将"市场营销"作为学科名称。1911年，第一个市场调查研究机构在美国诞生。1918年，弗莱德·克拉克编写了《市场营销原理》讲义，被多所大学用作教材并于1922年出版；L. S. 邓肯于1920年出版了《市场营销问题与方法》。这一阶段的市场营销学，同"推销"或"促销"的含义是相通的，其内容局限于流通领域，主要是"分配学"和"广告学"，研究的重点是企业产品的广告与人员推销等促销方法。

### 2. 应用阶段（1920—1945年）

1929年，美国爆发经济危机，随即席卷德国、英国、法国等资本主义国家，形成了前所未有的、持续极久的世界经济大危机。经济危机导致产能严重过剩，商品大量积压，企业倒闭，工人失业。主要资本主义国家市场明显由卖方市场转为供过于求的买方市场。严峻的事实迫使企业经营者关注的首要问题已经不是如何扩大生产和降低成本，而是怎样把产品销售出去。为了帮助企业打开销路、争夺市场、增加销量，市场营销学家提出了"创造需求"的理论，开始进行市场调查、分析、预测，并运用大量的实际资料，形成了许多新的原理。例如，弗莱德·克拉克和韦尔达在《农产品市场营销》一书中指出：农产品市场营销系统包括集中（农产品收购）、平衡（调节供求）和分散（化整为零销售）3个相互关联的过程，营销者在其中执行7个市场营销职能——集中、储存、融资、承担风险、标准化、销售和运输。1937年，美国全国市场营销学和广告学教师协会及美国市场营销学会合并，组成美国市场营销协会。其在美国设立市场营销调研专刊，对市场营销学的发展起了重要的推动作用。1941年，P. D. 昆巴斯和H. W. 方济合著《市场营销原理》，他们从企业经营者的立场出发，对市场营销的职能进行了广泛探讨。这一阶段，市场营销学得到长足发展，并在企业经营实践中广泛应用。但是，这一阶段的营销研究仍然局限于商品销售技巧、销售方法和销售渠道等方面，基本上没有超出商品流通领域。

### 3. 变革阶段（1945—1955 年）

第二次世界大战后，市场营销学从概念到内容都发生了深刻的变化。社会经济发生了显著的变化，现代科技的进步，促进了生产力的高度发展，产品数量激增，品种日新月异，市场完全变为买方市场，资本主义"生产过剩"的经济危机比之前更为频繁，消费者需求有很大增长，向更高层次变化，对社会供给提出了更高的要求。在这种情况下，市场营销学也随之变革。

许多市场营销学者经过潜心研究，提出了一系列新的营销观念和新的研究方法。1947年，E. A. 迭迪与 D. A. 雷博赞合作出版《市场营销体系的形成》，在该书中，他们研究了产品、价格及管理等各部分之间的变动关系，从而使市场营销学成为一门动态的学科。

美国著名的市场营销专家菲利普·科特勒与阿姆斯特朗合作出版《市场营销原理》，他们主要研究了最终消费者和工业品使用者市场及销售策略、价格策略等内容。

1952 年，范利、格雷斯和考克斯合作出版了《美国经济中的市场营销》一书，全面阐述了市场营销如何分配资源、指导资源的使用，尤其是指导稀缺资源的使用；市场营销如何影响个人分配，而个人收入又如何制约营销；市场营销还包括为市场提供适销对路的产品。同年，梅纳德和贝克曼在《市场营销原理》一书中把市场营销定义为"影响商品交换或商品所有权转移以及为商品物流服务的一切必要的企业活动"。他们归纳了研究市场营销的 5 种方法：产品研究法、机构研究法、历史研究法、成本研究法、职能研究法。

### 4. 大发展阶段（1956—2000 年）

这一阶段是市场营销学理论与实践大发展的阶段，该阶段的代表人物有罗·奥尔德逊、约翰·霍华德、杰罗姆·麦卡锡、菲利普·科特勒、乔治·道宁等。

罗·奥尔德逊是营销功能主义学派的创始人，他在 1957 年出版的《市场营销活动和经济行动》一书中提出了"功能主义"，他主张从经营者行为的角度把握市场营销活动。

约翰·霍华德在出版的《市场营销管理：分析和决策》一书中率先提出从营销管理角度论述市场营销理论和应用、从企业环境与营销策略的关系来研究营销管理等问题，强调企业必须适应外部环境。

杰罗姆·麦卡锡在 1960 年出版的《基础市场营销学》一书中对市场营销管理提出了新的见解。他把消费者视为一个特定的群体，即目标市场，企业会制订市场营销组合策略，以适应外部环境，满足目标顾客的需求，实现企业经营目标。

1967 年，菲利普·科特勒出版了《市场营销管理：分析、计划与控制》一书，该著作更全面、系统地阐述了现代市场营销理论，并对营销管理下了定义：营销管理就是通过创造、建立和保持与目标市场之间的有益交换等联系，以达到组织的各种目标而进行的分析、计划、执行和控制过程。他还提出，市场营销管理过程包括分析市场营销机会，进行营销调研，选择目标市场，制订营销战略和战术，制订、执行及调控市场营销计划。菲利普·科特勒打破了传统市场营销学认为营销管理的任务只是刺激消费者需求的认知，进一步指出营销管理任务还影响需求的水平、时机等。他指出营销管理的实质是需求管理，市场营销是与市场有关的人类活动，既适用于营利组织，也适用于非营利组织，这扩大了市场营销学的研究范围。

乔治·道宁首次提出市场营销的系统研究法。他在 1971 年出版的《基础市场营销：系统研究法》一书中提出，市场营销是企业活动的总体系统，通过定价、促销、分销活动，并通过各种渠道把产品和服务供应给现实顾客和潜在顾客。他认为：作为一个系统，它有一个人为的控制机制，这个机制将对各种破坏力量作出反击，以维持本系统与外部环境的平衡。

菲利普·科特勒根据国际市场及国内市场贸易保护主义造成市场的封闭状况，提出了大市场营销理论，即 6P 战略：原来的 4P，即产品（Product）、价格（Price）、渠道（Place）、推广（Promotion），加上两个 P——政治权力及公共关系。他提出了企业不能只被动地适应外部环境而应该影响外部环境的战略思想。后来，科特勒又进一步提出了"10P"理论，即在"6P"组合基础上再加上"4P"：探查（Probing），即市场调查研究；划分（Partitioning），即市场细分；优先（Prioritizing），即目标市场选择；定位（Positioning），即树立形象。"10P"组合理论全面概括了市场营销学的研究内容。

近年来，随着科学技术的日益进步、经济情况的不断变化、企业市场营销实践的不断探索，市场营销学在基本理论、营销观念、学科体系、传播领域等方面都有重大的发展。

（1）营销观念不断深化。由早期的生产观念、产品观念、推销观念不断演变为市场营销观念、全方位营销观念和社会营销观念。

（2）营销对象内涵、外延不断扩大。市场营销学从研究和指导企业行为，到现在已经作为一种强有力的理论被推广应用到学校、社会福利机构等非营利性机构，也被应用到诸如国外援助、旅游开发、农业开发等政府项目中来，有些竞选活动也都采用了这些理论和方法。

（3）市场营销学理论不断创新。市场营销学界每隔几年就有一批有创见的概念出现（见表 1-1）。这些概念推动了市场营销学从策略到战略、从顾客到社会、从外部到内部、从国内到国际乃至全球的系统的、全面的发展和深化。市场营销学已逐步建立起以"满足需求""顾客满意"为核心内容的框架和体系。

表 1-1　　　　　　　　　　市场营销学概念

| 年代 | 概念 | 提出者 |
| --- | --- | --- |
| 20 世纪 50 年代 | 市场营销组合<br>产品生命周期<br>品牌形象<br>市场细分<br>市场营销观念<br>市场营销管理<br>营销审计 | 尼尔·鲍顿<br>齐尔·迪安<br>西德尼·莱维<br>温德尔·史密斯<br>约翰·麦克金特立克<br>约翰·霍华德<br>艾贝·肖克曼 |

| 年代 | 概念 | 提出者 |
| --- | --- | --- |
| 20世纪60年代 | "4P"组合<br>营销近视<br>生活方式<br>买方行为理论<br>扩大营销概念 | 杰罗姆·麦克锡<br>西奥多·莱维特<br>威廉·莱泽<br>约翰·霍华德等人<br>菲利普·科特勒等人 |
| 20世纪70年代 | 社会营销<br>低营销<br>定位<br>战略营销<br>服务营销 | 杰拉尔德·泽尔曼等人<br>菲利普·科特勒等人<br>阿尔·赖斯<br>波士顿咨询公司<br>林恩·休斯塔克 |
| 20世纪80年代 | 营销战<br>大市场营销<br>内部营销<br>国际/全球营销<br>关系营销<br>事业关联营销<br>大众营销 | 雷维·辛格<br>菲利普·科特勒<br>克里斯琴·格罗路斯<br>西德尼·莱维<br>巴巴拉·本德·杰克<br>瓦拉达拉杰和梅农 |
| 20世纪90年代以来 | 网络营销<br>差异化营销<br>绿色营销<br>4R营销<br>4C营销<br>数据库营销<br>整合营销<br>内部营销<br>绩效营销<br>情绪营销<br>行为定价 | 葛斯·哈泊<br>赫海凯特<br>唐·E.舒尔茨 |

（资料来源：杨勇．市场营销学实务教程［M］．北京：中国财富出版社，2018.）

### 5. 数字化阶段（2000年至今）

这一阶段以数字化技术为基础，企业、合作伙伴与顾客共同参与创造、沟通、传递和维系所有利益相关者价值的过程。数字化阶段的营销不同于传统营销，其核心要素是数字技术和数据信息。在该阶段，企业能够以"技术+数据"双重驱动，通过数字化平台为消费者提供产品和服务。根据王永贵等营销学者们的研究，该阶段又可细分为五个阶段。2000—2004年为第一阶段。这一阶段与数字化营销相关的研究多将数字化营销视为个性化网络、搜索和决策支持工具以及智能营销工具。2005—2010 年为第二阶段。该阶段的研究主要集中于在线口碑营销，同时开始关注用户内容生成。2011—2014 年为第三阶段。该阶段涌现大量社交媒体平台，借助社交媒体的智能营销成为重点。2015—2016 年为第四阶段。此时，搜索广告、数据分析工具成为学者们关注的热点。2017 年以来为第五阶段。学者们开始探究数字化营销的碎片化问题，更加关注消费者行为背后的原因，如消费者为何使用社交媒体、数字化时代消费者的决策过程如何转变。

总之，随着社会经济及市场经济的发展，市场营销学发生了根本性的变化，从 20 世纪初的传统市场营销学演变为现代市场营销学，其应用从营利性组织扩展到非营利性组织，从国内市场扩展到国际市场。当今，市场营销学已成为同企业管理、经济学、行为科学、人类学、数学等学科相结合的实践性非常强的应用性学科。

## ◆知 识 链 接◆

# 科特勒的营销四时代

科特勒把营销分为四个时代。

第一个时代就是营销 1.0 时代。正如亨利·福特所言：无论你需要什么颜色的汽车，福特只有黑色的。这就是以产品为中心的时代。这个时代的核心是产品管理，营销也被局限于支持生产活动的七大功能之一，它的主要功能是为产品创造需求。麦卡锡的 4P 理论被奉为该时代的主臬：开发产品、制定价格、进行促销和建立渠道。简而言之，此时营销尚停留在战术层面，它几乎不需要任何创新。营销 1.0 时代基本上是卖方市场的时代。

20 世纪 70 年代开始，全球逐渐进入买方市场时代：产品日益丰富，为争夺顾客，企业激烈竞争。这时候更多的营销因素被大众认知，比如 4C 所强调的顾客、成本、便利和沟通，营销也越发引起企业重视，逐渐从战术层面上升至战略层面。营销者认识到，要更有效地创造需求，必须将以产品为中心转变为以顾客为中心。STP 战略的出现是营销 2.0 时代的核心标志，它强调市场细分、目标市场和市场定位。事实上，这是当下营销中极常用的营销战略模式。

20 世纪 90 年代开始，计算机、互联网逐渐进入人们的生活。随着网络化的逐步深入，人类也开始变得高度互联，信息不再是稀缺资源，消费者的消息变得异常灵通，这极大地促进了口碑的传播。就如同维克托在《大数据时代》中所说的一样，这个世界被四样东西所改变。第一个是移动终端的来临，第二个是社交时代，第三个是大数据，第四个是云计算。为了适应这些新的变化，营销者又一次开始了营销变革，更关注人类的情感需求。新的营销概念也应运而生，比如情感营销、体验营销、品牌资产营销等。先前的以消费者为目标的传统市场定位模型已经无法继续创造需求，营销者必须同时关注消费者的内心需求。这就是科特勒所说的营销 3.0 时代。

营销4.0时代为营销发展的"现在时"，重点在于满足消费者对自我价值实现的需求。移动互联网、大数据、人工智能等技术的不断发展，为消费者接触产品、服务、企业以及围绕产品和服务衍生出的具有相同需求的消费群体提供了平台。越来越多的社交媒体涌现，企业用来宣传和推广的数字传播手段也越来越丰富，消费者与企业、消费者与消费者之间的沟通交流更加便利。基于这些活动，产生了大量的消费者行为数据，企业要做的就是利用这些行为数据分析和预测数据背后消费者真正的诉求。在这一过程中，企业营销活动的重点在于利用数字技术，搭建社群等平台吸引用户，实现企业和消费者的价值共创以及消费者自身价值需求。可以说，营销进入了数字化时代。

## 二、市场营销学在中国

市场营销学在我国的传播可以追溯到20世纪三四十年代。1933年，丁馨伯编译《市场学》，这是我国现存最早的市场营销教材；1934年，上海世界书局出版了由丁馨伯编译的《市场学原理》；1935年，上海黎明书店出版了侯厚吉主编的《市场学》。当时一些大学的商学院开设了市场学课程，教师主要是从欧美地区留学归来的学者。当时，我国市场营销学的研究和应用具有一定的局限性。

1978年，一些大专院校开始引进市场营销课程。1979年，少数大专院校开始聘请外籍教师讲授市场营销学。1980年，中、美两国合作成立中国工业科技管理大连培训中心，聘请美国著名的营销专家讲课，其中著名的市场营销学教授菲利普·科特勒曾两次到我国进行市场营销讲学。通过对国外市场营销学著作、杂志和国外学者讲课内容进行翻译介绍，选派学者、专家到国外访问、考察、学习，邀请外国专家和学者来国内讲学等，营销理论得以实践应用，这为我国市场营销学的进一步发展打下了基础。

1984年1月，全国高等财经院校综合大学市场学教学研究会（1987年更名为中国高等院校市场学研究会）成立。1991年3月，中国市场学会在北京成立。它们为促进学术界、企业界理论与实践结合，为企业提供营销管理咨询服务和培训服务，建立对外交流渠道，做了大量有效的工作。

1992年以后，市场营销理论研究结合我国实际提高、创新。邓小平南方谈话，奠定了社会主义市场经济体制的改革基调。改革全方位展开，国内经济结构开始变化，外资企业大量涌入，经济全球化趋势日渐明显，买方市场特征逐步显现，我国企业参与国际市场竞争的趋势不可回避。在这种形势下，强化营销和营销创新成为企业的重要课题。为此，中国营销学界一方面加强了国际沟通，举办了一系列营销国际学术会议；另一方面展开了以中国企业实现"两个转变"（从计划经济向市场经济转变、从粗放经营向集约化经营转变）和以"跨世纪的中国市场营销"为主题的营销创新研究，并取得了一系列成就，出现了一批颇有价值的原创性研究成果。

自1992年将市场营销专业列入本科招生目录，到2017年，国内大学已普遍开设市场营销课程，教育部将市场营销学列为工商管理类专业的核心课程之一；从最初的一部分综合大学、财经院校开设市场营销专业，发展到理、工、医、农、艺、体等类千余所院校开设市场营销本科、专科专业，其中688所本科院校开设了市场营销专业（据大学生必备网2022年6月测算）。人才培养的层次也从原来的专科、本科发展到硕士、博士。全国市场营销专业教师超过6000人，编著并出版了市场营销学教材、专著上千种。

尽管有不少营销学者在市场营销学的中国化方面做了有益的探索，但目前市场营销学在我国的研究还不够深入，并且出现了市场营销理论研究与营销实践距离越来越远的现象。许多被称为"营销学者"的人针对实际营销问题的研究太少，模型化、抽象化、理论化的成果越来越多。理论脱离实际的营销知识输出现象严重，以至于高校培养出了大量的营销专业毕业生，而企业里最缺的人才却是营销人才。成功应用市场营销学思想与方法指导企业实践的案例还不够多，特别是中小企业对市场营销尚未有足够的重视。

"2022年中国高等院校市场学研究会学术年会暨博士生论坛（CMAU）"于2022年7月在长春市成功举行。该会议的主题为"万物互联时代的营销创新"，国内外营销学界的知名学者及业内精英积极参会，共同探讨交流万物互联时代营销新形势、新挑战、新方向，分享万物互联时代营销创新的解决方案。"中国世纪"①的市场营销学有待于更多的市场营销专家学者积极投身理论研究，理论联系实际，结合我国工商企业市场营销管理的实践经验，不断完善具有中国特色的市场营销学，真正为我国企业在21世纪飞速发展作出应有的贡献。

# 任务二　市场营销学的研究对象及内容

## 一、市场营销学的研究对象

任何一门学科都有其特定的研究对象，以确定其研究范围和基本内容，把本学科与其他学科区别开来。市场营销学作为一门新兴的、正在发展中的学科，关于其研究对象，目前国内外学者众说纷纭，存在着各种各样的表述，尚未形成统一的观点。例如，有人认为市场营销学是研究通过一定的销售渠道把生产企业同市场联系起来的过程；有人认为其是研究如何为消费者服务的一种理论；有人认为其是研究生产者和消费者之间联系的；还有人认为其是研究工商企业为实现营销目标而开展的一系列商业经济活动的等。

我们认为，市场营销学作为一门适应市场营销活动的发展而发展起来的应用性学科，它是研究使适当的产品以适当的价格、在适当的时间和地点、用适当的方法销售给尽可能多的顾客，最大限度地满足顾客需求的一门学科，其研究对象应该是企业的营销活动及其规律。这种活动是以发现消费需求为起点，以满足消费需求为核心，以系统的产品生产、销售或劳务提供为手段，识别、分析、评价、选择和利用市场机会，以实现企业经营目标

---

① 奥戴德·申卡尔在其著作《中国的世纪》中就断言，20世纪是美国的世纪，21世纪是中国的世纪，2025年中国将拉开"中国世纪"的大幕。

为结果的企业整体市场营销活动及其发展过程。

## 二、市场营销学的研究内容

市场营销学研究的范围非常广泛，包含的内容也极其丰富。从企业市场营销活动的内在联系上概括，其有以下几方面的内容：

（1）市场营销外部环境诸因素的关系及其发展变化的规律性，以及相关基本原理。市场营销是在一定环境中进行的，会受到环境的影响，包括经济环境、社会与文化环境、科学与技术环境以及生态与可持续发展环境等。这些环境中，既蕴含着对市场营销者有利的机会，也潜伏着对市场营销者不利的威胁，市场营销者必须善于识别这些机会与威胁，抓住机会、避开威胁。

（2）企业内部营销环境诸因素的关系及其组合，以及建立、调整这种组合的策略。不断变化的外部环境给各企业带来了潜在的机会。但是，只有对于具备了能够利用这种机会的内部条件的企业而言，这种机会才是真正的机会。因此，企业协调好内部营销环境诸因素的关系，提高自身素质，方能抓住机会、避开威胁。

（3）企业内部、外部营销环境诸因素的关系及其协调发展的规律，以及建立和保持这种协调或平衡的具体方法。产品、价格、推广、渠道的市场营销组合，不但受企业本身资源条件和企业目标的影响，而且受企业外部市场营销环境的影响。企业市场营销管理的基本要求就是使市场营销组合与企业外部环境相适应，这是企业生存和发展的关键。

随着经济全球化和知识经济时代的到来，市场营销新理念不断出现，市场营销学的研究内容将更加丰富。

# 任务三  市场营销学的学科特点和研究方法

## 一、市场营销学的学科特点

### （一）市场营销学是大量从其他学科汲取养分的学科

市场营销研究者来自不同的学术领域，有着不同的实践经验，工作在不同的岗位，运用各个学科的理论来研究、解决企业市场活动中的实际问题，相关成果汇集在一起，这使市场营销学成为当今世界发展极快、动态性极强的应用性学科之一。菲利普·科特勒在1987年5月"美国市场营销协会成立50周年暨世界市场营销学大会"上所作的报告中指出：市场营销学的父亲是经济学，母亲是行为科学；数学是祖父，哲学是祖母。市场营销学在发展演进过程中除了从其"祖上"承袭优秀成果，还不断从诸如系统科学、传播学、社会学、广告学、心理学、人类学、美学等汲取营养，始终处于不断更新发展之中。

### （二）市场营销学是一门应用性学科

伴随着经济发展和企业经营管理需要而产生、发展的市场营销学是企业活动的产物。

市场营销学的基本原理、方法和策略是企业市场营销实践活动的理论总结。它一方面紧密联系企业实践中出现的新情况、新问题，另一方面不断从其他学科汲取养分，丰富和完善学科体系与方法，反过来指导企业实践。

世界发展到今天，营销无处不在，市场营销学已经是当代企业在迅速变化的市场环境和日趋激烈的竞争中求生存、求发展的管理利器。无论是有意识的还是无意识的，任何组织与个人都在从事着营销活动。在当今的环境中，好的市场营销已经成为企业成功的必备条件。市场营销已经渗透到人们生活中的点点滴滴，在社会、经济、生活的各个方面得到广泛应用。

### （三）市场营销学是科学性与艺术性相统一的学科

市场营销学既是一门科学，也是一门艺术。说其是科学，是因为它有规律可循，可以被认识，相关经验可以复制。"科学"的力量在于它能揭示事物的客观规律，人们利用这种规律可实现长远目标、可持续发展。当我们收集各种市场信息和情报资料时，尽量用科学方法收集和分析，这时科学成分比较大。说其是艺术，是强调它的权变性、灵活性。"艺术"的魅力在于能抓住时机，做别人想不到、拿不准、没胆量做的事。当对取得的各种信息资料进行整理、分析、评价，要作最后决策时，艺术成分就大一点，主要是依据企业决策者的实践经验和主观判断。科学性和艺术性的统一，就在于在科学的市场营销理论和原则指导下，用现代管理科学的理念、方法、工具来装备自己，在理智的状态下，最大限度地发挥艺术的魔力，以实现企业的营销目标。

当然，只有在科学性与艺术性并重的情况下市场营销才能达到最佳效果。

### （四）市场营销学是一门差异性显著的学科

市场营销的差异性特征表现在两个方面：一方面，不同行业、不同产品的市场营销，从理论到实践都存在很大的差异性。根据行业特点，采用不同的研究方法，产生了不同的市场营销学，如旅游市场营销学、服务营销学、网络营销学、物流营销学、医药营销学、房地产营销学、保险营销学等。另一方面，市场营销学是有效指导企业适应差异性的目标市场的实践指南。市场营销学指导企业在竞争激烈和不断变化的市场营销环境中识别、分析、评价、选择和利用市场机会，满足其目标顾客的需求，提高企业经营效益，求得长期生存和发展。

## 二、市场营销学的研究方法

市场营销学和其他学科一样，研究方法很多。其根本研究方法是唯物辩证法。只有运用唯物辩证法的基本原理来研究市场营销中现象与本质的关系，才能揭示市场营销活动发展变化规律；只有贯彻唯物辩证法中实事求是、理论联系实际的原则，注重调查研究和案例分析，才能吸取市场营销中的教训，总结成功的经验，实现营销目标。市场营销学具体研究方法可以概括为传统研究法、矛盾分析法、系统研究法、比较分析法、定性定量结合分析法、案例分析法和社会研究法。

## （一）传统研究法

传统研究法指国内外市场营销学研究常用的几种方法，包括产品研究法、机构研究法、职能研究法和管理研究法。

（1）产品研究法，即对产品如农产品、工业品等分门别类进行研究的方法。这种研究方法较为详细、具体、深入地分析、研究不同产品的特色、品种以及产品标准、包装、分销渠道、价格与促销等内容，以及消费者的不同行为。这一方法的研究结果，形成各大类产品的市场营销学，如农产品市场营销学、汽车营销学、食品营销学、房地产营销学等。

（2）机构研究法，主要分析执行营销职能的组织及其相互之间的关系，即对分销系统的各个机构如生产者、代理商、批发商、零售商等进行研究的方法。这种研究方法以商品流通的各个环节为主线，侧重分析、研究各流通环节的市场营销问题，研究不同营销组织机构的特性、变革和功能，分析生产者、代理商、批发商、零售商以及各种辅助机构的作用、运作方式及营销策略。这一方法的研究结果形成了批发学、零售学等。

（3）职能研究法，即研究市场营销的各类职能和在执行这些职能中所遇到的问题及解决方法。分析不同的营销活动如广告、公关在市场上的运作方式。这一研究方法的结果形成了以营销组织、营销计划、营销执行、营销控制等为主要内容的市场营销管理。

（4）管理研究法，又称决策研究法，即从管理决策的角度研究市场营销问题。从管理决策的角度看，企业的营销活动受两类因素影响：一类是企业的外部环境因素，另一类是企业内部条件。企业在制定营销策略时，必须全面分析企业外部的环境因素，同时考虑企业的内部条件，进而依据企业的任务和目标，选择适当的市场机会，确定目标市场，制订最佳的市场营销组合方案，将适当的产品提供给目标顾客，从而扩大市场销售量，提高市场占有率，增加企业盈利，最终实现企业的任务和目标。管理研究法广泛采用了现代决策论的相关理论，将市场营销决策与管理问题具体化、科学化，对营销学科的发展和企业营销管理水平的提高具有重要作用。

## （二）矛盾分析法

市场营销活动是诸多矛盾的统一体。因此，市场营销学研究会运用到矛盾分析的方法，分析营销活动中的各种矛盾，找出这些矛盾运动的规律。如在营销活动中，经常会遇到营销者与中间商、顾客的矛盾，商品供给与需求的矛盾，市场需求与企业能力的矛盾（市场需求是多方面、多层次的，对企业来说是无限的，企业所掌握的资源却是有限的，即使实力再雄厚的大企业也不可能有能力满足任何市场需求）等。市场营销学通过深入研究矛盾各方的现状，分析它们在对立统一关系中所处的地位和所起的作用，探索它们之间的相互联系与发展趋势，从而进一步揭示市场营销运动的规律。

## （三）系统研究法

系统研究法，是唯物辩证法关于事物运动的普遍性原理的具体发展，是正确认识和掌握复杂事物运动过程的有力武器。辩证法认为自然界和社会中的各种事物、各种现象是相互联系和相互制约的。市场营销学作为一门涉及面很广的科学，其研究对象有着十分复杂的内外联系，而且这些联系又都处于动态的变化之中，不运用系统研究法，不能正确地研究和表达这些联系的发展变化。

系统研究法从企业内部系统、外部系统以及相互协调的角度来研究市场营销学。系统研究法主要应用了系统工程的原理和方法，企业内部系统研究主要研究企业内部各部门如生产部门、财务部门、人事部门、营销部门等如何协调；企业外部系统研究主要研究企业与外部环境尤其是目标市场的关系协调问题。

系统研究法要有整体的观念。市场营销活动是各个环节、各种要素、各个方面的综合，这涉及人口经济、自然科技、社会文化等方方面面。我们在分析市场营销时，一定要把它当作一个有机整体来看待。运用这种方法还要有整、分、合的观念。对问题的研究既要从整体出发，又要进一步具体分析，然后综合起来得出整体的结论。

系统研究法，一方面，强调企业营销系统与更大系统的协调关系，将企业营销与社会经济系统和一些相关系统的协调联系起来；另一方面，将企业各营销职能作为一个分系统，强调它们之间的"整合"与协调。企业内部系统与外部系统通过商流、物流、货币流、信息流及风险流相互连接起来，从而发挥出最大效能，产出高的营销效益。

### （四）比较分析法

市场营销学探索的规律，是企业营销活动实践的概括和理论的升华。在市场营销学发展过程中，会出现不同情况，有的是客观规律的反映，带有普遍的意义，必须给予理论概括；有的则是偶然现象，是在个别条件下产生的，只有进行反复比较和分析，才能总结出一般的规律。例如，当今世界，不同国家与地区经济发展水平不同，我国市场与美国市场有很大的差异性，针对不同的市场必须制定不同的营销策略。如果无论在什么市场都采用同样的营销策略，那必然会在某些市场遭遇惨败。

### （五）定性定量结合分析法

定性分析是指通过所掌握的历史资料和对未来条件的研究，根据自身的经验来分析判断研究对象的发展变化趋势；定性分析偏重于对事物发展性质如发展趋势、方向、重大转折点的分析，主要凭人的知识、经验和分析判断能力。定量分析则是根据已经掌握的比较完备的历史统计资料，应用一定的数理统计方法和数学模型，寻求有关变量之间的规律性联系，对研究对象的未来发展变化程度进行的分析。定性分析与定量分析互相补充，定性分析力求定量化，根据定量化的结果进一步作定性分析，以保证分析结果减小偏差，更恰当地反映客观实际。

### （六）案例分析法

案例分析法，就是将真实的企业实践记录下来形成案例，供研究、分析、讨论。这种方法被广泛地应用于世界各地的市场营销学研究和教学，是研究、学习市场营销学极有效的方法之一。案例分析法基于市场营销学，通过案例分析模拟实践，是仅次于真正实践的最有效的培养市场营销决策能力的方法。

（七）社会研究法

社会研究法，主要研究各种市场营销活动和市场营销机构对社会的贡献及其所付出的成本。这种方法主要研究市场效率、产品更新换代、广告真实性及市场营销对生态系统的影响等。

此外，对市场营销学的研究，可以借鉴自然科学与工程科学采用的部分方法，如信息方法、电脑模拟方法、未来研究方法等。

✎ **思考与练习**

1. 市场营销学的发展分为哪几个阶段？各阶段有何代表人物及营销成果？
2. 市场营销学的学科特点有哪几个？
3. 市场营销学的研究内容包括哪些方面？
4. 简述市场营销学的研究方法。

# 技能训练

## 营销从自我营销开始——1分钟自我介绍

**一、训练目标**

1. 教师迅速掌握全班学生的情况，以便以后有针对性地组织教学与实践训练活动；
2. 学生克服胆怯心理，锻炼口头表达能力、应变能力及自我控制能力。

**二、训练准备**

学生事先拟写自我介绍词并进行自我演练；教师准备计时工具、自我介绍词范例、相关背景知识。

**三、训练内容**

1. 问候与开场白；
2. 自我陈述（姓名、家乡、个人爱好与特长、家庭情况、对学校的印象及未来职业期望、对市场营销的认识和学习期望等）。

**四、训练流程**

教师确定演练顺序：上台→问候大家→自我介绍→致谢→返回座位。

**五、训练操作要点**

教师注意控制时间及课堂氛围，关注演讲者的状态（语音语调、站姿、表情、肢体动作），介绍词的新颖性、完整性、连贯性等。

# 项目二  市场营销概述

## 学习目标

1. 掌握市场与营销的内涵及相关知识。
2. 熟悉企业营销观念的演变过程。

## 案例导入

### 河北养元"六个核桃"的营销路程

河北养元早期年销售额只有 300 万元,尽管销量不大,但也做了 15 个饮料品类,市面上什么卖得好就做什么,但市场反应平平,没有一个品类能赢得消费者的青睐。

公司决策层意识到,简单模仿和跟随没有未来,一定要有个自己独特的"亮点",才能够撬动市场。河北养元总经理姚奎章用了 3 个月的时间进行市场走访调研。他发现,牛奶、椰汁、矿泉水无论是在商场还是在小卖部品类都很丰富,唯独核桃乳"默默无闻"。于是,他决定做差异化的产品,主攻核桃乳市场。整体发展方向确定下来后,姚奎章大刀阔斧地缩减了公司其他品类,开始集中力量生产核桃乳。

关于"六个核桃"的来源,江湖传说是在一次会议上,一位部门经理无意中念叨"一个核桃、两个核桃……"当读到六个核桃时,姚奎章突然有了灵感,六在中国代表吉利。因此,他便定下了"六个核桃"这一名字,作为主打饮料的名称。

在农村,逢年过节提一箱饮料去走亲访友是十分常见的事,因此,姚奎章决定避开大中城市,重点发展广阔的农村市场。起初,公司的目标市场仅是以衡水为中心、以方圆300 公里为半径的周边 100 多个县级市场。2006 年仅仅在衡水附近的 3 个地市,河北养元便实现了 3000 万元的业绩。

2008 年,姚章奎抓住时机,将目标市场扩大到整个河北。彼时,"六个核桃"密集投放广告，持续6个多月，不单在河北农民频道推出了《六个核桃大地欢歌》，还在《燕赵晚报》每周进行节目精彩预告。出租车、移动电视全天7次活动花絮展播，公交车站宣传海报铺天盖地。红色礼盒的"六个核桃"，当年销售额就突破了3亿元。

接下来，"六个核桃"迅速打入全国其他地区市场。2010年8月，"六个核桃"斥资6000万元，请陈鲁豫代言，并在央视《新闻联播》后黄金时段播出广告，一夜成名！

河北养元连续投资冠名了《最强大脑》《挑战不可能》《今晚80后脱口秀》等现象级栏目。招股书显示，公司用于广告营销的费用，从2014年的4.87亿元增长到2016年的6.41亿元，2017年上半年就花了3.44亿元。广告营销费用占主营业务收入的比例也年年攀升，到2017年上半年，已经占到9.39%。

"六个核桃"在新品存活率低、竞争激烈的中国快消行业究竟是如何做成接近百亿元的超级大单品呢？这是营销界值得思考的。

（1）产品定位方面，同在河北的露露，也有核桃饮品，叫核桃露。河北养元为了跟对手有区别，新开创了一个品类——核桃乳，瞄准细分市场，并锁定学生为消费示范人群。

（2）定价方面，"六个核桃"整箱零售价要高于同类饮料5元以上。这样的高价成为品牌档次联想的直接营销武器。当然，它也给渠道留足了运作空间。

（3）品牌建设方面，河北养元启用"六个核桃"作为产品名。这个命名可谓险中取胜、平中出奇的典范。直观、明白，让人过目难忘。此外，产品所用的蓝罐成了独特视觉符号。

（4）品牌传播方面，"六个核桃"采取"央视+战略市场卫视"交叉覆盖策略，同时，在网络平台、都市报上刊发软文，选择名人进行品牌代言。全面聚焦学生族群，相关广告充分表现学生的典型产品使用场景。

广告语先是"六个核桃，好在六点"，后转变为"经常用脑，多喝六个核桃"，找到产品与现代消费者需求之间的结合点。

（5）渠道方面，无论是深度分销还是终端陈列，"六个核桃"都耕耘得极深。同时，河北养元为经销商提供"星级助销"服务模式，厂商价值协同、辅助进行铺货、客户维护、终端生动化建设等工作，加上高额返点，极大地带动了经销商的积极性。

（资料来源：南方出版传媒股份有限公司、广东科技出版社运营总监陈航整理提供）

从上述案例可以看出，在某种程度上，"六个核桃"的成功就是得益于市场营销的力量，"六个核桃"由一个区域性品牌发展为全国性知名品牌，把囿于河北衡水地区的核桃乳卖遍全国市场，引爆市场，创造了中国本土企业的市场营销奇迹。那么，什么是市场？什么是市场营销？市场营销观念经历了哪几个演变阶段？这是本章要研究的问题。

## 任务一　认识市场

市场是市场营销学最基本的概念，我们要正确理解市场营销，首先要了解市场的含义、作用与分类。

## 一、市场的含义

市场是社会分工、商品生产和交换的产物。在现代市场经济条件下，企业必须按照市场需求来组织生产、促进销售。

国内外专家学者基于不同的角度，给予市场不同的解释。

（1）从地理角度看，市场是商品交换的场所，是在一定时间买卖商品和劳务的特定场所，有集市、商店、商品批发市场等类型，如浙江义乌小商品批发市场等。农村的集市贸易就属于这种类型。

（2）从经济学角度看，市场是一定经济范围内商品交换关系所反映的各种经济关系和经济现象的总和。所谓交换关系，就是消费者出让货币买回生产资料和消费资料而生产者出让商品换回货币的关系。这种交换关系直接表现为供给与需求的关系，而其背后潜藏着更为复杂的社会经济利益关系，包含利用生产者和消费者的经济利益关系，利用商品货币关系扩大再生产的必要性和可能性，以及以商品方式管理经济的条件。这种解释是从商品交换的宏观角度来考察市场的，将市场局限在商品流通领域。

（3）从企业角度看，市场是消费者、是消费者的需求。菲利普·科特勒认为，市场由一切具有特定欲望和需求并且愿意和能够以交换来满足这些需求的潜在顾客组成。美国的营销学专家杰罗姆·麦卡锡也指出，市场营销是预测消费者（或客户）的需求，将满足这一需求的产品从生产者导向消费者（或客户），以完成一个组织的目标的行为。彼得·德鲁克在其1954年出版的《管理实践》一书中认为，关于企业的目的，只有一个有效定义：创造消费者。市场规模的大小，由具有需求、拥有他人所需的资源且愿意以这些资源交换其所需的人数而定。

根据市场的第三种含义，市场包括三要素：有某种需求的人、满足这种需求的购买力和购买欲望。用公式表示：

$$市场=人口+购买力+购买欲望$$

对市场而言，人口、购买力、购买欲望这3个要素，互相制约，缺一不可。对于一个国家或地区来说，人口多少是市场大小的基本因素，是基础。如果人口多，收入很低，市场会非常狭窄；相反，收入虽高，但人口很少，市场仍然有限；有了人口和购买力，假使货不对路，无法激起消费者的购买欲望，对于企业来说，也不能形成有效的市场。只有当以上三要素同时具备时，才能形成健全的、完善的、成熟的市场体系，才能称为现实市场，否则即为潜在市场（潜在市场是指企业经过努力可以争取到的市场，也指随着生产发展和消费水平提高可能达到的市场）。

## 二、市场的作用

在市场经济条件下，市场是企业活动的舞台，企业一切经营活动的出发点和归宿都在市场，市场的作用主要表现在以下3个方面。

（1）市场是联结生产与消费的纽带。在自给自足的自然经济条件下，生产者从事生产的目的是获得产品，以满足自身消费的需要。生产者就是消费者，两者直接结合在一起，并不需要进行产品交换，或者只有极少量的产品交换。但是在市场经济条件下，生产的目的不再是生产者自己消费，而是交换，或者说是换取自己所需要的产品。因此，生产者并不就是所生产的产品的消费者，生产者和消费者互相分离，二者只有依靠市场，通过商品交换才能联系起来。生产与消费的联系表现为销售与购买的市场行为：一方面，生产者通过市场以一定价格卖出自己生产的产品或服务，获得必要的补偿，这样才能继续进行再生产；另一方面，消费者通过市场买进产品，满足了物质和精神消费需要，实现了社会生产的最终目的。

（2）市场自发地调节社会生产，使社会生产各部门建立起应有的比例关系。市场的发展是一个由消费者（买方）决定、由生产者（卖方）推动的动态过程。在市场经济条件下，整个社会的生产活动由无数独立经营的企业各自分散进行。每个企业都是社会经济活动的有机组成部分，其生存和发展，是以所生产的产品或提供的服务在品种、数量和质量上都符合消费者需要和社会需要为前提的。所谓社会需要，对企业而言，就体现在产品的价格和销路上。由于价值规律和供求规律的作用，当某种商品供不应求时，购买者之间的竞争引起价格上升，价格高于价值所产生的丰厚利润吸引众多企业竞相生产这种商品，产量迅速增加，生产规模扩大；反之，如果某种商品供过于求、产品滞销，就会迫使生产者降价竞销，价格跌至生产价值以下时又会使许多企业放弃这种商品的生产，从而缩小生产规模，产量减少。这样，由供求关系的变化引起的市场价格的涨落自发地调节社会生产，促进生产与需求及时协调，从而实现生产资料和劳动力在国民经济各部门、各行业之间的合理分配和流动，使各部门、各行业的各种商品生产大致上维持适当的比例。

（3）市场优化资源配置和提供激励的有效方式。商品是遵循价值规律的要求，按照社会必要劳动时间所决定的价值量来进行交换的。价值规律通过价格杠杆和竞争机制，一方面，给商品生产者以压力和动力，激励其努力改进生产技术，提高经营管理水平以降低成本，提高劳动生产率，在市场竞争中获胜；另一方面，市场竞争优胜劣汰的结果，使同一部门、同一行业内生产要素不断地从效益差、在竞争中被淘汰的企业配置到效益较好、在竞争中获胜的企业中去，实现有限资源的优化配置。市场通过竞争促使企业不断改善经营管理，革新技术，创造新产品，提高产品质量，增加花色品种，从而降低劳动消耗，提高资源的有效利用率，推动生产力不断发展。

## 三、市场的分类

站在不同的角度，依据不同的标准，可以将整体市场划分为不同的类型。例如，依据购买者购买目的和扮演角色的不同，市场可以分为4种类型——消费者市场、生产者市场、中间商市场和政府市场；按照地理位置或流通区域来分，市场有国内市场和国际市场之分，而国内市场还可分为城市市场和农村市场、沿海地区市场和内陆地区市场等；若按购买者所购买的对象是否具有实物形态来划分，市场有商品市场和服务市场之分；按照市场供求状况及企业与消费者在市场上所处地位的不同，市场可分为卖方市场和买方市场；按照提供商品的生产部门来分类，市场可分为工业品市场和农产品市场等；按照生产要素分类，市场可以分为金融市场、劳动力市场、房地产市场、技术市场、信息市场、产权市场等；按照市场竞争状况，可以把市场分为完全竞争市场与不完全竞争市场，不完全竞争市场又可分为完全垄断市场、寡头垄断市场、垄断竞争市场等。

# 任务二　认识市场营销

## 一、市场营销的含义

国内外的市场营销专家、学者从管理职能、组织关系、利益实现及产品意义等不同角度来理解和解释市场营销，提出的市场营销定义有上百种之多。理论界、企业界对营销的理解更是多种多样。例如，美国经济学家包尔·马苏提出"市场营销是传递生活标准给社会"的定义，哈佛大学的马尔康·麦克纳教授进一步解释为"市场营销是创造与传递生活标准给社会"。2010年，菲利普·科特勒提出市场趋势正在呼唤"价值驱动的营销"。他认为，企业营销要从公司愿景与价值观入手，必须关注社会可持续发展所面临的问题，必须主动承担社会责任，在营销中加入更多的人文关怀，并通过新的经营手段和营销方式来推动社会的和谐发展。

综合营销专家、学者对市场营销的解释，市场营销定义如下：市场营销是在变化的市场环境中，企业通过一定的市场交易程序，将商品或服务送到顾客手中，满足顾客需求与社会利益，从而获取利润的综合的、全面的经营活动。简单地说，市场营销就是围绕消费者需求展开的一系列活动，用菲利普·科特勒的话说就是发现并满足需求或者说有盈利地满足需求的活动。

在理解市场营销含义时，必须纠正以下4种错误观点：

### （一）市场营销是推销或者促销

市场营销是从英文 Marketing 一词翻译而来的，不同的人、不同的角度有不同的解释。有人认为，市场营销就是销售或者促销，也有人认为市场营销就是把货物推销出去，中小企业中持这种观点者不在少数：一提"市场营销"，他们就将其与"销售""推销""促销""广告""有奖销售"等混为一谈；他们发出招聘营销人员的广告或培训营销人员，应聘者一了解，原来是招聘或培训推销人员；他们所实施的营销方案，其实就是推销方案。根据菲利普·科特勒的研究，将营销等同于推销或促销的行为可以概括为以下几种：①把营销和销售置于同等的地位；②强调争取顾客而非照顾顾客；③试图在每笔交易而非处理"顾客终身价值"上获利；④以成本加成法而非目标定价法来决定价格；⑤单独考虑沟通工具而非整体考虑营销沟通工具；⑥不试图了解并满足顾客的实际需求，只一味销售产品。

实际上，企业的市场营销活动应当涵盖企业的全部业务活动，包括市场与消费者研究、目标市场选择、产品开发、定价、分销渠道选择、促销、公关和售后服务等，销售或促销仅仅是企业整个市场营销活动的一部分。销售是企业市场营销的职能之一，但不是其最重要的职能。彼得·德鲁克认为：可以设想某些推销工作是需要的，然而营销的目的就是使推销成为多余。营销的目的在于深刻了解和认识顾客，从而使产品或服务完全适合其需要而形成产品的自我销售。

### （二）市场营销是营销人员的工作

有人认为，市场营销是企业营销部门的事情，营销工作的好坏与他人无关。这是一种误解，其实企业里的所有成员都与营销有关。

在现代市场经济条件下，营销部门的作用十分突出，它的工作几乎可以左右整个企业。在实际工作中，在企业内部，营销与采购、生产、财会、技术工程、研究开发等部门相互联系。生产部门设计生产出最合适的产品，财务部门筹集所需要的资金，采购部门购买高质量的材料，会计部门则测算出每个产品和地区的利润率。哪个部门不合作，都直接影响着企业营销工作的质量，都会削弱企业的竞争能力；哪个环节出现问题，都会影响营销战略的实现。

由此可见，为了实现营销目标，企业必须协调处理好企业内部各部门之间的关系。所有员工，上至高层管理者，下至基层业务人员，包括电话总机接线员、保安等，都要树立市场营销观念，建立一种企业市场营销文化。企业最高领导要明确营销对企业发展的重要意义，给营销经理相应的权利和责任，让各部门都来参与企业的营销工作，招聘和提拔营销人才，建立现代企业营销制度。这是一项长期而艰巨的任务，是一项必须进行且值得进行的系统工程。

### （三）市场营销是完成产品制造过程后的活动

这也是对营销职能的一种片面理解。

市场营销是从发现消费者需求开始，对能够满足消费需求的产品、服务、概念、组织等不断地进行创意、设计、生产、推广和分销，不断地创造并保持企业与顾客以及供应商之间的良好关系等。从广义上说，完成产品制造的过程是市场营销全过程的一个重要环节。

### （四）营销工作仅企业需要

有人认为，营销工作仅企业需要，其他组织是不需要营销的。这是一种对营销的错误理解。

市场营销不但是当代企业在迅速变化的市场环境和日趋激烈的市场竞争中求得生存和发展的有效手段，而且已逐渐影响人们的思维方式，激发人们丰富的想象力，在社会经济生活的各个方面得到广泛应用。

## 二、市场营销的功能

市场营销的任务是以最低的成本在最适当的时间和地点以最适当的形式提供足以满足顾客需要的产品或服务。要实现这个任务，就必须发挥市场营销的交换、供给和便利功能。

### （一）交换功能

交换功能是市场营销的核心功能。交换是指以商品换商品，买卖商品。从市场营销角度讲，交换包括购买、销售及所有权转移。购买是在市场集中或控制商品与劳务并实现所有权的转移。购买的职能不仅包括购买哪些类型的产品和向谁购买的决策，也包括进货数量、质量和进货时间的决策。销售是协助或动员顾客购买商品与劳务，进而实现商品所有权的转移。销售的职能不但包括为产品找到市场，而且包括通过推销宣传战略唤起消费者的需求，激发消费者的购买欲望，并安排好售后服务工作。定价是市场购销中必不可少的因素，它包含在购买与销售之中，而不作为一个独立的市场营销功能。

### （二）供给功能

供给功能是市场交换功能的延续，是交换功能的保证。它包括运输与储存：运输是货物实体借助于动力在空间上的转移，使产品从制造场所转移到销售场所；储存是商品离开生产领域但还没有进入消费领域而在流通领域停滞的情况。储存设施可将产品保留到需要时再供应，企业可以因此制订长期的生产计划，从而更有效地工作，并使全年生产保持合适的进度。储存将产品从生产期保存到销售期，可以调节商品销售，以适应需求。运输和储存都属于供给功能，是实现交换功能、协调生产和消费在时间和空间方面的分离矛盾的必要条件。

### （三）便利功能

便利功能即为市场活动中各环节的交易双方提供方便服务，包括资金融通、信用交易、风险承担、市场情报与商品标准化和分级等。借助资金融通，可以控制或改变商品与劳务的流转方向。实行信用交易，能给市场销售过程中各个环节的买卖双方带来方便。风险承担是商品或劳务交易中必然包含的一部分因素，在供求关系的变动、运输和储存过程中，企业均可能因商品损坏、腐烂、短少、挥发、浪费等，以及货物在一定时期内卖不出去，而要承担一定的财务或其他损失风险。市场情报沟通，即市场情报的收集、分析与传送，是一种通信职能，对消费者、生产者和营销机构都是十分重要的。商品的标准化和分级，指制定基本尺度或标准，使产品符合要求，保证产品质量，便于消费者比对和选购。

畅听无碍，让听障
人士沟通更容易

# 任务三　市场营销观念及其演变

市场营销观念是企业市场营销活动的指导思想，即企业用怎样的指导思想与态度去从事市场营销工作，或者说以什么为中心来开展生产经营活动。市场营销观念是在一定的经济基础上、一定的历史条件下产生的，并随着社会经济的发展和企业内外部环境的变化而发展变化。从一定意义上说，市场营销学的产生与发展过程，就是营销观念不断产生与发展的过程。一种新的营销观念一旦产生，就会成为各企业在这一时期生产经营活动的行动准则，就会发挥导向的功能和作用。

发达国家营销观念的演变过程，大体分为3个阶段，如图2-1所示。

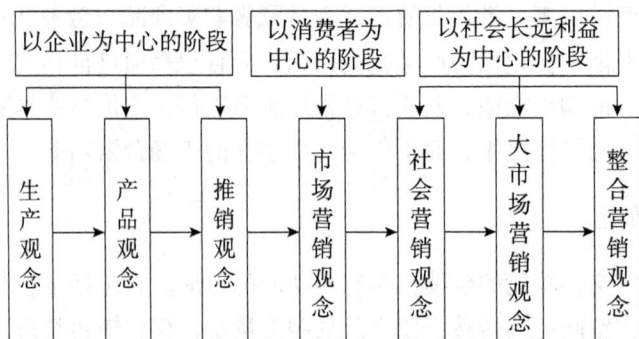

图2-1　发达国家营销观念演变过程

## 一、以企业为中心的营销观念

以企业为中心的营销观念，是以企业利益为根本取向和最高目标来处理营销问题的观念。以企业为中心的营销观念包括以下3种。

### （一）生产观念（生产导向）

它是企业的一切经营活动以生产为中心的观念。这是一种传统的、古老的观念。生产观念认为，消费者总是喜欢可以随处买到价格低廉的产品，企业应集中精力提高生产效率和扩大分销范围，提高产量，降低成本。这种观念在西方盛行于19世纪末20世纪初。当时，由于物资短缺、需求旺盛，基本上是"卖方市场"，企业只要提高产量、降低成本，便可获得丰厚的利润。因此，企业的中心任务是扩大生产物美价廉的产品，企业不必过多关注市场需求差异。美国福特汽车公司的"不管顾客需要什么颜色的汽车，我只有一种黑色的"被认为是最具代表性的生产观念。

生产观念是生产力水平低下、生产成本较高、市场短缺严重的产物。随着科学技术和社会生产力的发展，以及市场供求形势的变化，生产观念的适用范围越来越小，逐渐被产品观念取代。

## (二) 产品观念

这是一种与生产观念类似的经营思想。它认为消费者喜欢高质量、多功能和具有某些特色的产品，企业的主要任务就是提高产品的质量，只要产品好，不怕卖不了，即"以质取胜"。我国流传的一些谚语如"皇帝的女儿不愁嫁"等就是这种观念的真实反映。

产品观念在市场经济不甚发达时期，确实有一定道理，但在现代市场经济条件下就行不通了。现代市场营销学认为，产品观念是一种"营销近视症"，营销产品比仅仅制造它们复杂得多，不应过分夸大产品本身的作用。

## (三) 推销观念

推销观念是生产观念的发展和延伸。这种观念认为，消费者通常有一种购买惰性或抗衡心理，企业若不大力刺激消费者，消费者就不会买自己的产品，或者只是少量购买。

在推销观念的指导下，企业相信产品是"卖出去的"，而不是"被买去的"。企业建立专门的推销机构，收罗大批推销专家，大力施展推销技术，对消费者进行无孔不入的促销信息"轰炸"，以求说服甚至强制消费者购买。

由生产观念、产品观念转变为推销观念是营销观念的一大进步，但推销观念与前两种观念一样，也是建立在以企业为中心的基础之上的，仍然是"以产定销"。当然，也有人认为前两种观念是"以产定销"，后一种观念是"以销定产"。在市场经济高度发达、产品更加丰富、消费者需求更加多样化的条件下，这几种观念被一种新的以消费者为中心的营销观念——市场营销观念所取代。

## 二、以消费者为中心的营销观念——市场营销观念

市场营销观念是以消费者为中心的观念。这种观念认为，实现企业营销目标的关键在于正确确定目标市场中消费者的需求和欲望，即顾客需要什么企业就生产什么。

市场营销观念抛弃了以企业为中心的指导思想，取而代之的是以消费者（顾客）为中心的指导思想。

根据"奉行"市场营销观念取得的营销业绩，可以把营销分为3个层次。

(1) 回应营销：发现并满足需求。这是指市场存在明显的需求，公司发现这种需求并准备以消费者负担得起的方式满足需求。

(2) 预期营销：企业辨认出萌芽中或潜在需求的行为。如随着环保理念的普及，企业生产出环保型产品等来满足消费需求。预期营销的风险比回应营销大，企业可能太早或太晚进入市场，甚至可能完全误判市场的变化。

(3) 塑造需求营销：企业开发或引进一个新产品之前，没有消费者对这种产品产生需求，而企业创造出新的市场，推出新的产品、服务等。例如，20世纪50年代没有人对索尼随身听产生需求，然而，索尼开发了这种产品及其他新产品，并大获成功。

上述3个营销层次中，符合前两个的属于"由市场驱动的公司"，符合后一个的属于

"驱动市场的公司"，大多数企业属于"由市场驱动的公司"。

在营销实践中，人们往往混淆推销观念与营销观念，很多营销人员认为加强产品推销就是遵循了营销观念，这是对推销与营销含义的误解，其实二者的区别是十分明显的。美国的西奥多·莱维特对推销观念和市场营销观念作过深刻的比较，指出：推销观念注重卖方需求；市场营销观念则注重买方需求。推销观念以卖方需求为出发点，考虑如何把产品变成现金；市场营销观念则考虑如何通过制造、传送产品以及与最终消费产品有关的所有事物来满足顾客的需要。从本质上说，市场营销观念是一种以顾客需要为导向的观念，是消费者主权理论在企业市场营销管理中的体现。

西方企业的经营实践表明，在买方市场条件下，真正接受和奉行市场营销观念的企业都充满朝气和活力，其经营效益较好。只有极少数企业真正遵循了以消费者为中心的宗旨，这些企业能够对顾客需求的各种变化做出及时反应。而个别企业为了牟取暴利，向消费者传递虚假信息，以次充好等，欺骗顾客，损害消费者利益。这种做法回避了眼前利益与长远的社会利益之间的矛盾，导致了资源浪费、忽视社会服务、直接或间接地损害消费者利益等诸多弊端。正是在这种背景下，西方市场营销学家提出了如人类观念、理智消费观念、生态准则观念、绩效营销观念、整合营销观念等一系列营销新观念，其共同点就是企业营销不但要考虑消费者利益，而且要考虑整个社会的长远利益，以社会长远利益为中心的营销观念——社会营销观念应运而生。

### 三、以社会长远利益为中心的营销观念

以社会长远利益为中心的营销观念，就是不但要满足消费者暂时的需求，而且要符合消费者和整个社会的长远利益，正确处理消费者欲望、消费者利益和社会长远利益之间的矛盾。以社会长远利益为中心的营销观念包括以下3种：

#### （一）社会营销观念

社会营销观念认为，企业的任务在于确定目标市场的需求和利益，比竞争者更有效地使顾客满意，同时维护与增加消费者和社会福利。社会营销观念要求企业在营销活动过程中承担起社会责任，不能为了实现企业的营销目标而损害社会发展的长远目标。

社会营销观念是对市场营销观念的补充、修正和发展。市场营销观念强调的是通过满足消费者的需求，进而实现企业的利润目标。当二者发生矛盾时，把保障企业的利润放在第一位，会不自觉地损害社会长远利益。社会营销观念则要求企业在制定营销策略时权衡企业利润、目标顾客需求的满足、广大消费者和社会的利益三方面的关系。企业通过营销活动，充分有效地利用人力资源、地球物质资源，在满足消费者的需求、取得合理利润的同时，要保护环境，减少公害，维持一个健康和谐的社会环境以不断提高人类的生活质量。

社会营销观念的"奉行"必然会影响企业眼前的经济效益，这让以利润为直接目标的企业非常矛盾，因而出现了被迫性社会营销观念和主动性社会营销观念。

被迫性社会营销观念指企业在外部环境的压力下，被迫考虑社会利益和消费者长远利益，集中人、财、物等力量，协调企业的产、供、销等活动，在尽量满足顾客需求的同时获取利润。这是发达国家大部分工商企业所奉行的观念，因为获取利润才是资本主义企业生产的根本目的。

主动性社会营销观念是指企业为了自身利益，主动、优先考虑社会利益和消费者的长远利益，研究、适应或改变企业外部环境因素，发现、改变或创造市场需求，竞争与协作并存，进攻与防御并举，以全方位的整体营销活动，使消费者、社会的眼前和长远需要均得到满足，最终使企业在较长时期内获取较高利润。

主动性社会营销观念与社会主义生产目的是相吻合的。我国的企业及企业家们应该是对人民、对社会、对企业和对自己负责的开拓者和创造者。企业在生存和发展过程中，应自觉地奉行主动性社会营销观念。

### （二）大市场营销观念

20世纪80年代以来，经济发达国家生产过剩，但是国内市场有限，市场竞争日益激烈。世界上许多国家的政府干预加强，为了保护本国工业，一些国家采取了一系列关税和非关税贸易壁垒政策。在这种封闭型或保护型市场，已经存在的参与者和批准者往往会设置各种障碍，使得那些能够提供类似产品甚至更好产品和服务的企业难以进入市场，无法开展经营服务。在这样的市场背景下，菲利普·科特勒于1984年提出了"大市场营销"这一新的战略思想。

所谓大市场营销观念，是指在实行贸易保护的条件下，企业的市场营销战略除了产品、价格、渠道、促销还必须加上"政治力量"和"公共关系"。菲利普·科特勒给"大市场营销"下的定义为：企业为了成功进入特定市场或者在特定市场经营，应用经济的、心理的和公共关系的技能，赢得若干参与者合作的活动。

### （三）整合营销观念

后工业时代，科技进步很快，尤其是计算机辅助设计生产的普及和机器人的大量使用，使企业制造手段普遍表现出高度自动化，弹性生产、准时生产等新型生产方式出现。计算机的广泛使用，各企业技术水平的提高，也使得竞争者在产品及技术方面趋于同质化。竞争对手可能在你测试产品的时候，就破解了你的配方，很快推出性能接近的产品，而且生产成本几乎等同。销售渠道也很容易被竞争者抢占，在同一销售网点，同行业的同类产品挤上了同一货架。营销中售前、售中、售后服务更是如出一辙，消费者很难从中分出优劣。在这种情况下，企业如何实现差异化？如何才能赢得更多顾客？

整合营销观念对此作出了回答。菲利普·科特勒认为：企业所有部门为服务于顾客利益而共同工作时，其结果就是整合营销。整合营销观念改变了把营销活动作为企业经营管理一项职能的观点，要求所有活动协调起来，努力为顾客利益服务。整合营销以4C（顾客、成本、便利、沟通）观念为核心，强化了营销组合。

## 1. 顾客（Customer）

企业要把顾客放在第一位，创造顾客比开发产品更重要，满足顾客的需求比产品功能更重要。不能仅仅卖企业想制造的产品，而是要提供顾客确实想买的产品。

## 2. 成本（Cost）

成本指顾客获得满足的成本，或是顾客满足自己的需求所愿意付出的成本价格。营销价格因素延伸为生产经营过程中的全部成本，包括：企业的生产成本，即生产适合顾客需要的产品的成本；顾客购物成本，它不仅指购物的货币支出，还包括时间耗费、体力和精力耗费以及风险承担。新的定价模式是：顾客支持的价格-适当的利润=成本上限。企业要想在顾客支持的价格限度内增加利润，就必须努力降低成本。

## 3. 便利（Convenience）

便利指购买的方便性。和传统的观念相比，新的观念更重视服务环节，在销售过程中强调为顾客提供便利，让顾客既购买到商品，也购买到便利。在各种邮购、电话订购、代购代送方式出现后，消费者不一定去商场，而是在小区内的小店或坐在家里就能买到自己所需的物品。企业要深入了解不同的顾客有哪些不同的购买方式和偏好，把便利原则贯穿于营销活动的全过程：在售前及时向顾客提供充分的关于产品性能、质量、价格、使用方法和效果的准确信息；在售货地点提供自由挑选、方便停车、免费送货、咨询导购等服务；售后应重视信息反馈和追踪调查，及时处理和答复顾客意见，对有问题的商品主动退换，对使用故障积极提供维修，大件商品甚至提供终生保修。为方便顾客，很多企业已开设热线电话服务。

## 4. 沟通（Communication）

沟通指与顾客沟通。企业可以尝试多种营销方案与方法的组合，如果未能收到理想的效果，说明企业与产品尚未完全被顾客接受。这时，不能只顾单向劝导顾客，而要着眼于加强双向沟通，以真正实现适销对路，培养忠诚的顾客。

### 📝 思考与练习

1. 市场营销学中的"市场"与老百姓常说的"市场"及经济学中的"市场"的区别在哪里？它包含哪些要素？
2. 市场营销人员应具备哪些基本素质？
3. 讨论：市场营销观念与社会营销观念有何区别与联系？

## 技能训练

### 分析案例企业的市场营销观念

### 一、训练目标

1. 使学生了解不同市场营销观念对企业营销活动的影响；

2. 使学生真正理解树立正确营销观念的重要意义。

## 二、训练内容

利用互联网或查阅纸质文献资料，分别找到至少一个遵循生产观念、产品观念、推销观念、市场营销观念、社会营销观念、大市场营销观念、整合营销观念进行营销活动的企业案例。将调查的结果填写在表 2-1 中，调查分析结果不少于 1000 字。

表 2-1                          企业营销观念及表现等

| 营销观念 | 企业（品牌）名称 | 营销活动的具体表现 | 营销结果 |
|---|---|---|---|
| 生产观念 | | | |
| 产品观念 | | | |
| 推销观念 | | | |
| 市场营销观念 | | | |
| 社会营销观念 | | | |
| 大市场营销观念 | | | |
| 整合营销观念 | | | |

## 三、训练流程

1. 分组进行，每组 5~7 人，选出组长 1 名，各小组分工明确；

2. 每位组员各负其责，进行资料查询；

3. 填写表格；

4. 小组讨论，进行比较分析，撰写调查分析结果；

5. 上交调查分析结果。

## 四、训练考核（教师或学生代表打分用）

1. 企业营销观念的案例是否恰当？（20 分）

2. 企业营销观念及表现等内容是否齐全？（20 分）

3. 调查分析结果的内容质量如何？（30 分）

4. 小组成员之间的团队合作表现如何？（20 分）

5. 综合印象分。（10 分）

合计 100 分。

# 项目三　市场营销环境分析

**案例导入**

## 外资企业持续看好中国营商环境

2022年10月，中国贸促会发布的《2022年第三季度中国外资营商环境调研报告》显示，外资企业持续看好中国市场，对中国营商环境和宏观经济政策总体评价良好。

中国贸促会新闻发言人、中国国际商会秘书长孙晓介绍，第三季度调研共收到400余家外资企业问卷反馈，结合服务外资企业工作专班、外资企业座谈会及专家访谈意见编写了此报告。报告对我国第三季度外资企业营商环境作了较为全面的分析，客观、翔实地反映了外资企业对我国营商环境和宏观经济政策的满意度、企业在华经营现状与趋势、面临的主要问题和诉求，并提出了相关对策建议。

从外资营商环境满意度评价来看，外资企业对获取经营场所、市场准入和纳税评价较高。95.33%的外资企业对获取经营场所评价"较满意"以上，89.94%对市场准入评价"较满意"以上，88.71%对纳税评价"较满意"以上。市场准入、促进市场竞争、获取经营场所和获取金融服务满意度评价分别比第二季度增加1.99个、1.84个、1.52个和1.43个百分点。

从宏观经济政策评价来看，外资企业持续看好中国市场。87.80%的外资企业对保产业链供应链稳定政策评价"较满意"以上，87.50%的外资企业对《鼓励外商投资产业目录》实施情况评价"较满意"以上，87.20%的外资企业对积极的财政政策和减税降费政策评价"较满意"以上，86.59%的外资企业对重大外资项目落地"绿色通道"政策评价"较满意"以上，86.28%的外资企业对稳投资促消费政策评价"较满意"以上，85.67%的外资企业对抗疫助企纾困政策评价"较满意"以上，84.76%的外资企业对优化外国人赴华签证政策评价"较满意"以上，84.45%的外资企业对稳健的货币信贷政策评价"较满意"以上。

从在华经营现状与趋势评价来看，中国市场对外资依然保持较强吸引力，国内社会环境稳定、经济潜力巨大、市场空间广阔、产业配套完整、政策优惠持续，让全球诸多主要投资机构纷纷对中国投下"信任票"，近八成外资企业维持了现有生产业务规模，吸引外资规模持续增长，超5%的外资企业表示已在华增资，"中国是企业战略重点"是在华增资主因，长三角和珠三角是主要投资区域。

（资料来源：朱琳，《三季度中国外资营商环境调研报告显示：外资企业持续看好中国市场》，《经济日报》，有删改）

从上述案例可以看出，国内社会环境稳定、经济潜力巨大、市场空间广阔、产业配套完整、政策优惠持续，中国市场对外资保持较强吸引力。由此可见，市场营销环境对企业生产经营活动意义重大。市场营销环境是指企业开展营销活动时受影响或控制的各种因素的总和。任何企业的营销活动都是在一定的动态环境中进行的，任何企业都不可能脱离环境而存在。研究营销环境的目的在于通过对环境变化进行分析研究，把握其发展规律及趋势，发现企业生存和发展的新机会、避免某些因素变化带来的威胁。

# 任务一　市场营销环境概述

## 一、市场营销环境的含义

任何企业都如同生物有机体一样，必须生存于一定的环境之中，企业的营销活动不可能脱离周围环境而孤立进行。企业的营销活动要以环境为依据，企业要主动地适应和利用环境，同时通过营销努力影响外部环境，使环境有利于企业的生存和发展，有利于提高企业营销活动的有效性。因此，重视研究市场营销环境及其变化，是企业营销活动的基本任务。

市场营销环境是企业营销职能外部不可控制的因素和力量的总和，这些因素和力量形成了影响企业营销活动及其目标实现的外部条件。

根据营销环境中各种因素影响企业营销活动的方式以及企业营销活动受制于营销环境的程度，营销环境可以分为微观营销环境和宏观营销环境。

微观营销环境指与企业紧密相连，直接影响企业营销能力的各种参与者，包括企业本身、市场营销渠道企业、顾客、竞争者以及社会公众。宏观营销环境指影响微观营销环境的一系列巨大的社会力量，包含人口、经济、科学技术、社会文化及自然生态等因素。微观营销环境直接影响企业的营销活动，多半与企业具有或多或少的经济联系，也称直接营销环境，又称作业环境。宏观营销环境一般以微观营销环境为媒介去影响企业的营销活动，在特定场合，也可直接影响企业的营销活动。宏观营销环境被称作间接营销环境。宏观营销环境与微观营销环境共同构成多因素、多层次、多变的企业市场营销环境综合体。

## 二、市场营销环境的特点

### 1. 复杂性

企业的外部环境涉及从自然环境到人文环境、从微观到宏观各种因素，如国民经济、购买能力、用户爱好、社会风尚、自然资源等。这种复杂性还表现为不同国家或地区之间营销环境存在着广泛的差异性，不同的企业所面对的环境也千差万别。

### 2. 关联性

各因素都不同程度地相互关联着，相互依存，相互影响，某一因素的变化会带动其他因素的变化，甚至形成新的营销环境。一种市场营销环境的形成，决不会单纯地由某一种因素决定，而是由一系列相关因素决定的，如某品牌拖拉机的产量和质量并不完全取决于市场的需求，也受到价格、资源供应、技术竞争、同行竞争等因素的影响。

### 3. 变动性

市场营销环境是客观存在的，它是一个动态的系统，始终处于一个不稳定的状态中。其构成因素受其他因素的影响，是不断变化的，只是变化有快慢之别。在这些因素中，人口、社会与自然因素的变化相对较慢，而科技、经济、政治与法律因素的变化相对较快，其中，科技因素变化最快，它是促使企业技术改造和产品创新的主要动力。从总体上讲，市场营销环境的变化速度呈现出不断加快的趋势。

### 4. 辩证性

企业作为社会的细胞，它们的活动往往与外部环境发生着千丝万缕的联系。一方面，环境与企业相辅相成，市场营销环境及其正常变化可为企业细胞的新陈代谢提供必需的场所和条件，而无数企业的正常活动又能促进宏观营销环境的稳定；另一方面，环境与企业相互制约，市场营销环境的异常变化可能制约企业发展，甚至会使企业破产，也会给企业发展带来机会。企业必须善于利用机会，竭力排除和降低不利因素和风险的影响。

# 任务二　微观营销环境

微观营销环境由环境中直接影响和制约企业营销活动的各种条件和因素组成，包括市场营销渠道（资源供应者、营销中介）、消费者、竞争者和社会公众等。由于这些因素直接影响企业具体的营销活动，微观营销环境又可称为直接营销环境。

## 一、市场营销渠道

### （一）资源供应者

资源供应者是指向企业及其竞争对手供应生产特定产品所需的各种原材料、辅助材料、设备、劳务、资金等资源的工商企业和个人。资源供应者对企业营销活动的影响主要表现在以下几个方面。

**1. 供货的及时性和稳定性**

现代市场经济条件下，企业必须针对瞬息万变的市场需求及时调整生产和营销计划，而这些调整又需要资源供应者及时地得到相应的生产资料，否则，营销目标将是一句空话。原材料、零部件、能源、机器设备等生产资料的保证供应，是企业营销活动顺利进行的前提。

**2. 供货的质量水平**

任何企业产品质量的好坏，都与资源供应者供应的生产资料质量的好坏有密切的联系。资源供应者的供货质量水平直接影响企业产品的质量。资源供应者的供货质量水平除了生产资料本身的质量，还包括各种销售服务。

**3. 供应资源的价格变化趋势**

这将直接影响企业产品成本，企业在营销活动中必须密切关注货物价格变化趋势，特别是构成产品重要部分的原材料和主要零部件的价格现状及变化趋势。

由于资源供应者对企业营销活动产生直接影响，为了在营销中取得最佳效果，第一，企业必须选择在质量、价格以及运输、供货、承担风险等方面条件较好的供应者，并保持和协调好与其的关系，及时掌握资源供应者的动态，以保证及时地、连续地、足额地得到资源。第二，企业应广开供应门路，向多个资源供应者采购，避免依赖单一或少数的供应者，以免营销业务陷入受制于人的被动局面；同时，资源供应者和供货来源的多样化，能够促使资源供应者充分竞争，使企业处于一个有利的位置，从而使所供货物的质量得到提高并可稳定价格。第三，条件成熟时，企业应采取后向一体化策略，自己生产主要的原材料、辅助材料等，以保障企业生产经营的正常运行，增强对营销业务的控制能力。

### （二）营销中介

营销中介是指协助本企业将产品推销给最终购买者的所有中介单位和个人，包括中间商（批发、零售、代理商）、实体分配机构、营销服务机构（调研、广告、咨询机构）、金融中间人（银行、证券、信托、保险机构等）。这些都是市场营销不可缺少的中间环节。任何企业的营销活动都离不开营销中介，有了营销中介所提供的服务，企业的产品才能顺利到达消费者手中。营销中介对企业的营销活动有直接影响。市场经济越发达，社会分工越精细，这些中介机构的作用就越大。企业在营销过程中，必须处理好同这些中介机构的合作关系。

## 二、消费者

消费者是指使用进入消费领域的最终产品和服务的人，也是企业营销活动最终目标市场的组成部分。消费者是市场的主体。企业丧失了消费者就意味着失去了市场，赢得了消费者自然就赢得了市场。因此，消费者是企业营销活动直接的、重要的影响因素，分析和掌握消费者的变化趋势是企业营销活动必不可少的重要内容。

## 三、竞争者

在市场经济条件下，任何企业向目标市场提供某一产品时，都会有千千万万个企业向消费者提供同类的产品，这就是竞争。任何一个企业都是其他企业的竞争者。竞争者的营销策略及营销行为尤其是价格、广告宣传活动的变化直接影响企业的营销活动，甚至可能产生直接威胁。因此，企业决不能放松对竞争者的观察和研究，应针对其竞争行为提出相应的对策。

## 四、社会公众

社会公众是指对企业实现经营目标具有实际或潜在影响力的一切团体和个人。企业所面临的社会公众包括金融公众、媒介公众、政府公众、群众公众、当地公众、一般公众、内部公众和股东公众八类。

### 1. 金融公众

金融公众即影响本企业融资能力的金融机构，如银行、投资公司、证券经纪公司、保险公司等。金融机构的主要功能是为企业营销活动提供融资及保险服务。金融机构业务活动的变化直接影响企业的营销活动，如银行贷款利率的调整，会使企业负债增多或盈利大大减少；信贷资金来源受到限制，可能会使企业陷入困境；保险公司保险金额上升，会使企业效益下降等。因此，在营销活动中，企业必须考虑和研究金融机构及其业务变化。

### 2. 媒介公众

媒介公众主要指报纸、杂志、广播电台和电视台等有广泛影响力的大众传播媒介。其对企业的声誉具有举足轻重的作用。对企业而言，媒介公众具有双重身份：一方面，它是最有效的传播工具，通过它，企业可以与各种各样的公众进行沟通，树立良好形象，实现目标；另一方面，它是企业非常重要的一类沟通对象，因为它对社会舆论有着很大的影响力。

### 3. 政府公众

政府公众即负责管理企业营销业务的有关政府机构。企业应主动了解产品质量、产品安全卫生、广告真实性、环境保护、企业自身权利保护、消费者权益保护等有关方面的政府规定，以便与政府公众搞好关系。

### 4. 群众公众

群众公众包括消费者权益保护组织、环境保护组织及其他群众团体。企业的营销活动关系到社会各方面的切身利益，企业必须密切关注群众团体对企业的批评和建议。

### 5. 当地公众

当地公众指企业所在地附近的居民以及社区组织。企业在营销活动中要避免与当地公众发生利益冲突，应指派专门机构负责处理这方面的问题，并对周边公益事业作出贡献。

### 6. 一般公众

一般公众指潜在的消费者。一个企业需要了解一般公众对它的产品和活动的态度，争取在一般公众心目中树立良好的形象，使更多的潜在消费者转变为现实消费者。

### 7. 内部公众

内部公众指企业内部员工，包括企业各层级、各部门的管理者和一般员工，他们是企业搞好市场营销的前提。

### 8. 股东公众

无论是股份公司还是有限责任公司，都面临着如何与股东尤其是关键性大股东营造良好关系的问题，股东公众直接对企业的资本运作产生影响，决定着企业能否良性运行和协调发展。

# 任务三　宏观营销环境

企业营销活动除了受到微观营销环境的直接影响外，还要受到宏观营销环境的间接影响。

宏观营销环境泛指一切影响企业营销活动的普遍的、不可控制的各种因素。作为社会的一分子，企业的生存和发展离不开一定的宏观条件。一方面，宏观营销环境与企业相互促进，宏观营销环境及其正常变化可为企业的生产经营活动提供必需的场所和其他条件，无数企业的正常活动又能促进宏观营销环境的稳定；另一方面，它们相互制约，宏观营销环境的异常变化有时可能超出企业的承受能力，甚至破坏企业的正常行动，而企业的不合理行为（如假冒伪劣产品的生产和销售）会导致宏观营销环境混乱。现代市场营销学认为，企业营销成功与否关键在于企业能否适应不断变化的营销环境。因此，企业必须分析宏观营销环境，探讨宏观营销环境给企业带来的营销机遇和环境威胁，并研究企业如何适应宏观营销环境变化，从而促进企业发展。由于这些条件或因素从宏观角度间接作用于企业的营销活动，因此，宏观营销环境又可称为间接营销环境。宏观营销环境包括人口环境、经济环境、自然环境、科技环境、社会文化环境、政治法律环境。

## 一、人口环境

市场是由具有购买欲望同时具有购买力的人组成的，从这个角度讲，人口是直接影响市场营销的环境因素。没有哪一个企业能够面对所有的消费者，也不可能满足所有消费者的每一个需求。而只能从众多的人口当中，选择其中的一部分甚至是很小的一部分，来满足其所有需求当中某一需求的一部分。从这个意义上讲，人口是宏观营销环境的重要因素之一。它从不同方面对企业的营销活动产生影响。

## （一）总人口与人口增长

一个国家或地区的人口总数，基本上反映了该国或地区的消费品市场的大小。

## （二）人口的地理分布

人口的地理分布指人口在不同地区的密集程度。人口的分布往往是很不均匀的。例如，我国人口最密集的地区是东南沿海地区，西北地区人口稀少；从城乡区别来看，城市人口密度大，农村人口密度小。人口密度大，企业的营销活动相对集中；人口密度小，企业就要采取分散的促销手段。

人口的地理分布与消费品的需求有密切关系。人口的地理分布不同，带来了消费习惯和市场需求的不同，必然影响到商业网点的发展和服务方式。企业掌握了人口的地理分布以及由此而引起的消费习惯和消费需求的差异性，就可以准确地寻找到自己的目标市场，确定企业的产品流向和流量。

## （三）人口的自然构成

人口的自然构成主要包括人口的性别构成、年龄构成、家庭构成和社会构成等。
人口性别的差异使消费需求有明显的不同，而且购买习惯与行为也有很大的差别。
不同年龄阶段的人有不同的消费需要。世界性的老龄化所形成的"银发市场"必须引起企业的重视。

## （四）受教育程度

受教育程度与消费者的收入、社交、居住环境以及购买行为与习惯均有密切关系。一般而言，受教育程度越高，消费者购买商品的理性化程度就越高。
此外，人口环境还包括城乡构成、民族构成等因素，这都是市场营销必须考虑的因素。

## 二、经济环境

经济环境是影响企业营销活动的主要环境因素，包括经济发展状况、收入因素、消费状况、消费者储蓄和信贷等因素，其中收入因素、消费状况对营销活动的影响较直接。

### （一）经济发展状况

企业的市场营销活动受到一个国家或地区经济发展状况的影响和制约，其影响表现在不同的经济发展阶段和经济发展形势中。

#### 1. 经济发展阶段

不同的经济发展阶段，直接影响企业的市场营销活动。美国学者罗斯托的经济成长阶段理论将世界各国经济发展归纳为5个阶段：①传统经济社会阶段；②经济起飞前的准备阶段；③经济起飞阶段；④迈向经济成熟阶段；⑤大量消费阶段。凡处于前3个阶段的国家称为发展中国家，而处于后两个阶段的国家称为发达国家。

**2. 经济发展形势**

国家、地区及全球经济的繁荣与萧条，对企业市场营销活动都有重要影响。就全球经济发展形势来看，全球化不断深入，影响着各国经济的发展。就我国经济发展形势来说，改革开放40多年来，我国取得了举世瞩目的成就，极大地增强了我国的综合国力。国际或国内经济形势是复杂多变的，机遇与挑战并存，企业一定要做好市场调查工作，力求正确认识和判断经济发展形势，确定相应的营销战略和计划。

## （二）收入因素

收入因素是构成市场的重要因素。因为市场容量的大小，归根结底取决于消费者购买力大小。一个消费者的需要能否得到满足，以及怎样得到满足，主要是取决于他收入多少。从市场营销的角度分析收入因素，通常从以下5个方面进行。

**1. 国内生产总值**

一个国家（或地区）所有常住单位在一定时期内生产活动的最终成果，可以概括表示一个国家（或地区）生产发展的总规模、经济实力以及市场的大小。

**2. 国民收入**

又称国民净产值，指一个国家物质生产部门的劳动者在一定时期（通常为一年）内所创造的价值的总和，或者说国民生产总值减去生产过程中所耗费的生产资料的价值，即劳动者新创造财富的价值。一个国家以一年的国民收入总额除以总人口数，便可以得到该国的人均国民收入。人均国民收入大体上反映出一个国家的经济发展水平和人民生活状况。

**3. 个人收入**

从各种来源所得到的经济收入，如一个计算机专家的收入，除了他在工作单位领取的基本工资和各种奖金福利，还包括从事计算机知识讲座、计算机软件开发、计算机销售顾问等方面工作的收入。一个国家个人收入总和除以总人口数，便是该国的个人人均收入。一个国家或地区的总收入，可以衡量当地消费市场的容量，人均收入的多少，反映了消费者购买力大小。

**4. 个人可支配收入**

个人收入中扣除个人直接负担的其他费用，如扣除税金等以后的余额。这部分收入是消费者可以自己支配的，用于消费还是用于储蓄是消费者个人的私事。

**5. 个人可任意支配收入**

个人可支配收入仍然不是消费者可以任意支配的，因为这部分收入中消费者要有一部分用于家庭生活必不可少的支出，如食物支出、水电费支出、煤气燃料费支出等。个人可支配收入扣除这部分必不可少的生活费用支出以后余下的部分，才是消费者可以任意支配的收入，这部分收入是影响市场消费需求变化最活跃的因素。之所以称为个人可任意支配收入，是因为这部分收入在商品消费中的投向不固定，容易变化和转移，故这是企业营销中研究的重点。

## （三）消费状况

消费状况主要指消费的结构情况，即各类消费品的支出占消费总支出的比例。随着市场上商品的增多、新产品的不断涌现、人们收入的增加，人们的消费结构也就必然随之变化，而这种变化通常表现为吃、穿、用等消费比例的变化与消费质量的提高。在消费质量一定的条件下，人们用于吃、穿、用等的支出比例可以概括地反映一个国家、地区或家庭的富裕程度。德国著名的统计学家恩格尔对劳工家庭的消费支出构成作了研究，他指出，当家庭收入增加时，用于教育、医药卫生与闲暇娱乐活动方面的支出则增加较多，用于衣着、房租和燃料方面的支出变动不大，但购买食物部分缩小。据此，人们将恩格尔论述的消费支出中食物支出与总支出之比称为恩格尔系数，恩格尔系数越小，食物支出所占的比例越小，表明生活水平越富裕；恩格尔系数越大，则食物支出所占比例越大，表明生活水平越低。

## （四）消费者储蓄和信贷

消费者的购买力在其他因素不变的情况下，还要受消费者储蓄和信贷的直接影响。

消费者的个人收入不可能全部消费，总有一部分资金以各种形式储蓄起来，这是一种推迟的、潜在的购买力，一般主要是准备用来购买耐用品的。在西方，个人储蓄的形式包括银行存款、公债、股票和不动产等，这些都是随时可以转化为现实购买力的。在正常情况下，银行储蓄与国民收入成正比，是稳定的，但是当通货膨胀、物价上涨时，消费者就会将储蓄变为现金，争购保值商品。我国居民有勤俭持家的传统，长期以来养成了储蓄的习惯。

但是，我国的高储蓄含有非理性的行为，已严重影响到国内消费市场的持续稳定发展，如何解决好这个问题值得深思。

各国广泛存在的消费者信贷，对购买力的影响也很大。所谓消费者信贷，即消费者凭信用先取得商品的使用权，然后按期归还贷款。主要信贷方式有4种：短期赊销、购买住房分期付款、购买昂贵消费品分期付款、信用卡信贷。我国目前开设的消费者信贷种类很多，如购车信贷、购房信贷等。这对于扩大企业产品销售会有积极作用。

"第三次分配"齐参与
助力广东共同富裕

## 三、自然环境

企业营销的自然环境是指影响企业生产和经营的物质因素，如企业生产需要的物质资料，企业生产产品过程中对自然环境的影响等。从20世纪60年代开始，各国学者就普遍关注工业发展对自然环境的影响，也出现了许多环境保护组织，促使各国加强了环境保护立法和执法。总的来说，自然环境对企业影响的主要动向是自然资源日益短缺，能源成本日趋提高，随着工业化、城镇化进程的加快，环境污染日益严重，政府对自然资源与环境的管理和干预力度不断加大。所有这些都直接或间接地给企业带来威胁或机会。

面对资源的短缺，企业应奉行生态营销、绿色营销理念，重点发展节约能源、降低原材料消耗的产品，如开发节能、节电、节时、节空间产品；寻找替代品，开发新能源，如以太阳能、风能、潮汐能、核能、地热能等新能源代替煤炭、石油等传统能源，加强"三废"的综合利用；大力发展人工合成材料，使产品轻型化、小型化、多功能化等。

减污降碳
逐绿前行

环境污染在许多地区已经严重影响到人们的身体健康、自然生态的平衡以及经济社会的可持续发展。环境污染，首先，为治理污染的技术和设备提供了一个大市场，为不破坏生态环境的新的生产技术和包装方法创造了市场机会；其次，以开发绿色产品为核心的绿色营销成为时尚；最后，企业必须注意自身环境污染问题，做好污染治理工作，否则将付出很大的代价，目前已经有企业法人因为对环境造成严重污染而承担刑事责任的案例。

## 四、科技环境

科学技术因素是宏观环境中变化最快的因素，是影响人类进步、经济发展和社会运行的最强力量，是促使企业技术改造和产品市场创新的主要动力。它在推动生产力发展的同时，也不断地促进社会分工的深化和新的社会需要的产生。科学技术的这种发展趋势，既给企业带来新的市场营销机会，又可能给某些企业带来威胁。

（1）科学技术的发展，催生了许多新兴的工业部门和行业，以原子能、激光、电子技术、生物工程、空间技术、高温结构陶瓷、超导材料等为代表的现代科学技术的发展，使新产品不断涌现，产品生命周期越来越短，某些技术陈旧的老产品受到无情的打击，甚至造成一个行业的萎缩或消失。

（2）科学技术的发展，改善了企业经营管理。计算机、电子扫描装置、光纤通信等大大提高了企业生产经营效率，使企业经营管理逐步迈向现代化；同时，科学技术使劳动者的素质提高，人们的思维方式、生活方式、工作方式等发生根本性的变革，也促使企业改进经营管理方式。

（3）科学技术的发展，降低了能源消耗，节约了费用。科技发展给企业带来新材料、新工艺、新方法等，大大降低了能源消耗，或寻找到新的替代能源，大大降低了成本和费用。

（4）科学技术的发展和运用，使消费者生活方式发生很大变化，如消费需求、消费习惯、消费结构、消费方式等都发生变化，新的营销模式——网络营销、微信营销等成为企业重要的营销方式。

## 五、社会文化环境

社会文化环境是指一个国家或地区的民族特征、文化传统、价值观、教育水平、社会结构、风俗习惯等情况。

人类总是在特定的社会中生活，久而久之必然形成特定的文化，包括一定的态度或看法、价值观念、道德规范以及风俗习惯等。

社会文化环境影响和制约着人们的观念与思维，从而成为影响人们购买欲望和行为的重要因素。教育水平的高低、审美观念的不同直接影响人们的消费行为和消费结构，价值观念差异影响消费者对商品的需求和购买行为，风俗习惯的不同导致不同的心理特征、道德伦理、行为方式和生活习惯，特定时期内直接影响人们对某些商品的大量需求；宗教信仰的差异涉及交谈用语、产品的颜色、图案、造型等各个方面的风俗禁忌。

企业的市场营销人员在国内和国际市场营销工作中都必须分析、研究和了解销售对象所处的社会文化环境，在产品设计造型、颜色、包装及商标、广告、推销方式以及服务等方面考虑到社会文化环境因素的重要影响，认真研究不同社会阶层和相关群体的需求特点和购买行为。

### 六、政治法律环境

国家的方针政策、法令及其调整变化会对市场营销产生影响。

首先，国内外的政局稳定性影响着企业市场营销活动的方向。国内政治形势是指在一定时期内党和政府处理多方面关系、发展经济、管理社会生活的势态，它包括党和国家的各项方针政策的采取和改变。这些方针政策，既可以发展、促进某些企业的营销活动；也可以限制、制止和取缔某些企业的营销活动，从而对企业的发展产生决定性的作用和影响。其次，国与国之间的关系，也影响着我国企业的市场营销活动。我国在和平共处五项原则的基础上发展同国外的睦邻友好关系，进行广泛的经济技术交流与合作，为我国产品进入国际市场创造了条件。同时各种挑战也在所难免。最后，政府的法令条例，特别是涉及市场营销的经济法规，对市场需求的实现与市场营销活动也具有一定的调节作用。

法律是体现统治阶级意志，由国家制定或认可，并以国家强制力保证实施的行为规范（规则）的总和。为了保证本国经济良好运行，各国政府都颁布相应的经济法规来制约、维护、调整企业的活动。我国近年来颁布了许多经济法规，这些法规是保障我国经济协调、稳定发展和维护社会整体利益的有效手段。对于企业而言，国家的法律法规，一方面约束着企业必须在符合全体人民和社会利益的基础上经营，另一方面也保护企业的正当行为和利益。企业要把握好以下两个方面：一是要知法、懂法、守法；二是要利用法律的武器维护自身的合法权益。

## 任务四　市场环境分析与企业对策

每个企业都和总体环境的某个部分相互影响、相互作用。企业之所以能够在复杂多变的环境中生存和发展，重要原因就在于：①能够识别环境中影响市场营销的主要因素及其变化趋势；②正确理解这些因素对市场营销的影响机理；③及时发现市场中的机会和威胁；④认识到自己为了把握机会、避免威胁所具有的优势和劣势；⑤密切关注环境的发展变化，在环境变化的时候，能够通过事先制订的计划来适应并控制变化，以保证企业经营战略正确实施。

## 一、环境威胁与市场营销机会

环境发展趋势基本上分为两大类：一类是环境威胁；另一类是市场营销机会。

所谓环境威胁，是指环境中一种不利的发展变化和趋势对企业营销所形成的挑战。如果不采取果断有效的市场营销行动，这种不利趋势将影响到企业的经济效益，伤害到企业的市场地位。这种威胁来自环境的各个方面。例如，2008年爆发的全球金融危机，给世界多数国家和地区的经济和贸易带来很大的负面影响；国内外对环境保护要求的提高，对某些生产不符合环保要求产品的企业来说无疑是一种严峻的挑战；紧缩信贷、原材料价格上涨、税率提高、出现新的竞争者、市场疲软等，都是不利于企业发展的因素。

所谓市场营销机会，是指市场营销环境变化所带来的对企业市场营销活动颇具吸引力和赢利空间的领域。在该领域，企业将拥有竞争优势，具有比竞争对手利用同一市场机会更大的优势，并获得较大的"差别利益"。宽松的政策、科技的进步、新材料的研制等可能为企业降低成本、增加销售量创造条件，这些对企业发展是有利的。

## 二、威胁与机会的分析评价

企业面对威胁程度不同和市场机会吸引力不同的营销环境，需要通过环境分析来评估市场机会与环境威胁。其分析方法有很多，这里主要介绍威胁分析法、机会分析法。

### （一）威胁分析法

威胁分析也称企业生命力衰退分析。企业生命力衰退一般要经历一个过程，而且会有先兆。威胁分析就是分析反映这些先兆现象的先行性指标。这些指标主要包括以下几个方面：

（1）本企业的销售增长率连续若干年低于国民经济增长率。

（2）销售增长率尚可，但市场占有率连续若干年下降。

（3）资金利润率连续若干年低于银行利息率。

（4）销售利润增长率连续若干年低于销售收入增长率，即增产不增收。

（5）企业平均每名职工销售利润率连续若干年低于平均每人销售费用增长率，等等。

企业对环境威胁的分析，一般着眼于两个方面：一是分析威胁的潜在严重性，即影响程度；二是分析威胁出现的可能性，即出现概率。威胁分析矩阵如图3-1所示。

出现概率

| | | 高 | 低 |
|---|---|---|---|
| 影响程度 | 大 | 1 | 2 |
| | 小 | 4 | 3 |

图3-1 威胁分析矩阵

在图 3-1 中，处于 1 位置的威胁出现的概率高、影响程度大，必须特别重视，应制定相应对策；处于 3 位置的威胁出现概率低、影响程度小，企业虽不必担心，但应注意其发展变化；处于 2 位置的威胁出现概率虽低，但影响程度较大，必须密切监视其发展；处于 4 位置的威胁虽影响程度小但出现概率高，企业也必须充分重视。

### （二）机会分析法

机会分析法包括以下内容。

**1. 环境市场机会与企业市场机会**

市场机会实质上是"未满足的需求"。对不同企业而言，环境机会并不都是最佳机会，只有理想业务和成熟业务才是最适宜的机会。

**2. 行业市场机会与边缘市场机会**

企业通常都有其特定的经营领域，出现在本企业经营领域内的市场机会，即行业市场机会；出现于不同行业交叉与结合部位的市场机会，则被称为边缘市场机会。一般来说，边缘市场机会的业务，进入难度要大于行业市场机会，行业之间的边缘地带，有时会存在市场空隙，企业在发展中也可以发挥自身优势。

**3. 目前市场机会与未来市场机会**

从环境变化的动态性来分析，企业既要注意发现目前环境变化中的市场机会，也要面对预测未来可能出现的大量需求或大多数人的消费倾向，发现和把握未来市场机会。

**4. 全面的市场机会与局部的市场机会**

全面的市场机会是在大范围市场如国际市场、全国性市场上出现的机会；局部的市场机会则是在小范围市场如某个特定地区出现的尚待满足的需求。全面的市场机会对各个企业都有普遍意义，局部的市场机会对进入特定市场的企业有特殊意义。

机会分析主要考虑其潜在的吸引力（营利性）和成功的可能性（企业优势）的大小。其分析矩阵如图 3-2 所示。

| | | 成功的可能性 | |
|---|---|---|---|
| | | 大 | 小 |
| 潜在的吸引力 | 大 | 1 | 2 |
| | 小 | 4 | 3 |

图 3-2　机会分析矩阵

在图 3-2 中，处于 1 位置的机会，潜在的吸引力和成功的可能性最大，极可能为企业带来巨额利润，企业应把握战机，全力发展；处于 3 位置的机会，不仅潜在的吸引力小，成功的可能性也小，企业应改善自身条件，关注机会的发展变化，审慎而适时地开展营销活动。

## 三、企业对策

对企业所面临的主要威胁和最佳机会，最高管理层应作出什么反应或采取何种对策呢？

最高管理层必须慎重地评价企业所面临的市场机会的质量。

企业对所面临的主要威胁有以下 3 种可能选择的对策：

### 1. 反抗

企业可以抵抗、抑制或扭转不利因素的发展。例如，长期以来，日本的汽车、家用电器等工业品源源不断地流入美国市场，而美国的农产品却遭到日本贸易保护政策的威胁。美国政府为了对付这一严重的环境威胁，一方面，在舆论上指出，美国的消费者愿意购买日本优质的汽车、电视、电子产品，为何不让日本的消费者购买便宜的美国产品？另一方面，美国在有关国际组织提出上诉，要求仲裁。同时提出，如果日本政府不改变农产品贸易保护政策，美国将对日本工业品的进口也采取相应的措施。结果，扭转了不利的环境局面。

### 2. 减轻

通过调整市场营销组合等来改善环境适应，以减轻环境威胁的严重性。例如，当可口可乐的年销售量达 300 亿瓶时，在美国的饮料市场上突然杀出了百事可乐。百事可乐不但在广告费用的增长速度上紧跟可口可乐，而且在广告方式上也针锋相对："百事可乐是年轻人的恩赐，青年人无不喝百事可乐。"其潜台词很清楚，即可口可乐是老年人的，是旧时代的东西。可口可乐面对这种环境威胁，及时调整市场营销组合，来减轻环境威胁的严重性：一方面，聘请社会上的名人（如心理学家、精神分析家、应用社会学家、社会人类学家等）对市场购买行为新趋势进行分析，采用更加灵活的宣传方式，向百事可乐展开宣传攻势；另一方面，花费比百事可乐多 50% 的广告费用，与之展开了一场广告战，力求将广大消费者吸引过来。经过上述努力，收到了一定的效果。

### 3. 转移

决定转移到其他盈利更多、风险较小的行业或市场。例如，第二次世界大战结束后，美国许多军工企业纷纷转产，由生产军工产品转向生产民用产品，企业获得了新的生机。

#### ✎ 思考与练习

1. 影响市场营销的微观环境由哪几方面构成？如何影响？
2. 影响市场营销的宏观环境因素有哪些？如何影响？
3. 市场环境分析方法有哪些？

## 技能训练

### 市场环境观察和分析能力训练

#### 一、训练目标

通过训练，提升学生对市场环境的观察能力，使其掌握常见的信息收集途径与基本方法；锻炼学生的信息收集、整理和分析能力。

### 二、训练准备

学生事先通过各种资料对目标企业进行宏观认识；教师事先设计详细的训练操作方案，讲解训练要求和目标。

### 三、训练内容

1. 针对身边某企业进行宏观和微观营销环境的观察、记录；

2. 了解该企业的相关资料，对该企业的外部环境进行分析；

3. 根据资料分析对该公司提出经营策略的改进建议。

### 四、训练流程

组建学生小组→小组分工→资料收集与汇总→小组讨论→以小组为单位提出企业环境分析报告。

### 五、训练操作要点

教师注意控制时间及课堂氛围，考核关注资料分析处理质量及方案的可行性、小组分工协作及任务完成时间等。

# 项目四　市场调查与市场预测

**案例导入**

## 2019 年全国粮食播种面积、单位面积产量、总产量的抽样调查

根据对全国 31 个省（区、市）的抽样调查和农业生产经营单位的全面统计，2019 年全国粮食播种面积、总产量、单位面积产量以及全国及各省（区、市）粮食产量如下（见表 4-1 和表 4-2）：

全国粮食播种面积 116064 千公顷（174095 万亩），比 2018 年减少 975 千公顷（1462 万亩），下降 0.8%。其中谷物播种面积 97847 千公顷（146771 万亩），比 2018 年减少 1824 千公顷（2736 万亩），下降 1.8%。

全国粮食单位面积产量 5720 公斤/公顷（381 公斤/亩），比 2018 年增加 98.4 公斤/公顷（6.6 公斤/亩），增长 1.8%。其中谷物单位面积产量 6272 公斤/公顷（418 公斤/亩），比 2018 年增加 151.4 公斤/公顷（10.1 公斤/亩），增长 2.5%。

全国粮食总产量 66384 万吨（13277 亿斤），比 2018 年增加 594 万吨（119 亿斤），增长 0.9%。其中谷物产量 61368 万吨（12274 亿斤），比 2018 年增加 365 万吨（73 亿斤），增长 0.6%。

表 4-1　　　　2019 年全国粮食播种面积、总产量及单位面积产量情况

|  | 播种面积<br>（千公顷） | 总产量<br>（万吨） | 单位面积产量<br>（公斤/公顷） |
|---|---|---|---|
| 全年粮食 | 116064 | 66384 | 5720 |
| 一、分季节 |  |  |  |
| 　1. 夏粮 | 26354 | 14160 | 5373 |
| 　2. 早稻 | 4450 | 2627 | 5902 |
| 　3. 秋粮 | 85259 | 49597 | 5817 |
| 二、分品种 |  |  |  |
| 　1. 谷物 | 97847 | 61368 | 6272 |
| 　其中：稻谷 | 29694 | 20961 | 7059 |
| 　　　小麦 | 23727 | 13359 | 5630 |
| 　　　玉米 | 41284 | 26077 | 6316 |
| 　2. 豆类 | 11075 | 2132 | 1925 |
| 　3. 薯类 | 7142 | 2883 | 4037 |

注：由于计算机自动进位原因，分项数合计与全年数据略有差异。

表 4-2　　　　　　2019 年全国及各省（区、市）粮食产量

|  | 播种面积<br>（千公顷） | 总产量<br>（万吨） | 每公顷产量<br>（公斤） |
|---|---|---|---|
| 全国总计 | 116064 | 66384 | 5720 |
| 北　京 | 47 | 29 | 6183 |
| 天　津 | 339 | 223 | 6580 |
| 河　北 | 6469 | 3739 | 5780 |
| 山　西 | 3126 | 1362 | 4356 |
| 内蒙古 | 6828 | 3653 | 5350 |
| 辽　宁 | 3489 | 2430 | 6965 |
| 吉　林 | 5645 | 3878 | 6870 |
| 黑龙江 | 14338 | 7503 | 5233 |
| 上　海 | 117 | 96 | 8170 |
| 江　苏 | 5381 | 3706 | 6887 |
| 浙　江 | 977 | 592 | 6058 |
| 安　徽 | 7287 | 4054 | 5563 |

| | 播种面积<br>（千公顷） | 总产量<br>（万吨） | 每公顷产量<br>（公斤） |
|---|---|---|---|
| 福　建 | 822 | 494 | 6005 |
| 江　西 | 3665 | 2157 | 5886 |
| 山　东 | 8313 | 5357 | 6444 |
| 河　南 | 10735 | 6695 | 6237 |
| 湖　北 | 4609 | 2725 | 5913 |
| 湖　南 | 4616 | 2975 | 6444 |
| 广　东 | 2161 | 1241 | 5743 |
| 广　西 | 2747 | 1332 | 4847 |
| 海　南 | 273 | 145 | 5311 |
| 重　庆 | 1999 | 1075 | 5378 |
| 四　川 | 6279 | 3498 | 5571 |
| 贵　州 | 2709 | 1051 | 3880 |
| 云　南 | 4166 | 1870 | 4489 |
| 西　藏 | 184 | 105 | 5678 |
| 陕　西 | 2999 | 1231 | 4105 |
| 甘　肃 | 2581 | 1163 | 4504 |
| 青　海 | 280 | 106 | 3767 |
| 宁　夏 | 677 | 373 | 5500 |
| 新　疆 | 2204 | 1527 | 6930 |

注：因计算机自动进位原因，分省合计数与全国数据略有差异。

关于粮食产量调查制度和方法的说明：

1. 调查方法

粮食产量统计调查采取主要品种抽样调查、小品种全面统计相结合的方法，调查对象包括地块和经营单位。国家统计局各调查总队负责地块的抽样调查工作，各省（区、市）统计局负责农业生产经营单位的全面统计工作。

抽样调查的主要粮食品种有稻谷、小麦和玉米等，通过以省为总体抽选具有代表性的村和地块开展调查。粮食产量抽样调查由播种面积和单位面积产量抽样调查组成。播种面积调查利用遥感影像、采取空间抽样技术抽选调查样本，在调查时点上对样本地块内所有农作物进行清查，推算主要粮食作物的播种面积。单位面积产量调查通过采用实割实测的方法，推算各主要粮食品种的单位面积产量。播种面积与单位面积产量相乘得到总产量。

2. 调查样本

目前以省为总体的粮食产量抽样调查在国家调查县（市）中进行。全国共抽取 9000 多个样本村、每个样本村抽取 3 个面积约 60 亩的样方地块。在调查时节，由国家统计局各基层调查队调查人员和辅助调查员开展调查，对样方地块内及其压盖的所有自然地块开展播种面积抽样调查。各省级调查总队根据调查基础数据推算得出省级粮食播种面积。

粮食单位面积产量抽样调查在国家调查县（市）抽取的面积调查地块中进行，全国共抽取 5000 多个样本村、近 3 万个自然地块，每个自然地块中再按照要求抽选 3—5 个 10 平方尺的小样方，通过对样方内粮食作物进行实割实测，推算得出全省某粮食作物平均单产水平。

3. 测产方法

主要粮食品种单位面积产量调查采用实割实测的方法取得。按照农林牧渔业统计报表制度，在粮食作物收获前，各调查村中的基层调查员在播种面积调查样本的基础上对相应粮食品种种植地块逐块进行踏田估产、排队，抽选一定数量样本地块做出标记；待收获时各县级调查员或者辅助调查员在抽中样本地块上进行放样，割取样本，再通过脱粒、晾晒、测水杂、称重、核定割拉打损失等环节，计算出地块单产。国家统计局各调查总队根据抽中样本地块单产推算全省（区、市）平均单位面积产量。

（资料来源：《国家统计局关于 2019 年粮食产量数据的公告》，有删改）

从上述案例可以看出，为了及时了解我国主要粮食播种面积、单位面积产量、总产量变化的最新动态，以便为国民经济社会发展各项决策提供依据，国家统计局定期对全国粮食播种面积、单位面积产量、总产量进行抽样调查。

重视市场调查工作对企业的发展具有十分重要的意义。市场调查 1910 年起源于美国，第二次世界大战后逐渐推广到世界各国。现代企业开展市场营销活动是建立在对各种营销信息的占有、分析、评价和应用基础上的。没有足够、及时、正确的市场营销环境的信息资料，没有科学的市场营销调查，没有科学的市场营销预测，企业营销人员就不可能制订正确的营销战略和营销组合策略。市场调查和预测是实现现代企业营销目标和营销效益的前提和保证。本章重点介绍如何调查、预测各种影响企业市场营销活动的环境因素的变化给企业带来的机会和威胁，为企业经营决策提供科学依据。

# 任务一　市场调查

市场调查是指运用科学的方法，有目的、有计划、有步骤、系统地收集、记录、整理、分析、评价和使用有关市场方面的各种信息，掌握市场发生、发展及变化的趋势，为市场预测、经营决策提供可靠依据的活动过程。市场调查是企业从事生产经营活动的起点，贯穿企业生产经营活动的全过程。

## 一、市场调查的作用

### 1. 市场调查是企业掌握市场动态变化的有效方法

通过深入、细致的市场调查，及时收集相关产品的供求状况、价格变化情况、竞争对手状态、国家政策变动、产业结构调整、消费心理趋向等各类市场信息，有利于在整理、分析基础上发现新的市场机会，发现潜在的消费需求，发现市场变化的基本趋势，从而把握市场运行规律，增强参与市场活动的主动性，减少盲目性。

### 2. 市场调查是企业进行市场预测和制订经营战略的基础

企业通过市场调查，不但可以收集、掌握比较系统的、全面的营销信息，而且对客观环境变化带给企业的机会和威胁的分析研究也比较符合实际，有利于企业的营销预测和决策建立在科学可靠的基础上，减小预测的误差并减少决策的失误，将现代企业的经营风险降到最低程度。

### 3. 市场调查是企业正确制定和调整市场营销策略的保障

进行市场调查研究，了解市场营销环境的变化趋势，掌握市场竞争态势，有利于从实际出发制定可行、合理的市场营销策略。依靠市场调研，对现行的各种营销策略的实施进行信息反馈、评价，有利于修订、补充和完善现行营销战略和策略，使之更加适应营销环境的变化和要求。

总之，搞好市场调研，对于掌握市场变化动态，进行科学预测、决策，制定、评估和完善市场营销策略，改善企业经营状况，求得企业进一步发展，具有十分重要的意义。

## 二、市场调查的内容

现代企业进行市场调查，其内容应包括一切与企业市场营销活动直接或间接有关的信息和因素，如图 4-1 所示。

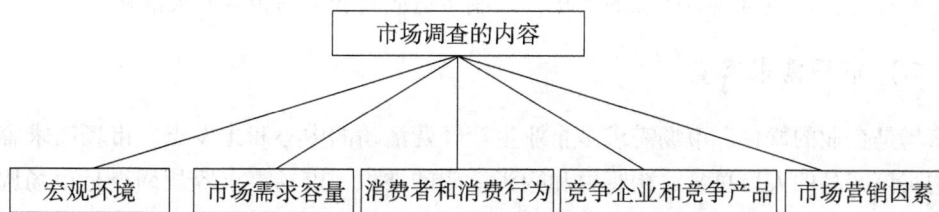

**图 4-1 市场调查内容示意**

### （一）宏观环境

### 1. 政治法律环境

政治法律环境指影响企业市场营销的国家各项政策、方针、法律、法规等。在政治方面，一般而言，只要一国政府的政策透明、政府廉洁、政局稳定，企业就可以在了解、掌握政策的基础上，制定相应的策略或对策，从而取得企业经营的成功。但是，如果政策、方针是不稳定的，经常发生变化，则企业对政策就无法准确把握，尤其是国际经营就容易遭遇政治风险。在法律方面，主要调查与企业生产经营活动相关的法律法规，如企业法、物权法、经济合同法、劳动法、各种税法、会计法、环境保护法、商标法、消费者权益保护法等。

**2. 经济环境**

企业生产经营的成功与否与周围的经济环境（快速增长、慢速增长、衰退或滞胀）密切相关，一个国家或地区的经济处于不同的发展阶段，就会形成不同的产业结构、需求模式、消费心态等，市场也呈现出不同特性。

**3. 人口环境**

人口环境调查的主要内容包括人口总量、人口构成（年龄、性别、职业、收入、地理、家庭结构、受教育程度）、人口流动和迁移、家庭生命周期、家庭结构变化等。

从夜间灯光地图看
中国经济形势，
美国专家被震惊！

**4. 社会文化环境**

针对社会文化环境进行的调查，主要内容涉及消费者的文化背景、社会教育水平、民族与宗教状况、风俗习惯、社会心理等方面。

**5. 技术发展研究**

企业可以通过多种形式的调查研究，充分认识新技术、新工艺、新材料、新产品、新能源、新标准的情况，同时要注意科学技术引领消费者观念、购买习惯、购买决策和营销策略的情况。

**6. 自然环境调查**

企业应注意对地理环境、气候条件、季节因素等进行调查，要通过不断调查，了解、掌握自然资源、地理与气候环境的变化，以制定适应其变化的企业发展战略。

**（二）市场需求容量**

市场是企业的舞台。市场需求是企业生产经营活动的中心和出发点。市场需求容量是可能购买该产品的人口总量、购买力和购买欲望的乘积，市场需求容量调查是市场调查的重要内容。市场需求容量调查包括市场需求的产品品种调查、市场需求的产品总量调查、市场需求环境调查、市场需求的企业营销条件调查。

**（三）消费者和消费行为**

可以说市场调查是以消费者为中心的研究活动。对消费者和消费行为进行深入调查研究，并将之应用于生产经营活动，是生产经营企业发现新的市场机会，找到新的营销战略战术，从而提高营销成效的有效途径。消费者和消费行为调查主要从以下几个方面展开：

（1）本企业产品现实与潜在购买者数量调查。

（2）消费者的年龄、性别、职业、文化程度、地区分布、民族调查。

（3）消费者购买动机、购买行为与购买习惯等的调查。

## （四）竞争企业和竞争产品

商场如战场，任何企业要想在市场中生存与发展，不研究竞争对手的战略而要取得竞争优势是不可能的。从某种意义上讲，了解竞争者也是现代企业经营的重中之重，是企业选择营销战略、策略的先决条件。因此，市场竞争调查正成为生产经营者最为关注的调查内容之一。

（1）竞争对手数量调查。

（2）竞争对手产品设计能力、工艺能力、发展新产品的动向调查。

（3）竞争对手市场竞争策略和手段调查。

（4）竞争产品的质量、数量、品种、规格、商标、成本调查。

（5）竞争对手的市场营销策略组合调查。

（6）潜在竞争对手出现的可能性调查。

## （五）市场营销因素

### 1. 产品调查

对有关产品的各个方面进行调查，包括对产品实体、产品生命周期、产品外观对消费者的吸引程度、产品性能质量、产品包装设计、品牌知名度、产品使用价值、产品市场生命周期不同阶段和推出新产品的调查。

### 2. 价格调查

价格调查的主要内容包括以下方面：企业产品的各种弹性系数包括需求与供给弹性、价格和消费者收入弹性等的调查；市场现行零售价格和价格变动的可能性的调查；各种替代品、互补品价格的调查；消费者对于产品价格的认知、在经济与心理上的价格承受能力、可以接受的最高价格的调查；竞争对手价格变动情况的调查等。

### 3. 分销渠道调查

分销渠道调查的内容一般包括企业现有渠道能否满足商品销售需要、渠道布局是否合理、渠道成员的营销实力如何、各类中间商对企业商品有何要求、线上线下渠道差异性等。

### 4. 促销调查

促销调查就是对企业曾经在产品（或服务）促销过程中所采用的各种促销方法的有效性进行测试和评价，为策划、设计新的促销方式和手段提供可靠依据。促销调查的内容一般包括促销手段和促销策略调查，包括人员推销、广告、营业推广、公共关系的可行性、促销投入与促销效果调查。

企业通过以上内容的调查，收集有关方面的信息和资料，针对不同的市场环境，结合顾客需求，综合运用企业可以控制的各种营销手段，制定有效的市场营销组合策略，促使顾客带动新市场开发，以达到企业预期的营销目标。

### 三、市场调查的步骤

为了迅速、准确、高质量地收集有关市场信息的资料，市场调查必须依照一定的科学方法有步骤地进行。市场调查一般要经过调查准备、正式调查、结果处理3个阶段6个步骤。

#### （一）调查准备阶段

市场调查要从企业实际出发，对生产经营活动的现状进行全面分析研究，确定问题所在并根据问题的轻重缓急确定调查范围。例如，某企业的某种产品近几个月来销量一直处于下降状态，原因是什么呢？是顾客对产品质量不满意，是售后服务没跟上，是促销宣传费用减少的影响，还是竞争对手采取了新的营销对策，或者是由宏观经济形势发生变化造成的……为了弄清和确定问题及调查范围，一般要先进行初步情况分析和非正式调查。

##### 1. 初步情况分析

为了使调查具有针对性，调查人员可收集企业内外部有关资料，包括各种报表、记录、统计资料、用户来函、财务决算、综合及专题报告、政府部门公布的有关信息，进行情况初步分析，以便掌握足够的背景资料，使正式调查范围缩小。

##### 2. 非正式调查

非正式调查，也称试探性调查。调查人员根据调查问题的初步情况分析，应在小范围内作一些试探性调查。例如，向本企业内部有关人员、精通调查所涉及问题的专家以及有代表性的用户主动征求意见，听取他们对这些问题的看法等。

通过非正式调查，只要已经找到问题的症结，所需资料已经齐备，改进方案已经提出，就无须进行正式调查了。否则，就应当进入正式调查阶段。

#### （二）正式调查阶段

##### 1. 制订调查方案

调查方案主要包括以下内容：确定调查主题；决定收集资料的来源和方法；准备所需的调查表格；抽样设计。

消费者对 App
偏好的变化

##### 2. 现场实地调查

现场实地调查就是调查人员根据确定的调查对象，通过各种方式方法到现场获取资料。现场调查工作的好坏，直接影响到调查结果的正确与否，必须由经过严格挑选并加以培训的调查人员按规定进度和方法获取资料。

调查人员要有工作经验，了解本企业的基本情况，具备市场营销学、统计学和企业生产技术方面的专门知识，性格外向，善于与陌生人相处，工作认真，有克服困难的信心和勇气。

## （三）结果处理阶段

### 1. 资料的整理分析

这一步骤是对调查收集到的零散、杂乱的资料和数据进行审核、分类和统计制表等。审核是为了发现资料的各种错误等，剔除由抽样设计有误、问卷内容不合理、被调查者的回答前后矛盾等导致的错误，保证资料系统、完整、真实可靠；分类是为了使资料便于查找和使用而将整理后的资料分类编号；统计制表是对调查的资料进行统计计算，通过图、表的形式反映各种相关因素的经济关系或因果关系。

### 2. 编写调查报告和追踪

编写调查报告是市场调查的最后一步，是对问题的集中分析和总结，也是调查成果的反映。

调查报告的内容：①调查过程概述，又称摘要；②调查目的，又称引言；③调查结果分析，它是调查报告的正文，包括调查方法、取样方法、关键图表和数据；④结论与建议；⑤附录，包括附属图表、公式、附属资料及鸣谢等。

编写调查报告时，报告内容要紧扣调查主题，针对性强，重点突出，客观扼要；文字简练，观点明确，说服力强；分析透彻，尽可能使用图表说明，直观性强，便于企业决策者在最短时间内对整个报告有一个完整的了解。

提出报告后，调研人员的工作并没有完结，还要追踪了解调研报告是否已被采纳，采纳的程度和实际效果如何，并尽可能地协助有关人员尽早落实报告中提出的建议或方案。

## 四、市场调查的方法

市场调查质量的高低，与调查方法选择恰当与否有直接关系。市场调查方法有很多，从实地调查方式来看，市场调查可分为询问法、观察法和实验法；按选择调查对象的方法分类，可分为全面调查（又称普查）和非全面调查，其中非全面调查又可分为重点调查、典型调查和抽样调查。下面重点介绍按实地调查方式分类的市场调查方法。

### 1. 询问法

询问法是指调查者通过口头、电信或书面的方式向被调查者询问了解情况、收集资料的调查方法。

询问法按询问的方式，可分为面谈法、邮寄法、电话法和留置法。

（1）面谈法。面谈法是调查人员与被调查者面对面接触，通过有目的的谈话取得所需资料的一种调查方法。

面谈法的优点是由于调查者与被调查者面对面，便于沟通，被调查者能充分发表自己的意见，调查者收集的资料更深入、全面；缺点是面谈调查人力、费用支出较大（差旅费、调查人员培训费等），对调查人员的素质要求较高，调查结果的质量容易受调查人员询问态度或语气、技术熟练程度和心理情绪等因素的影响。

（2）邮寄法。邮寄法是调查人员将设计好的调查问卷或表格，邮寄给被调查者，或者通过报纸等媒体发布调查问卷，要求被调查者根据要求填妥后寄回的一种调查方法。

邮寄法的优点是调查区域较广，调查对象较多，且人力、费用开支较节省；避免了调查人员在实地调查中可能介入的主观干扰和偏见影响，被调查者有较充裕的时间回忆、思考、答题，一般比较真实、准确。其缺点是调查时间长，问卷回收率低（5%左右），回答的问题可能不全。邮寄法的关键是提高问卷的回收率。

（3）电话法。电话法是调查人员通过电话向被调查者询问有关调查内容和征求意见的一种调查方法。

电话法的优点是信息反馈快、时间节省、回答率高、比较经济。但由于是通过电话调查，提问不能太复杂，时间也不能太长。电话调查的要求：调查项目要少；事先准备好问话；问话简明扼要，随时记录。

（4）留置法。留置法是调查人员把调查表当面交给被调查者，并说明填写方法和要求，由其自行填写，再由调查人员定期收回的方法。留置法是面谈法与邮寄法的结合，其优缺点也介于两者之间。

### 2. 观察法

观察法是指调查人员到现场观察被调查者的行为或者安装仪器（如用录音机、照相机、摄像机或某些特定的仪器）来收集情报资料的方法。它包括现场观察法、仪器监测法、实际痕迹测量法和行为记录法等。由于被调查者并不能感觉到自己正在被调查，因而可以客观地收集、记录被调查者或事物的现场情况，调查结果比较真实可靠。其缺点是观察的是表面现象，难以发现事物的内在联系与矛盾，同时花费的费用较多、时间较长，还受到时间和空间等条件的限制，只能观察到正在发生的现象。

运用观察法进行调查要遵循以下原则。

（1）客观性原则。一是观察者必须持客观的态度对市场现象进行记录，切不可受主观倾向或个人好恶影响，歪曲事实或编造情报信息；二是进行观察时，不能让被调查者知道，否则可能干扰调查结果。

（2）全面性原则。调查者必须从不同层次、不同角度进行全面观察，避免出现对市场片面或错误的认识。

（3）持久性原则。市场现象极为复杂，且随着时间、地点、条件的变化而不断变化，市场现象的规律性必须在较长时间的观察中才能被发现。

（4）法理性原则。观察过程中应注意遵守社会公德，不得侵害公民的各种权利，不得强迫被调查者做不愿做的事，不得违背被调查者的意愿观察其某些市场活动，并且应为其保密。

向旱作水稻要口粮

### 3. 实验法

实验法是指在控制的条件下，通过实验对比，对市场现象中某些变量之间的因果关系及其发展变化过程加以观察分析以获取所需资料的方法。

常用的实验法如下。

（1）试销。在新产品大量投向市场之前，以少量新产品向部分消费者进行销售宣传，了解消费者对新产品质量、价格、式样等方面的反馈，改进新产品，为新产品大量上市做好准备。

（2）实验室实验。即在实验室内，利用专门的仪器、设备进行调研。例如，调研人员想了解利用几种不同的广告媒介进行促销宣传的情况，便可通过测试实验对象的差异，评选出效果较好的一种广告媒体。

（3）现场实验。在完全真实的环境中，通过对实验变量进行严格控制，观察实验变量对实验对象的影响，即在市场上进行小范围的实验。例如，调研人员可以选择一个商店，选择在不同的时间，对同一产品不同价格条件下顾客人数或购买数量的增减变化进行分析，以便知道某种产品的需求价格弹性。

（4）模拟实验。模拟实验的前提是掌握计算机模拟技术。模拟实验必须建立在对市场情况充分了解的基础上，它所建立的假设和模型，必须以市场的客观实际为前提，否则就失去了实验的意义。

采用实验法的好处是方法科学，能够获得比较真实的信息资料。但是，这种方法也有局限性，大规模的现场实验，难以控制市场变量，影响实验结果的有效性；实验周期较长，调研费用较高。

## 五、调查表（问卷）的设计

在询问法中，无论是当面询问，还是电话、邮寄调查，或者留置调查，调查者首先要考虑的都是如何向被调查者提问，提什么问题，提几个问题最为合适等。为了保证提问的准确性和求得被调查者的配合，在正式开展调查之前，必须设计好调查表（问卷）。

生物菌有机肥的
对比实验

### （一）调查表（问卷）的内容

调查表（问卷）通常由3部分组成，即被调查者项目、调查项目和调查者项目。

被调查者项目主要包括被调查人的姓名、性别、年龄、文化程度、职业、家庭住址、联系电话以及本人在家庭成员中的地位等。这些项目设置的目的主要是便于日后查询，有些项目对分析研究也有很大用处。如不同年龄、性别、职业等对不同的商品有不同的需求，对研究不同消费者的消费构成有一定参考价值。

调查项目就是将所要调查了解的内容具体化为一些问题和备选答案，这些问题和备选答案就是调查项目。一般在所列项目中要给出若干个答案供被调查者选择、填写。

调查者项目主要包括调查人员的姓名、工作单位及调查日期等。这些项目主要是为明确责任和方便查询而设。

### （二）调查表（问卷）提问的类型

**1. 开放式提问**

调查表（问卷）上没有事先拟好的答案，被调查者可以自由回答，故又称自由回答式提问。

开放式提问的优点如下：

（1）被调查者自由回答，很可能收集到一些调查者所忽略的答案、资料或有益的意见和建议。

（2）开放式提问使被调查者可以自由发表意见，能够活跃调查气氛。开放式提问的缺点是资料的整理、分析难度较大，同时由于被调查者素质存在差异，回答可能出现一些偏差。

**2. 封闭式提问**

调查表中所提出的问题都设计了各种可能的答案，被调查者只要从中选定一个或几个答案即可。封闭式提问主要有 3 种类型。

（1）是非式。又称二项式或对比式。答案只有两个，非此即彼。

例如，你家是否有微波炉？ 有/没有

（2）多项选择式。就一个问题列出两个以上可能的答案，让被调查者选择。

例如，你家的电热水器的最大缺点是：

（　）比较耗电　　　　（　）不太安全　　　　（　）易出故障
（　）操作不方便　　　（　）出水量太小　　　（　）其他

（3）顺位式。又称序列式，是在多项选择式的基础上，要求被调查者对所询问题的答案，按照自己认为的重要程度和喜欢程度顺位排序。

例如，请您将购买服装时考虑的主次顺序，以 1、2、3、4、5 为序填在下列方框内。

价格□　款式□　　面料质量□　颜色□　做工质量□

**3. 态度测量题**

在问卷内容往往涉及被调查者的态度、意见、感觉等有关心理活动方面的问题，这类问题不但要被调查者表达其真实态度，而且要考虑从答案中反映出其态度的强弱程度，故通常用数量方法来加以判断和测定。

态度测量题有 3 种类型。

（1）评比量表。设计者事先为所测问题按不同的态度列出一系列顺位排列的答案，被调查者自由回答。

例如，很不喜欢□　比较不喜欢□　一般□　比较喜欢□　很喜欢□

被调查者在相应的方格中打"√"即可。

（2）数值分配量表。被调查者在固定数值范围内为所测问题依次分配一定数值并作出不同评价的一种态度测量表。

例如，在调查顾客对不同服务员工作的满意程度时，可让被调查者分别对 A、B、C3

个服务员的工作满意程度打分，三项分值总数为 10 分，如某顾客评分为：A 服务员 4 分，B 服务员 3 分，C 服务员 3 分，表明该顾客对服务员 A、B、C 的满意程度有差异。汇总所有被调查者的评分，就可以判断出顾客对各服务员的满意程度。

注意，运用数值分配量表时，所对比的问题不宜过多。

（3）顺序测量题。要求被调查者对所要调查问题态度的强弱程度用排序的方式表达出来。

例如，下列 3 个品牌的服装请您按喜欢的程度分别给予适当排序，顺序依次为 1、2、3。

| 品　牌 | 喜欢的程度（排序） |
|---|---|
| A | 2 |
| B | 1 |
| C | 3 |

## （三）问卷调查应注意的问题

（1）提问要清楚明确，避免一般化提问。

（2）避免用多义词或笼统地进行提问。

（3）避免使用引导性或暗示性的语句。

（4）避免提出困窘性问题。

（5）避免使用断定性或假设性问句。

市场调查中的
询问调查技巧

（6）注意提问的次序，应先易后难，具有趣味性的问题放在前面，核心问题放在中间，专题性问题可排在后面。

（7）调查表（问卷）设计要大方，纸张质量要好，印刷要精美。

# 任务二　市场预测

市场预测是指在市场调查的基础上，依据一定的经济理论和科学的预测方法，根据经济发展的历史和现状，对经济过程进行深刻的定性分析和严密的定量计算，研究并认识市场供求变化的规律，对市场需求和市场有关因素的发展变化趋势及它们的变化程度进行估计和推测的一种市场经营活动。

## 一、市场预测的作用

### 1. 市场预测是企业探索未来、掌握自己命运的有目的的行为

古人云："凡事预则立，不预则废。"企业从事市场营销活动之前，对市场的未来发展以及市场营销行为所能引起的社会和经济后果作出较为准确的估计和判断，对于合理制订经营计划，使经营结果符合预期目的，进而取得经营成功，有重要作用。

**2. 市场预测是现代企业提高应变能力的有力手段**

应变能力的基本要求就是对环境的变化能够做出迅速准确的反应，并通过采取正确的战略和策略，积极地适应环境和能动地改造环境。所谓积极地适应环境，指在环境发生变化之前，就能够预见环境将朝着什么方向变化，预先做好应变准备，而不是消极、被动地跟在环境变化之后，穷于应付。所谓能动地改造环境，是指现代企业通过自己的努力，诸如引导需求、促销宣传、调整策略等，对宏观市场环境施加积极的影响，使环境条件朝着有利于顾客和企业发展的方向变化。

应变能力强，离不开信息的收集、分析和处理工作，要求建立一个高效率的市场营销信息系统和市场预测系统。

**3. 市场预测可使企业更好地满足市场需求，提高企业的竞争能力**

市场的购买力、爱好、需求结构是经常变化的，企业必须对市场作出正确的预测，通过预测来掌握市场的变化规律，以适应市场需求，进而组织生产，改变销售方向、结构和时机，搞活企业经营。

总之，企业可以通过市场预测，提示和描述市场变化趋势，从而为企业市场经营提供可靠依据，保证企业在经营中提高自觉性和克服盲目性，使企业增强竞争能力、应变能力，取得较好的经济效益。

哈默的酒桶

## 二、市场预测的原理

市场预测有着一定的科学原理。

**1. 连贯性原理**

连贯性是指预测对象的发展会依据过去和现在的发展规律延续向前。市场的发展变化同任何事物一样都有它的前因后果和来龙去脉，如人们的生活习惯、消费习惯、消费模式的变化等，一般都具有很强的连续性。季节性产品销售的周期性一般很难在短时期内改变。因此，市场预测对象的连贯性就为市场预测工作的开展提供了依据，使人们可以根据预测对象的连贯性规律对市场预测对象的发展变化趋势和变化程度作出正确的估计。

在利用连贯性原理进行预测时，一般要求预测对象所处的系统具有稳定性。只有在系统稳定的条件下，预测对象才可能依据原来的规律继续发展；一旦系统的稳定性受到破坏，预测对象的发展规律将会发生变化，这时应用连贯性原理进行预测就可能产生误差，误差的大小将随系统稳定性变化的大小而不同。

**2. 类推性原理**

许多事物的发展变化通常会表现出一些类似的特点。类推性就是根据与预测对象变化有类似特点的事物的发展变化规律来推测和估计预测对象的发展变化趋势和变化程度。例如，了解到彩电销售模式常随着黑白电视机的销售模式而变化，而且彩电销售要达到稳定状态，需要黑白电视机销售达到稳定状态两倍长的时间，这样，对彩电的销售量便有了预测必要的参考资料。

用类推性原理进行预测的关键在于发现预测对象与已知事件的共同性或类似点。如果已知事物或事件与预测对象无共同性或类似性，则不能应用这个原理进行预测。

### 3. 相关性原理

相关性是指预测对象与其影响因素的相互联系。任何事物的发展变化都不是孤立的，都是与其他事物的发展变化相联系的。利用相关性原理进行市场预测，就是要找出影响预测对象变化的各种因素，以及这些因素与预测对象的相互依存关系，然后根据这些影响因素的变化估计预测对象的变化。例如，人口的增长会影响到服装、鞋帽需求量的增长；收入的增长会促进高档商品需求量的增长，减少低档商品的需求等。

多来诺比萨饼和
伊拉克战争

在利用相关性原理进行预测时，除要找出各相关因素与预测对象的相互关系外，还必须分析在预测期内这些因素与预测对象的相关性是否发生了较大的变化，若相关性变化较大，则预测结果会出现较大的偏差。

## 三、市场预测的分类

根据营销决策的不同要求，和不同预测对象在预测方法选用、预测期限长短上的不同，市场预测通常分为以下几种。

### 1. 按市场预测期限分

（1）短期预测，指计划年度内的市场预测。预测期一般为半年至 2 年。这种预测主要是为企业的日常经营管理、年度生产经营计划编制服务。

（2）中期预测，指预测期为 2 年以上 5 年以下的市场预测，这种预测主要是为企业的中期计划服务。

（3）长期预测或远期预测，指预测期在 5 年以上的市场预测，这种预测主要是为企业制订长远规划、选择战略目标提供决策信息。

### 2. 按市场预测内容分

（1）宏观市场预测，是对整个国民经济的总体市场进行预测，如国民经济增长速度、国家财政金融和对外贸易政策、居民收入和支出的变化、科学技术发展状况等。宏观市场预测通常由国家有关部门进行，个别大企业有必要时也会做这种预测。

（2）微观市场预测，是指行业或企业对产品生产经营变化趋势的预测、某类或某种产品的需求情况预测、生产能力预测、销售预测等。

### 3. 按市场预测方法分

（1）定性预测，它是以有关人员的直觉和经验，对预测对象的运动内在机理进行质的判断。

（2）定量预测，它是运用预测理论和有关的数学模型，对预测对象运动的规律进行量的分析。

此外，预测方法可以按市场的地区范围划分为国际市场预测、全国性市场预测、地区性市场预测等；按产品层次可划分为单项产品预测、同类产品预测、对象性产品预测等。

### 四、市场预测的步骤

市场预测的过程是调查研究、综合分析和计算推断的过程。一次完整的市场预测一般要经过以下几个步骤。

**1. 确定预测目标**

根据市场预测所要解决的具体问题确定预测目标是市场预测的首要任务。其中，包括明确预测内容或项目，通过预测要解决什么问题、达到什么目的；收集什么资料，怎样收集资料，采用什么预测方法；规定预测的期限和进程，划定预测的范围。

**2. 收集整理资料**

预测人员要根据预测目标收集预测所需的各种资料，其中包括与预测对象有关的各种因素的历史统计数据资料和反映市场动态的现实资料，并且要对收集到的资料进行加工、整理和分析，鉴别资料的真实性、完整性、针对性、可比性，对不完整和不具备可比性的资料进行必要的补充、推算和调整，剔除那些不真实的、对预测无用的资料等，为获取准确的预测结果提供充分的依据。

**3. 选择预测方法**

市场预测的方法很多，各种方法都有其适用范围和局限性。在实际预测中，主要根据预测问题的性质、占有资料的多少及完整程度、预测成本的大小，并结合预测工作开展的环境和条件，按照经济、方便、有效原则，选择一种或几种方法，并相互进行验证，以得出准确、可靠的预测结果。

**4. 确定预测结果**

预测是对未来事件的推测，很难与实际情况完全吻合。确定预测结果就是对所得到的预测结果进一步分析加工，其中包括使用所选的预测方法进行预测、对预测结果进行判断评价、进行误差分析和修正、确定预测值等几个方面，以得到较准确的预测结果。

**5. 编写预测报告**

预测报告是对预测工作的总结，内容包括资料收集与处理过程、预测方法的选用、建立的预测模型及对模型的评价与检验、对未来条件的分析、预测结果及其分析与评价以及其他需要说明的问题等。

### 五、市场预测的方法

市场预测的方法有上百种，各种方法都有其特点和适用条件。在众多的预测方法中选择适合自己预测目标要求的方法非常关键。定性预测方法和定量预测方法是市场预测的两种基本形式。

#### （一）定性预测方法

定性预测方法是凭借人们的主观经验、知识和综合分析能力，通过对有关资料的分析推断，对未来市场变化趋势作出估计和判断。这种方法的优点是简便易行，不需经过复杂的计算，适用范围广、成本低、费时少；缺点是受预测者的主观因素影响大，较难提供以准确数据为依据的预测值，往往只能得出预测对象的大致发展趋势和状态。在预测对象受不能定量化的因素影响较大，或不能定量化的因素较多，资料不充分或不可靠，预测对象牵涉的领域比较广泛，预测的时段较长的情况下，常用定性预测方法。

**1. 集合意见法**

集合意见法是集中企业的管理人员、营销人员等，凭他们的经验和判断，共同讨论市场发展趋势，进而作出预测的方法。具体做法：预测组织者向企业管理人员、营销人员等有关人员提出预测项目和期限，并尽可能多地向他们提供有关资料。有关人员根据自己的经验、知识进行分析、判断，提出各自的预测方案。为避免局限性，预测组织者可以把预测意见集中起来，用平均法或加权平均法进行数学处理，以得到较为准确的市场预测结果。

**2. 专家意见法**

这是依靠专家的专业知识、经验以及分析判断能力进行预测的方法，具体包括 3 种形式：专家个人判断法、专家会议法和专家调查法（德尔菲法）。

（1）专家个人判断法

这种方法是企业决策人或有关业务主管人员根据自己对客观实际的分析及个人经验、知识及主观判断能力，对市场未来需求的变化及前景进行预测。

使用这种方法进行预测，对预测者有比较苛刻的要求：预测者要对预测目标、预测对象及相关情况非常熟悉；要具有丰富的知识和工作经验；要具有充分的认识能力、分析能力、逻辑推理水平和综合判断能力；要具有优良的气质、性格等基本素质。只有这样，才能充分显示使用这种方法简单、快速的优越性，得出比较可靠的预测结果。

专家个人判断法主要适用于近期或短期的市场预测，尤其适用于那些急需对市场某些情况做出预测分析的情况。

（2）专家会议法

专家会议法又称面对面法。这种方法是围绕预测目标，由预测组织者邀请与预测对象有关的专家面对面开会，由专家针对预测对象进行讨论，对收集的各种资料进行集体分析判断，最后得出预测结果的方法。

（3）专家调查法（德尔菲法）

又称背靠背法。这是一种通过发函询问的方式进行预测的方法。主要是用函询的形式，依靠专家小组背对背地作出判断分析，使不同专家分析的幅度和理由都能够充分地表达出来，经过几轮反复征询，使各位专家的意见趋向一致，最后作出预测结论。

德尔菲法的显著特点有 4 个：一是匿名性，各位专家匿名，以消除受权威人士等外界因素的影响，消除专家的心理压力；二是反馈性，对各位专家预测意见进行多次间接交流，从而实现相互启发、思路拓宽、集思广益的效果，避免专家个人独立思考中的片面性；三是收敛性，各位专家有充足的机会借助反馈去修正自己的意见，经过数次修正，各位专家的意见将逐渐趋同，从而达成预测共识；四是统计性，即每轮的预测反馈和最后的预测结果都要借助统计技术来整理和归纳。

## （二）定量预测方法

定量预测方法需要选用适当的数学方法进行预测，以得出预测结果。应用定量预测方法进行预测时，要求具有完整的统计资料、预测对象的发展变化比较稳定、偶然性突发因素影响小。

定量预测的方法有很多，所有能够反映预测对象变化规律的数学方法都可作为定量预测方法。定量预测基本方法可分为两类：时间序列预测法和因果分析预测法。

### 1. 时间序列预测法

时间序列也叫动态数列，它是对某个经济变量的观测值按产生时间（年度、季度、月份等）先后加以排序所形成的数列。时间序列要求在时间上是连续的，不得中断。同时，要求整个时间序列的历时应有足够的长度，即必须足以反映历史发展过程与变化规律。常用的时间序列预测法有下面几种。

（1）简单算术平均法

简单算术平均法根据过去若干时期实际发生数据，求简单算术平均数并将之作为未来的预测数，一般用于水平趋势型时间序列问题的预测。它的计算公式为：

$$\overline{X}_A = \sum_{i=1}^{n} \frac{X_i}{n}$$

式中，$\overline{X}_A$——预测值；$X_i$——第 $i$ 个时段数据；$n$——历史数据个数。

（2）加权算术平均法

它是简单算术平均法的改进，各期的实际值乘以各期的权数再相加，除以各期权数之和，所得到的平均数为新一期的预测值。其数学模型如下：

$$\overline{X}_W = \frac{\sum_{i=1}^{n} X_i W_i}{\sum_{i=1}^{n} W_i}$$

式中，$\overline{X}_W$——预测值；$W_i$——第 $i$ 个时段数据对应的权数。其余符号含义同前。

在实际应用中，一般对离预测期较近的历史数据赋予较大的权数，反之则赋予较小的权数。

［例1］某企业 2018—2022 年的销售总额见表 4-3，若赋予 2018—2022 年各年数据的权重分别为 1、2、3、4、5，试预测该企业 2023 年的销售总额。

表 4-3　　　　　　　　　某企业 2018—2022 年销售总额

| 年份 | 2018 | 2019 | 2020 | 2021 | 2022 |
|---|---|---|---|---|---|
| 销售总额（万元） | 965 | 960 | 997 | 1098 | 1135 |

**解**：该企业 2023 年的预计销售总额为：

$$\overline{X_W} = \frac{965 \times 1 + 960 \times 2 + 997 \times 3 + 1098 \times 4 + 1135 \times 5}{1+2+3+4+5} \approx 1063 \ （万元）$$

（3）移动平均法

移动平均法是把算术平均改为分段平均，并且按时间序列的顺序逐点推移，得到新的预测值时间序列，计算出新一期的预测值的方法，即根据时间序列实际值，从第一项开始，按一定的项数分段，求其算术平均数。时间每往后推移一期，就要删除前次求算术平均数时用到的最早一期的实际值，为保持一定项数，要加上新一期的实际值，求其算术平均数。逐项移动，边移动边平均，就可以得到一个移动平均数所组成的预测值序列了。计算公式如下：

$$M_A = \frac{\sum D_i}{n}$$

式中，$M_A$——移动平均数；$D_i$——第 $i$ 期实际值；$n$——期数。

（4）指数平滑法

这是一种用特殊的平均数来预测的数学方法。它是根据历史资料和数据（包括基期实际数和基期预测数），用指数加权来进行移动平均的方法，实质上也是加权平均法的一种。由于加权是用指数形式（几何级数）进行的，即分别以 $a$、$a(1-a)^2$、$a(1-a)^3$……对过去各时期的实际数进行加权，因而称为指数平滑法。计算公式如下：

$$F_{i+1} = F_i + a \ （D_I - F_I）$$

式中，$F_{i+1}$——下期预测数；$a$——指数（或称平滑系数），$0<a<1$；$D_I$——基期实际数；$F_I$——基期预测数。

在实际应用时，应先确定一个初始值（$F_0$），$a$ 的取值不同，预测值的差异较大。为使预测结果更符合客观实际，可以用多个值进行预测，并比较依其所得的各期预测值与实际值之间的差值，从中选择较理想的 $a$ 值来进行预测。

除了上述的时间序列预测法，还有趋势外推法、季节指数法等常用的预测方法。前者是根据预测对象历史数据和现实资料所表现出来的趋势性变化规律，使用一定的数学模型来进行趋势外推，从而实现预测；后者是对预测对象按月（或季）编制的时间序列资料进行分析研究，采用一定的统计分析方法，先预测出可反映出其季节变动规律的季节指数，再利用这种季节指数进行近期预测。

**2. 因果分析预测法**

市场的发展变化与众多的影响因素总是存在着一定程度的因果关系。因果分析预测法就是以这种客观存在的因果关系为依据，应用数理统计的理论与方法，来找出因变量与自变量之间存在的这种因果关系，并用数学语言加以描述，进而构造出相应的数学模型，用于预测工作的。这类方法的主要优点是可以通过技术处理较好地排除与目标不相关的因素，从而提高预测的精度和可靠性。

常用的因果分析预测法有回归分析法（包括一元回归、多元回归以及线性回归和非线性回归）、矩阵法、计量经济法、投入产出法等。以下介绍回归分析法。

回归分析法是处理两个变量之间相互关系的一种数据统计方法。经济生活中，许多变量之间存在着相互关系，如施肥量与粮食产量、居民收入与商品需求量、时间进展与销售额变化之间等。我们可以通过大量的实际数据的统计分析，找出变量之间的相互关系。这种相互关系大致表现为直线变化趋势，那么可采用直线方程来进行预测，所用的数学模型是：

$$y = a + bx$$

式中，$x$、$y$——自变量和因变量；$a$、$b$——回归系数，它们可以借助一系列相关历史数据求得：

$$a = \frac{\sum y - b \sum x}{n}$$

$$b = \frac{n \sum xy - \sum x \sum y}{n \sum x^2 (\sum x)^2}$$

✏️ **思考与练习**

1. 市场营销调研的主要方法有哪些？各种方法有何特点？
2. 请结合某种产品设计一份调查问卷。
3. 常用的定性、定量预测方法有哪些？

## 技能训练

### 调查问卷设计训练

**一、训练目标**

1. 了解市场调查活动的组织过程；
2. 掌握调查问卷设计方法。

**二、训练准备**

1. 授课教师布置可供学生参考的调研活动的系列主题；
2. 学生成立调研小组，4~5人为一组，选择调研活动主题；
3. 学生模拟调研公司，设立内部机构，明确分工，制订调研计划；
4. 各小组必须独立设计一份调查问卷。

**三、训练内容**

以某种产品为例设计一份科学合理的调查问卷。

**四、训练组织**

1. 授课教师审查各组调研计划，批准后小组方可开展调查问卷设计；

2. 各组采取"头脑风暴法"，整合小组成员各自设计的问卷，形成小组调查问卷；

3. 小组调查问卷初稿交授课教师检查，提出修改意见；

4. 各组将最终问卷打印成正式稿，供小组成员调查使用。

## 五、训练评价

1. 调研计划合理，切实可行；

2. 问卷结构完整，主题明确；

3. 问卷表达清楚，符合原则；

4. 小组分工明确，准备充分。

# 项目五　消费者行为分析

## 学习目标

1. 了解消费者市场与生产者市场特点及产品分类。
2. 熟悉影响消费者（生产者）购买行为的各种因素。
3. 掌握消费者（生产者）购买决策过程。

## 案例导入

## 海底捞是如何让顾客满意的

海底捞多年来历经市场和顾客的检验，成功地打造出信誉度高、融各地火锅特色于一体的优质火锅品牌。作为一个业务遍及全球的大型连锁餐饮企业，海底捞秉承诚信经营的理念，以提升食品质量的稳定性和安全性为前提条件，为广大消费者提供更贴心的服务，更健康、更安全、更营养和更放心的食品。

海底捞个性化特色服务项目做到了让客户满意，更是升华到了让顾客被自己的快乐感染的程度。譬如，部分门店设有儿童游乐园并有专人陪护，为女性顾客提供免费美甲和护手服务，等位期间门店为顾客准备各种零食水果，有皮鞋擦拭、清理服务……

海底捞始终从顾客体验出发，创新性地为顾客提供愉悦的用餐服务。门店全部的个性化服务都来自服务员的创意，如融合中华武术的捞面表演、四川特色的变脸表演等，这些充满温度的个性化服务，真正让顾客的每一次用餐都成为欢乐体验。

（资料来源：根据海底捞网店资料整理）

从上述案例可以看出，海底捞始终从消费者体验出发，创新性地为消费者提供愉悦的用餐服务，从而提高了消费者忠诚度。这充分说明研究消费者市场的重要性。

消费者包括生活消费者和生产消费者。生活消费者的市场称为消费者市场，生产消费者的市场称为生产者市场。它们是市场营销中最重要的因素，决定着商品及劳务的流向，是市场营销的"标靶"。市场营销的目的就在于调查研究消费者购买行为尤其是生活消费者的消费行为，通过满足消费者现实和潜在的需求来实现企业盈利的目标。美国著名的营销理论专家罗伯特·劳特朋于 20 世纪 90 年代提出的 4C 理论其实就是站在消费者角度思考、追求顾客满意的市场营销理论。

# 任务一　消费者市场与生产者市场

## 一、消费者市场

消费者市场又称最终消费者市场、消费品市场或生活资料市场。它指为满足物质和文化生活需要而购买或租用货物和劳务的个人和家庭。这是一切市场的基础，是产品的最终市场。其他市场的运行，都是围绕消费者市场展开的。消费者市场对整个国民经济的发展起着重要作用。

### 1. 消费者市场的特征

现代市场营销理论的核心是满足消费者的需求。企业要在营销中取得成功，首先必须了解和把握消费者市场的特征。

（1）消费者人数众多，市场十分广阔。全社会的人口都是生活消费资料的购买者。每一个人都不可避免地发生消费行为。凡是有人群的地方，就需要消费品。

（2）消费者需求的差异性很大。消费者性别、年龄、性格、文化、职业、收入、生活习惯、民族与习俗等不同，对于商品和服务的需求也必然千差万别和丰富多样。同一消费者对衣、食、住、行用某一方面的偏重或偏爱也会不同；对同一种商品，不同消费者在品种与规格、花色与式样等方面的兴趣也千差万别；差异性特征还表现为消费者需求的多层次性、季节性。

（3）消费者购买商品的次数频繁，但每次购买的数量不多。消费数量最多的商品是便利品，需要经常地、重复性地购买便利品，但每次购买的数量较少。

（4）消费者市场的专用性不强，价格需求弹性较大。大多数消费品有较强的替代性。一般来说，日常生活必需品价格需求弹性较小，即价格变动对需求量的影响较小，如柴、米、油、盐、酱、醋、茶等；非生活必需品和中高档消费品的价格需求弹性较大，即价格变动对需求量的影响较大，如空调、手机、电视机、冰箱等，这使得消费者购买商品的随意性也比较大。

（5）购买者大多缺乏专门的商品知识和市场知识。消费者市场上的商品种类繁多，一个消费者绝不可能对所需的每一件商品都具有专业知识。他们购买商品时，往往凭个人的感觉和欲望，多属于情感购买。购买决策最易受广告宣传、商品包装装潢、推销人员的介绍，以及服务质量的影响。由于消费者购买行为具有可诱导性，生产者和经营者应注意做好商品的广告宣传、消费引导，在当好消费者参谋的同时提高商品销量。

### 2. 消费品分类和营销特点

消费者市场，包括人们的衣食住行用娱所需的全部商品，既满足了消费者基本生活需要，又满足了消费者安全、发展、社交、享受、娱乐、尊重、自我实现等方面的需要，涉及的商品品种成千上万。这就要求企业认真研究消费者市场，对消费品进行进一步的分类，以便根据自己所经营产品的特点和消费者的购买习惯采取适当的营销策略。

消费品的分类方法很多，按综合分类法可分为便利品、选购品、特殊品和未觅求品4类。

（1）便利品

便利品是指日常生活必需的、消费者经常购买的、单位价值较低的物品，如毛巾、肥皂、洗涤剂、电灯泡、干电池以及大众化的糖果、糕点、饮料等。

便利品的购买特点：由于属于日常需要，每次购买数量不多，购买次数较多，不受时间限制，往往就近购买，以图节省时间。同时，由于经常购买与使用，消费者对这类商品也具有一定的商品知识和消费习惯，因而，他们只要认为品质和价格差异不大，就不会作过分的挑选，大多属于习惯性消费。生产企业及销售者应根据其特点，注意销售渠道的广泛性，网点要靠近居民住宅区，营业时间要长，尽量方便消费者。生产企业除了利用各种媒介广泛宣传其品牌外，应在保证质量的前提下力求产品外形和包装的美观。只有这样，才能达到预期的经营效果。

便利品可以分为常用品、冲动品和应急品。常用品是日用品，是消费者经常购买的产品。冲动品是消费者没有任何计划而临时决定购买的产品。应急品是当顾客的需求十分迫切时购买的产品。应急品的购买地点、效用很重要，一旦顾客需要，应能够迅速实现购买。

（2）选购品

选购品是指那些价格比日用品高、使用寿命较长、购买频率比较低的消费品。对于这类消费品，消费者讲求新、特、美，在购买时往往会对适用性、质量、价格或式样等进行严格挑选和比较，购买较为慎重，如服装、皮鞋、床上用品、家具、名烟、名酒等。

选购品的购买特点：购买频率较低，质量要求较高，消费者往往会在品种、质量、品牌、式样、价格等方面货比三家，反复挑选后才决定是否成交；有的消费者特别注重商品的品牌和商标。生产经营此类商品，销售网点应相对集中，设立同类产品一条街或商店相对集中在某一区域或某一条街，如北京的王府井大街，上海的南京路、淮海路、四川路，西安的康富路等，以便于消费者购买时进行比较和挑选。由于消费者对选购品缺乏充分的知识，因而零售商的信誉对产品销售的影响很大。

（3）特殊品

特殊品主要指那些价格高、技术性能指标多、使用时间长、消费者坚持特定的品牌而不愿意接受其他代替品的商品。这类产品能显示消费者的身份和地位，满足其心理需求，如电视机、高档照相机、高级组合音响、空调、冰箱等。

这类商品的购买特点：由于使用寿命较长，价格又高，消费者购买频率更低，选择性很强，偏爱程度很高，消费者对此有一定的商品知识。因此，在经销这类商品时，商业网点的布局应更为集中一些，甚至在一个地区只有一家经销店即可；广告促销不仅要宣传生产企业及其品牌，也要注意树立零售商的良好信誉；设立方便的维修点，搞好售后服务。

（4）未觅求品

未觅求品又称非渴求品，是消费者目前尚不知道或虽知道但尚未有兴趣购买的商品。刚上市和未上市的新产品属于此类。在未做广告前，很多人不知道有这种产品，因而不会产生购买的欲望，这就属于未觅求品。典型的未觅求品如人寿保险、殡葬用品、药品、百科全书等，这些产品顾客虽然知道，但是并无兴趣购买。广告宣传和人员推销是未觅求品销售的重要手段。顾客无兴趣购买的产品，通常在更大程度上要依靠有能力的推销员的推销活动才能实现销售。

## 知识链接

## 手机消费群体的分化

目前的手机消费群体可以分为以下几类。

品牌导向——信赖国际品牌和知名民族品牌，忠诚度较高，希望能享受强势品牌带来的高品质产品和服务，对产品的品质十分挑剔，却懒于去比较、选择，希望一次到位，价格敏感度低。

技术导向——注重对产品的技术需求，希望紧跟技术潮流，享受新科技带来的生活乐趣。对技术、市场发展有一定了解，接受新鲜事物能力强，价格敏感度不高。

潮流导向——注重产品功能，同时，在同等功能下会对不同品牌进行价格比较。群体消费观念较为成熟，比较理智，对价格敏感。

应用导向——根据自己的实际需要选择购买，属于游离状态的消费者，容易受到口碑传播、广告宣传、现场导购等外界信息的影响和价格的诱导。

以上4种类型中，第一、第二类群体的购买比例在逐渐上升，第三类居多。

## 二、生产者市场

生产者市场又称生产资料市场或工业品市场。它是指为制造其他产品或业务需要而购买商品或劳务的工商企业或机关、团体等事业单位。

### 1. 生产者市场的特点

作为生产资料商品交易的场所或领域，生产者市场与消费者市场有着相似的地方，即都要经过生产领域、流通领域。但由于生产者市场的商品来自生产领域，用之于生产领域，因此与消费者市场有很大的区别，生产者市场有以下几个特点。

（1）生产者市场的购买者是企业，地理分布相对集中

在生产者市场，生产资料的购买者虽然可能是个人，但这里的个人不代表他自己，而是代表企业或集体。各地资源、地理位置、历史文化的差异，促使某些产业在地域分布上趋于集中。

（2）生产者市场需求量大、金额高、购买频率较低

生产者市场的购买者比消费者市场少得多、集中得多，购买频率也低得多，但每次购买的数量远远大于消费者市场，在生产比较集中的行业更为明显，通常少数几家企业的采购量就占生产资料市场的大部分。

（3）生产者市场需求弹性较小或者说比较缺乏弹性

生产者市场的产品时效性、专用性强，替代性差，其需求对价格不甚敏感，一般不受市场价格变动的影响，生产者市场的需求不可能像消费者市场那样随价格变动而任意改变，因为生产工艺、原材料的配方在短期内是难以改变的。

（4）生产者市场属于专家购买，参与购买决策的人数较多、理智性较强

生产者市场需求结构复杂、专业性较强、技术要求比较高，因此参与决策的人数较多。根据市场学家对现代企业采购行为的研究，一般情况下，企业购买决策过程通常有6种人参与：使用者、影响者、采购者、决策者、批准者和信息控制者。企业购买更多考虑成本、利润、质量等，行为较为理智。

（5）生产者市场需求属于引申需求，具有显著的波动性

从表面上看，生产者市场需求和消费者市场需求是独立存在的，实际上，两者存在着密切的联系。市场上之所以产生对生产资料的需求，归根结底是为了生产加工消费品，以满足消费者市场需要。因此，生产者市场需求是建立在消费者市场需求基础之上的派生需求或引申需求。消费者市场需求的小幅波动会引起生产者市场的巨大波动。

**2. 工业品分类与经营特点**

工业品的范围极为广泛，不同类型的工业品具有不同的经营特点。按工业品在生产过程中的地位和作用，通常工业品可分为5种类型：主要设备，辅助设备，原材料、辅助材料，燃料、动力，半成品与零件。

（1）主要设备

主要设备是指各部门、各企业在生产过程中使用的机械设备。它们是进行生产和建设的主要物质技术手段。例如，专用设备包括纺织机械、印刷机械、轧钢机、锅炉、采掘机械、医疗器械等；通用设备包括汽车、机床、起重机、发电机等。

这类产品的特点是价值大、售价高、使用时间长，具有高度的技术性。产品的交易过程相对复杂，一般要由买卖双方进行较长时间的协商或谈判，签订购买合同，生产者往往根据消费者的要求设计和制造产品。由于其技术要求比较高，营销人员必须掌握专门的技术知识，必须加强成交后的售后服务工作。

（2）辅助设备

辅助设备是指对主要设备起辅助作用的设备，如仪表、小型马达、手推车、复印机、

磅秤等。

这类产品的价值较小，价格较低，使用时间较短。它们多数已标准化、通用化。使用者可以通过中间商购买，生产企业应注意做好广告宣传工作以促进销售。

（3）原材料、辅助材料

原材料是原料和材料的通称。它们完全进入产品制造过程并转化为最终产品的组成部分。原料又分为天然产品（如煤、原油、铁矿石等）和农产品（如小麦、棉花、烟叶、水果、肉类等）。它们完全参加生产过程，构成产品的实体。对于这类产品，最好直运直销。因为它们一般体积大、用量多，特别是基建类单位，都是大宗订货。农产品中有些产品易腐，应当注意尽量减少中间环节。同时，对少数零星客户，则要扩大经营范围，增加网点，以满足他们的需要，最好是按量、按质的要求，定时交货，价格应合理，质量应优良，尽量减少广告宣传费用，销售服务工作必须跟上。

辅助材料，一般指用于生产过程，有助于产品形成或能保护产品的各种材料，如染料、催化剂、润滑油、清扫工具等。这类产品由于价格低、使用时间短、容易消耗，所以经常需要重复购买。它们是工业生产中的"日用品"。其营销特点与消费品基本相似，必须建立广泛的销售渠道。

（4）燃料、动力

燃料、动力，通称为能源。例如，石油、煤炭、电力等，它们都是生产过程中不可缺少的生产资料。这类产品一般由产销双方签订长期的供销合同。

（5）半成品与零件

半成品是指经过部分加工，尚需继续加工才能变成成品的材料，如棉纱、生铁、水泥、橡胶等；零件是指经过加工，用于装配整机等的工业品，如轮胎、油泵、皮带、轴承、水箱等。这类产品一般按事前的订单大量供货，中间商的作用很小，广告和商标的作用也不大。经营成败的关键是产品的质量和价格能否符合购买者的要求，以及提供的各种服务如何。

# 任务二　影响消费者（生产者）购买行为的诸因素

## 一、影响消费者购买行为的因素

消费者的购买行为是一种满足需要的行为，其行为的形成受一系列相关因素的影响。现代市场营销学理论认为，一个消费者在市场上为什么购买，购买什么东西，购买多少商品，何时、何地购买，是下列因素综合作用于消费者感官的结果。

（一）个人因素

### 1. 需求

需求产生消费，没有需求就没有市场。消费者需求多种多样，同时又是多层次的。从起源来看，有自然性需求和社会性需求；从实际内容来看，有物质需求和精神需求；从满足顺序来看，有基本生活需求、享受资料的需求和发展资料的需求。美国人本主义行为科学家马斯洛的需求层次理论具有一定的代表性，如图5-1所示。

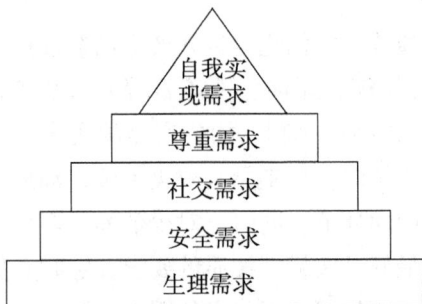

图 5-1　马斯洛的需求层次

### 2. 经济因素

经济因素是指消费者支配收入等和借贷的能力和态度。它直接决定着消费者的购买力，决定着能否产生购买行为以及发生何种规模的购买行为，决定着购买商品的种类和档次。比如，收入较低的消费者往往比收入高的消费者更关心价格的高低，收入较高的消费者更注重产品的品质和象征性特质。

现代市场营销学认为，影响消费者购买行为的经济因素从更深层次的角度分析应该是两个方面：一是产品的功能是否与商品的价格相统一，其实质是要求商品的质量和商品的价格相符合，即价值与使用价值相统一，这是商品的内在规律；二是产品的价格能否为目标市场的消费者所接受，即产品的价格定在何种程度要看消费者能不能接受、能不能承受。

### 3. 个性

个性是一个人心理特征的集合。它由能力、气质和性格构成，其中气质是最稳定、最鲜明的心理特征。消费者的个性千差万别，不同的个性导致不同的生活方式，如节俭、奢华、守旧、革新等。不同的生活方式对产品和品牌有不同的需求。这里重点分析消费者的自我印象对营销活动的影响。

消费者的自我印象又称自我观念，是指消费者的自我画像，即在自己心目中把自己塑造成什么样的人，或者企图使别人将自己看成什么样的人。不同的人具有不同的自我印象，不同的自我印象又会影响购买行为的差异性。在现实生活中，消费者往往购买与自我印象一致的商品，如果与自我印象不相称，就拒绝购买。例如，一个人认为自己有学者风度，他应该不会去购买所谓的"奇装"，而选择既端庄又有风度的服装。同时，消费者的自我印象还与相关群体关系密切，符合相关群体标准的商品他会乐意购买，不符合的就不会购买。而市场营销者为了吸引顾客，常常利用消费者的自我观念开展营销活动。例如，在化妆品广告中，几乎所有主角都是女性，而且是漂亮的女性。这种广告设计使女性认为自己很美或期望自己很美的自我观念觉醒，从而产生购买行为。

**4. 角色与地位**

一个人在一生中会加入许多团体，甚至同时参加多个团体，如家庭、工作单位、协会及各类社会团体。每个人在团体中的位置可用角色和地位来确定。每一个角色都伴随着一种相应的地位。它反映一个人所取得的社会成就，也反映社会对一个人的尊敬程度。一个人所充当的每个角色都要顾及周围人的要求和在各种场合所期望的表现。因此，人们在购买商品时，常常会考虑到自己在社会中的角色和地位。不同的角色和地位会有不同的需求和购买行为。

## （二）社会因素

作为整个社会生活中的一分子，除个性因素影响消费者的消费行为，社会因素的影响及制约作用也是不可低估的。

**1. 文化**

文化是指人类在生活实践中建立起来的价值观念、伦理道德、风俗习惯、语言文字等。文化是决定人们需求、欲望和行为的最基本因素。低级动物的需求受本能的支配，原始人的需求也十分简单，而现代人由于文化发展程度和特点不同，需求就显得十分复杂。文化对消费者的购买行为具有强烈和广泛的影响。不同的文化教育水平就会带来不同的世界观和人生观、不同的宗教信仰，从而导致消费者的需求和购买行为具有差异性。

在一个大文化背景下，又有若干不同的亚文化群。亚文化群是指存在于一个较大社会中的一些较小的具有特色文化的群体所具有的特色文化，其不同表现为语言、价值观、风俗习惯等方面的不同。人类社会的亚文化群主要有四大类：民族亚文化群、种族亚文化群、宗教亚文化群、地域亚文化群。各种亚文化群体所形成的文化特点都会导致消费需求和购买行为上的差异性。

几乎所有的人类社会都存在着某种形式的社会层次结构，即社会阶层。社会阶层是指在一个社会中具有相对同质性和持久性的群体，可依据职业、收入、受教育程度、社会地位以及居住区域等因素来综合划分。同一阶层的消费者具有相似的价值观、兴趣爱好和行为方式，因此，他们的消费行为也大致相似。

**2. 相关群体**

所谓相关群体，就是能够直接或间接影响一个人的态度、意见与价值观念的个人与集团。由于影响程度不同，相关群体又分为主要群体与次要群体。关系比较密切的相关群体如家庭、亲朋好友、同学、同事、邻居等称为主要群体；关系比较一般的群体如各种有关的社会团体、职业性协会等称为次要群体。

相关群体对消费者购买行为的影响一般表现在3个方面：第一，相关群体为每个人提供各种可供选择的消费行为或生活方式，使消费者改变原有的购买行为或产生新的购买行为；第二，相关群体引起的仿效欲望，使消费者肯定或否定对某些事物或商品的看法，从而决定其购买态度；第三，相关群体促使人们的行为在某种程度上趋于"一致化"，如人们常常模仿电影明星而购买某种款式的服装、皮鞋、包包等。

由于相关群体对消费者选择商品品种、商标、花色等方面的影响，企业在市场营销中不仅要具体地满足某一消费者购买时的要求，还要十分重视相关群体对购买行为的影响，同时要充分利用这一影响，选择同目标市场关系最密切、传递信息最迅速的相关群体，了解其爱好，做好产品推销工作，以扩大销售。

### 3. 家庭

家庭的生活方式、文化程度、价值观念及购买习惯对消费者购买行为的影响不但是直接的，而且是潜意识的。不管愿意或不愿意，也无论在什么场合，家庭对消费者购买行为的影响总会通过各种方式体现出来。

一个人一生中一般要经历两种家庭：一种是父母的家庭，这是与生俱来的家庭，人们的价值观、审美观、爱好、习惯等大多在父母的影响下形成，且这种影响可能伴其终生；另一种是自己的家庭，也就是个人的衍生家庭。一般来说，由夫妻及其子女组成的家庭是社会上最重要的"消费单位"。在这一家庭中成员间的互相影响是最直接的，而且影响也是最大的。

不同阶段的家庭具有不同的需求特点。根据家庭成员对商品购买的参与程度和作用的不同，可分为各自做主型、丈夫支配型、妻子支配型和共同支配型。

苹果的经验，永远比消费者所想更进一步

### （三）市场因素

影响消费行为的市场因素主要是广告宣传、企业形象、销售服务、商品包装、商品价格和商场布局等。

商场布局主要包括商场外观设计、商品橱窗宣传、商品货位摆布、商场内部装饰等及灯光照明、音响、气味、温湿度的调节、售货员的态度等。

## 二、影响生产者购买行为的因素

生产者购买行为的形成与消费者购买行为的形成一样，是一系列相关因素相互影响的复杂的、连续的过程。它主要受以下几个因素的影响。

### 1. 企业内部因素

任何企业购买何种生产资料、多少生产资料，都要以企业内部需要为依据，而内部需要主要根据以下因素确定：

第一，企业的采购目标。企业的采购目标有3个：一是企业必须营利；二是尽量降低生产成本；三是能够适应社会和消费者的需要。这3个目标中，最直接的是企业营利。

第二，企业的采购政策。企业在不同的生产时期，其采购政策也会不同。有时购买生产资料注重质量，有时注重价格；有时采购比较分散，有时比较集中；有的企业购买决策高度集中，有的则相对分散。营销人员要分析、研究不同企业的采购政策，以便有效地推销生产资料。

第三，企业的采购制度。各个企业的内部组织结构不同，它们的采购制度也有所不同。有的企业设立若干事业部，采购工作由各事业部自己负责；有的企业只设立一个采购部门，统一负责企业的全部采购工作。

第四，企业的采购程序。企业的采购程序是指企业采购生产资料的整个过程。各企业的生产过程及生产资料本身不同，其采购生产资料的过程也是不同的。例如，纺织厂采购棉花是经常性的，是大宗采购，而机器使用是较长时期的，所以采购过程也较长等。

营销人员只有了解企业的机构是如何设置的，决策的审批程序是如何进行的，企业对采购人员的活动是如何控制的等，才能采取相应的营销措施。

### 2. 社会环境因素

任何企业的生产和经营都是在一定的社会环境下进行的，社会环境因素必然深刻影响企业的购买行为且企业不可控制，社会环境因素主要包括以下3个方面。

第一，政治法律环境因素。任何企业的生产和经营活动都必须严格遵守国家各个时期的方针、政策和法令，企业的采购、生产、营销行为应考虑相关政策法规。

第二，宏观经济发展环境因素。一个国家在不同的时期，经济发展政策是不同的。当国民经济处于高速增长时期，生产者需要大量采购生产资料，以支持企业扩大生产规模从而满足社会经济增长的需要。当国民经济处于调整或缓慢增长时期，工业品的采购数量就会适当减少，以避免企业库存过多而导致的大量资金积压。

第三，科学技术发展环境因素。科学技术的发展直接影响到企业现有产品的前景和企业新产品开发的速度和方向，在我国，随着改革开放的不断深入，先进生产技术不断引进，产品市场生命周期不断缩短，企业要加快产品的升级换代，因此对生产资料的采购提出了更高的要求。

### 3. 人事关系因素

生产资料的购买，离不开具有不同地位、权力、职务的人，因此不同的人事关系也影响了生产者购买行为。

在生产者市场，除了专职的采购人员，还有其他一些人员也参与采购决策过程。根据角色的不同，所有参与采购决策的成员可以分为使用者、影响者、决策者、批准者、采购者、信息控制者6个类型。

这6种类型采购决策参与者在企业中的地位、职权和个人说服力不同，各自起着不同的作用。营销人员必须分析各类参与者的影响力，找对主要决策者，从而做到有的放矢。

### 4. 采购人员个人因素

采购人员个人因素，是指参加购买决策过程的每个参加者都具有的个人因素，包括个人动机、感受、偏好等，这些个人因素又受年龄、收入、受教育程度、职位、个性及对风险的态度等的影响。

生产企业的采购任务最终要落实到采购员身上，因此采购员的个人动机、心理素质、文化素养、业务水平、职务地位、事业心、负责精神等必然影响具体的采购过程。

# 任务三 消费者（生产者）购买决策过程

## 一、消费者的购买决策过程

消费者的购买决策过程，是指消费者购买行为或购买活动的具体步骤、程度、阶段。每个消费者在购买产品时，都会有一个决策过程，但不管哪种购买决策过程，消费者在为满足需要而采取购买行为之前都必然发生一系列心理活动，如对商品的感知、注意，以及对商品的情绪变化过程等，进而促成购买行为的发生，一直延续到实际购买之后。

影响消费者购买行为的经济因素、心理因素、社会因素在不同消费者之间作用的程度不同，因而消费者的购买决策过程也有很大的差异。有的购买过程只需几分钟，有的购买过程需要几个月甚至几年。研究消费者购买决策过程，目的就在于使营销人员针对购买决策过程不同阶段不同特征采取相应的营销措施。典型的消费者购买决策过程一般可分为发现需求、收集信息、评价选择、购买决策和购后评价5个阶段。

### 1. 发现需求

它指消费者发现现实情况与其所设想的状况有一定的差距，从而意识到自己的消费需求，即确认自己的需要是什么。这种需求是购买决策的起点。需求可由内在刺激或外在刺激引起，也可以是两者相互作用的结果。内在刺激是指饥饿、干渴、寒冷等刺激使人们意识到对食物、饮料、衣服、住房等的需求。外在刺激是指饮食店里的点心等刺激引起消费者的需求，以及广告、亲戚朋友等的影响唤起消费者的需求。

在该阶段，营销人员的主要任务如下：

（1）了解消费者与本企业产品有关的现实和潜在的需求。在价格和质量等因素既定的条件下，一种产品如果能满足消费者的需求越多，则其对消费者的吸引力就越强。

（2）了解消费者的需求随时间推移以及外界刺激强弱变动的规律，以便企业设计诱因，引导或刺激消费者采取行动。

### 2. 收集信息

如果消费者的需求很强烈，且满足这种需求的产品很多，又非常容易买到，则消费者往往会立即采取购买行动以满足其强烈的需求。然而，在多数情况下，已被引起的需求并不能马上获得满足，消费者需要收集有关信息，以便作出选择。对于营销人员来说，这一阶段的一个关键问题是要了解消费者所要求助的信息来源，以及这些信息来源对于消费者购买决策的相对影响程度，并采取相应的措施及时将所需信息传递给消费者。

消费者所需信息有4个来源。

第一，个人来源，即消费者从家庭成员、亲戚朋友、邻居及同事等方面所获得的信息。消费者是很依赖于这种信息来源的。

第二，商业来源，即消费者从广告、推销员、零售商、商品包装、商品展销会、商品目录及商品说明书等方面获得的信息。

第三，公众来源，即消费者通过报纸、杂志、电视等大众传播媒介的客观报道，政府机构发布的信息，消费者团体的评论中获得的信息。

第四，经验来源，即消费者通过触摸、试验和亲自使用某种商品所得到的信息。

上述信息来源中，从商业来源所获得的信息量是最大的，它起到通知的作用；其他来源信息起验证和评价的作用；影响力最大、最可靠的是从个人来源得到的信息。

在收集信息阶段，营销人员的主要任务如下：

（1）了解消费者的信息来源。

（2）了解不同信息来源对消费者的影响程度。

（3）设计信息传播策略。

### 3. 评价选择

消费者收集了各种信息之后，就会对这些资料进行整理和系统化处理，进行分析对比、综合评价。这种对比和评价往往是围绕产品属性、属性权重、品牌信念、效用函数等展开的。任何一个消费者在购买时都不但要考虑产品质量的优劣、价格的高低，而且要比较同类产品的不同属性。尽管商品是同类的，但由于品牌不同，其各自的特点和优势也不相同。消费者只要认为某种品牌的产品在某些方面的属性好于其他品牌的同类产品，而且能够买到，往往就会首先选择这个品牌的产品。

在评价选择阶段，营销人员的主要任务如下：

（1）了解消费者采用什么方法评价其产品。

（2）调查了解消费者心目中的理想产品所具有的各种属性。

（3）寻找和分析本企业产品的特色。

（4）唤起消费者对被忽视属性的注意。

（5）将企业产品特色与消费者心目中的理想产品所具有的各种属性联系起来，吸引消费者并满足消费者的迫切需要。

### 4. 购买决策

购买决策是消费者购买行为过程中的关键性阶段。消费者只有做出购买决策后，才会付诸实际行动。消费者往往会做出五方面的决策：品牌决策、卖主决策、数量决策、时间决策和支付方式决策。经过评价选择后，消费者便产生了购买意图，在一般情况下，会购买自己最喜欢的品牌。但从购买意图到购买决策的最后确定过程中，还受3个因素的影响。一是他人态度。他人态度的影响大小主要取决于他人态度坚决与否、他人与消费者的关系如何、他人是否权威。二是意外情况。例如，在购物过程中钱包丢失、售货员态度不好等。三是预期风险的大小。在所购商品比较复杂、价格昂贵因而预期风险较大时，消费者可能采取一些避免或降低风险的习惯做法，包括暂不购买或改变购买意向。

在购买决策阶段，营销人员的主要任务如下：

（1）向消费者提供更多有关商品的信息，便于消费者比较。

（2）通过提供优质服务，提供消费者购买使用的便利条件，加深消费者对企业及商品的良好印象，促使消费者做出购买本企业商品的决策并付诸行动。

（3）协助企业创造良好的购物环境。

（4）了解导致消费者有风险感的因素，进而采取措施来减少消费者可察觉的风险。

**5. 购后评价**

购后评价是消费者购买过程的最后一个阶段，也是非常重要的一环。消费者通过使用和处置对所购产品或服务有了更加深刻的认识和理解，这对消费者本人的下一次购买和其他人的购买有直接的影响，所以应引起现代企业营销人员的高度重视。

消费者购买商品后，往往会通过自己的使用，通过家庭成员等的评判，对自己的购买决策进行检查和反省，以确定购买这种商品是否明智、效用是否理想等，从而产生满意或不满意的购后感受。如果是满意的，消费者本人就会重复购买，而且会鼓动、引导他人购买，这种鼓动和引导往往比广告宣传更有效；反之，则会厌弃这种商品和企业，并通过有关渠道、媒介将购后感受公之于众，影响他人，从而影响企业的整体形象和产品形象。

可见，消费者的购后评价，对企业产品的销售影响极大，企业必须以热情、诚恳的态度来对待消费者的意见和批评，改进市场营销工作等，尽可能地增加消费者购后的满意度。

在购后评价阶段，营销人员的主要任务如下：

（1）重视售后信息的收集。

（2）广泛征求消费者意见，及时处理投诉。

（3）提供售后服务，增强消费者购后满意度。

（4）产品宣传实事求是并留有余地。

消费者购车决策在加快

## 二、生产者购买决策过程

生产者购买一般是先试购（新购），再决定是否长期大批量在同一家供应商采购。试购以后，采购单位会提出品种、规格、价格、交货方式、付款条件等方面的修改意见，称为修正重购。再经过一段时间，双方没有异议的情况下，采购单位就会将向已确定的供应商采购看作例行公事，称为直接重购。

从生产者市场与消费者市场的特点以及购买类型可以看出，生产者购买决策过程较消费者购买决策过程更复杂、步骤更多，一般可分为以下8个步骤。

**1. 认识需求**

认识需求是生产者认识自己的需要，明确所要解决问题的过程。认识需求是生产者购买决策的起点，它可能是由企业内部因素或外部因素刺激引起的。企业内部因素，如企业决定生产新产品而需要增添新设备及原材料；旧机器设备已陈旧，需要更新；机器发生故障，需要更新或需要新零件；已购买的生产资料不能满足需求，采购的产品不尽如人意，需要更换原来的供应者；采购负责人认为还有可能找到更质优价廉的供应商等。企业外部因素，如企业营销人员从广告、商品展销会或卖方推销人员介绍等途径了解到价廉物美的替代品，从而产生需要等。

**2. 说明需求**

企业购买者认识需求后，即同购买中心和生产、设计、财务、质检等部门一起商量，共同研究，说明所购产品的品种、性能、特征、数量和服务，提出产品的可靠性、耐用性、价格及其他特征的标准和要求，写出详细的技术说明书，作为采购人员的采购依据。

### 3. 确定需求

即确定待购买商品的具体规格及性能。在说明产品需要类别及特征后，企业要着手对所待购产品做进一步分析，并将所购买的产品特点或服务转化成对供应商的具体、详细而精确的特性要求，如待购商品或服务的具体规格、性能、耐用程度、型号、价格、交检期及其他必备的属性。同时，要把这种具体要求落实到采购人员。

### 4. 寻找供应商

采购人员根据产品技术说明书的要求寻找最佳供应商。采购人员可以依据以往的经验，根据设计、生产、质检、财务等部门的要求，直接指定供应商，也可以通过查阅工商企业名录、电话、广告宣传等途径来寻找供应商，还可以通过其他企业介绍，并对查阅到的供应商供应的商品的生产、供货、质量、价格、信誉及售后服务、人员配备等进行调查，加以分析、比较后，从中确定几家合适的供应商作为备选。

### 5. 分析供应商的建议书

为了选择合适的供应商，采购人员可邀请有声望的及与自己所需产品有关的供应商参加座谈讨论，征集建议。对于复杂、花费大的新项目，购买者会要求每一潜在的供应商提出详细的书面建议，采购人员可对各个供应商的产品说明书、价目表等有关资料进行分析比较，并对供应商的生产能力和资源条件等进行分析评价，经选择淘汰后，挑选出理想的供应商。

### 6. 选择确定供应商

企业对供应商建议书加以分析评价，确定供应商。评价内容包括供应商的产品质量、性能、规格、产量、技术、价格、履约能力、企业信誉、服务、交货能力、财务状况、顾客评价、地理位置等。在此基础上，最后选择最符合企业需求的供应商。在选择供应商时，一般不只选择一两家，而是同时选择多个供应商，这样，可以避免对某一供应商过分依赖的情况。

### 7. 履行常规购货手续，签订购货合同

购买者一旦选择了供应商，就要履行常规的购货手续，即采购员要与供应商具体洽谈，为供应者准备购买目录表，提出产品技术质量要求、购买数量、期望供货期，提供保险单及付款保证，最后签订购货合同，合同中要注明违约处置及仲裁。双方签订合同后，合同或订单副本应送到进货部门、财务部门及企业内其他相关部门。购买形式包括直接购买、互惠购买、租赁、招投标采购等。

### 8. 评估购买结果

又称绩效评价，即对各个供应商的供应情况加以评价，以决定维持、修正或中止供货关系。评估方法主要是征询使用者的满意程度。评估购买结果，可能引导购买者继续购买，或者改变供应商，或者减少购买量。对于供应商而言，正式订购仅仅是业务的开始，只有在采购单位绩效评价满意的条件下才能得到长期的业务。

生产资料购买决策过程的分析结果说明，企业营销人员只有了解和掌握了工业购买者

的需求状况和决策程序，才能针对目标市场制订有效的营销计划。

✏️ **思考与练习**

1. 消费者市场和生产者市场有哪些不同特点？

2. 消费品分为哪些类型？经营特点有哪些？工业品分为哪些类型？经营特点是什么？

3. 消费者购买行为主要受哪些因素的影响？购买过程分哪几个阶段？企业应在各阶段采取何种对策？

4. 生产者市场的购买过程分为哪几个阶段？供应者应在各阶段采取何种对策？

## 技能训练

### 营销游戏——你了解"另一半"吗？

**一、训练目标**

1. 通过游戏，学生理解不同亚文化下消费行为的差异；

2. 通过游戏，学生理解企业应针对不同的目标受众采取不同的营销策略。

**二、训练准备**

学生：理解男、女不同性别消费行为的差异性。

教师：

1. 产品类别卡片（数码照相机、果汁饮料、洗发水等）；

2. 画有笑脸或哭脸的牌子。

**三、训练内容**

将全班同学分成男、女两组，分别以对方性别为目标受众，为同一种产品进行营销活动策划和设计。

**四、训练流程**

1. 教师随机抽取男、女同学各10人，分别组成两个小组；

2. 教师随机抽取产品卡片，出示给包括两个小组成员在内的全班同学；

3. 两个小组在15分钟内，以对方性别为目标受众，完成产品营销创意；

4. 每个小组各派一名代表，到讲台上陈述创意；

5. 除两个小组成员外的其他异性同学以举牌的方式分别给两个小组打分，笑脸表示喜欢和肯定，哭脸表示不喜欢或否定；

6. 进行分数核算，选出获胜的一组。

**五、训练评价**

1. 学生点评；

2. 教师总结。

# 项目六　目标市场营销

**学习目标**

1. 理解市场细分、目标市场选择、市场定位的概念。
2. 理解市场细分、目标市场选择、市场定位三者之间的关系。
3. 掌握市场细分方法、目标市场选择策略、市场定位策略。

**案例导入**

## 聚焦核心品类创新研发，细分市场策略显成效

2006年8月诞生于武汉的良品铺子，多年来深耕华中市场，辐射全国市场，迄今已有逾2000家门店，遍布华中、华东、华南、西北、西南等13省。良品铺子专注高端零食，精选全球产地食材，产品超过1000种，口味丰富多样。

2021年，良品铺子研发投入3967万元，同比增长17.64%，连续4年加大研发投入，年复合增速达18.46%。同时，持续推进零食健康营养化，启动了19项技术创新，开发并掌握了"三减"（减油、减糖、减盐）、无油烘焙、微胶囊包埋等加工技术。

通过关键技术突破和深度研发，良品铺子细分市场取得显著成效。一方面，围绕细分人群与场景特殊需求，研发并推出了丰富的产品矩阵，包括儿童零食、健身零食、胶原糖果零食、节庆送礼零食等多类产品，2021年公司开发出了86款上市产品及47款储备产品。另一方面，部分细分市场业绩提升显著，儿童零食子品牌"小食仙"2021年全渠道终端销售额为4.17亿元，同比增长41.17%。

依靠差异化的产品创新，良品铺子重塑儿童零食品类心智。2021年，小兔山楂棒、牛初乳高钙棒等健康棒棒糖系列，6·18全渠道销量同比增长266%，全年销售1.28亿元，成长为明星系列；饼干、布丁等品类也大幅增长，进一步满足了精致妈妈用户人群的需求。

针对用户节庆送礼需求，良品铺子打造了品类丰富、产品组合多样、包装精美的礼盒，形成多价格带礼盒产品阵容，满足各渠道布局需求，2021 年礼盒品类产品营收同比增长 72.1%。

（资料来源：根据良品铺子 2021 年年度报告整理）

从上述案例可以看出，面对庞大而复杂的消费者群体，任何企业均无法满足其全部需求。良品铺子经过市场的进一步细分，找出能够满足消费者需求的目标市场，研发儿童零食、健身零食、胶原糖果零食、节庆送礼零食等多类产品，制定合理的市场营销策略，从而在短时间内取得了惊人的销售业绩。

目标市场营销就是企业通过实施市场细分、目标市场选择、市场定位三位一体的营销战略，寻找、辨认出最有市场价值并有能力为之服务的特定消费者群体，将之作为自己的目标市场，为企业、产品及品牌树立鲜明的特色，以形成相对优势，从而使得战胜竞争对手、实现经营目标成为可能。

# 任务一　市场细分化

消费者数量众多，以及消费心理、购买习惯、收入水平、资源条件、文化背景和地理位置等的差别导致消费需求和消费行为多样化、层次性，不可能有哪一个企业单凭自己的人力、物力和财力就能够完全满足消费者的所有需求，也没有哪一个企业能够完全满足消费者某一方面的需求。为了使所掌握的有限资源得到有效使用，企业必须对所经营的市场范围加以适当的限定，从整体市场中找出最适合企业经营的某个市场领域，即选择目标市场。为此，首先必须进行市场细分化。

## 一、市场细分化的概念

市场细分化是指企业通过市场调研，根据消费者对产品的不同欲望和需求、不同的购买行为与购买习惯，把整个市场划分为若干个由相似需求的消费者组成的消费群体的过程。

市场细分的概念是美国著名的市场营销学家温德尔·史密斯在总结众多企业的市场营销经验后于 20 世纪 50 年代中期提出的。他认为顾客是有差异性的，有不同需求、欲望，寻求不同的利益，企业应该对市场进行细分，而不是仅仅停留在产品差异上。

市场细分的基础和依据是消费需求的异质性，即消费者需求、动机和购买行为的多元性。一般来说，组成市场的消费者由于所处的地理环境、社会环境、所接受的教育及自身的心理素质、购买动机等不同，他们对产品的价格、质量、款式等的要求也不尽相同，存在着需求的差异性。同时，也有一些消费者由于处于一样的地理环境，或接受了同样的教育，或具备相同的心理素质等，对产品各方面的需求大致相似，这样的一些消费者就构成了一个细分市场。

## 二、市场细分化的作用

市场细分化是现代企业从事市场营销的重要手段，对企业营销具有重要的作用。

### 1. 市场细分化有利于企业深刻认识市场、发现市场机会

通过市场细分化，企业对每一个细分市场的购买潜力、满足程度、竞争状况等进行分析对比，可以认识、掌握每一个细分市场上需求的差异，进而寻找到目前市场的空白点，即了解现有市场上有哪些消费需求没有得到满足。如果发现某些需求没有得到满足，或被满足的程度很低，竞争者尚未进入或竞争对手很少，该企业能够提供产品来满足这些消费者的需求，则可以以此作为企业的目标市场。这就是市场给予企业的最有利的经营机会。它使企业能够及时做出投产、异地销售决策，根据本企业的生产技术条件编制新产品开发计划，掌握产品更新换代的主动权。

尤其是对中小企业而言，通过市场细分化，找到自己力所能及的经营机会，寻找适合自己开发的需求，避免与大企业进行直接竞争，从而能在大企业"空隙"中求得生存和发展。在科学技术高度发达、人民生活水平普遍提高的今天，消费者的需求日趋多样化，这就给广大的中小企业提供了更多的机会。

### 2. 市场细分化有利于企业充分、合理利用现有资源

实行市场细分化的企业，比较容易集中力量深入了解所选定的目标市场的需求和愿望，根据自己有限的资源条件，集中人、财、物及技术、信息等一切资源，实施或调整其营销策略；在细分市场，信息容易了解和反馈，一旦消费者的需求发生变化，企业可迅速改变营销策略，制定相应的对策，使企业能够在激烈的市场竞争中生存、发展和壮大。

### 3. 市场细分化有利于企业制订或调整营销策略

市场细分化，有助于企业深入了解消费者需求，从细分市场中选择企业的目标市场，针对目标市场制订有效的市场营销组合策略，使产品开发更具科学性和适用性、价格更具合理性、渠道选择更具针对性、促销方式更具有效性。同时，可以根据消费者需求的变化状况、市场竞争情况不断调整企业的营销策略。

### 4. 市场细分化有利于企业提高市场竞争力

企业的竞争能力受客观因素的影响而存在一定差别，但通过有效的市场细分化，找出每个细分市场上竞争者的优势和劣势，企业可以利用竞争者的弱点，有效地开发该企业的资源优势，企业可以面对自己的目标市场，生产适销对路的产品，既满足市场需要，又增加企业的收入；通过市场细分，用较少的资源把竞争者的顾客和潜在的顾客变为该企业的顾客，有利于提高市场占有率，增强竞争能力。

## 三、市场细分化的标准

### （一）消费者市场细分的一般标准

因为消费者为数众多、需求各异，所以消费者市场是一个复杂多变的市场。同时，总

有一些消费者有某些类似的特征。这些特征即消费者市场细分的标准，大体可以分为4类，即地理标准、人口标准、心理标准和行为标准。

### 1. 地理标准

地理标准指将地理方面的一些因素如消费者所在的不同的地理位置（包括行政区域、地理位置、气候等）作为消费者市场细分化的标准。地理标准可以作为市场细分的依据，是因为人们居住、工作及娱乐的地点对他们的消费行为影响很大，处于不同地理位置上的消费者，如城市与农村、南方与北方、山区与平原、国内与国外等，表现出不同的消费观念、价值观念、购买习惯等，具有不同的购买需要。而处于同一地理条件下的消费者，他们的需求有一定的相似性，对企业的产品、价格、分销、促销等营销措施也会产生类似的反应。

把地理因素作为标准细分市场是最简便的一种细分方法，对于分析不同地区消费者的需求特点、需求总量及其发展变化趋势具有重要的意义，有利于企业开拓区域市场。但地理因素是一种相对静态的因素，不一定能充分反映消费者的特征，处于同一地理位置的消费者对某一类产品的需求仍有较大的差异。因此，有效地市场细分还必须考虑其他一些动态因素，如人口、心理、行为等。

### 2. 人口标准

人口标准指用人口统计方面的因素来细分消费者市场，即按照人口的一系列性质因素来辨别消费者需求上的差异。所谓人口的性质因素，指年龄、性别、家庭人口数、收入、职业、受教育程度、家庭生命周期、国籍等。

人口的性质因素是最常用的市场细分化标准。因为消费者的需求与这些因素有着密切的联系，而且这些因素一般比较容易衡量。例如，美国的服装、化妆品、理发等行业的企业一直按性别细分；汽车、旅游等企业则一直按收入水平来细分；玩具市场可以用年龄来划分；食物、房屋等则可以依据家庭规模和家庭结构来划分。

随着社会的发展，某些产品的消费者在性别或其他因素上的界限会越来越不明显，如现代女性越来越多地购买和使用以往只有男性才使用的产品。因此，有必要从更深层次上即消费者的心理和行为上来进行市场细分。

### 3. 心理标准

心理标准指根据消费者的心理特点来进行市场细分。心理标准主要表现在生活方式、个性、价值观、格调、风险感知等方面。

（1）生活方式，指一个人或者一个群体对于生活消费、工作和娱乐的不同看法或态度，如追求时髦或顽固守旧、崇尚奢华与节俭朴素等。生活方式不同的消费者，他们的消费欲望和需求不一样，对企业市场营销策略的反应也各不相同。西方国家许多企业针对不同生活方式的消费者群体设计了不同的产品和安排了不同的市场营销组合；也有企业用AIO①系数来

---

① A指Activities（活动），包括消费者的工作、假期、娱乐、运动、购物、社区交往等活动；I指Interests（兴趣），指消费者对家庭、食物、服装款式、传播媒介、成就等的兴趣；O指Opinions（意见），指消费者对社会问题、政治、商业、经济、教育、产品、文化、价值等的意见。

划分消费者的不同生活方式。企业可以通过市场调查研究，了解消费者的活动、兴趣、意见，据此来划分不同生活方式的消费者群体。

（2）个性，指消费者的个人性格。这也是消费者市场细分的一个重要因素。很多企业为其产品赋予某些个性特征，以迎合消费者的个性并获得成功。

（3）价值观，指一个人对周围事物的是非、善恶和重要性的评价，在消费需求方面反映了我们为现实生活而调整需求的情况。美国密歇根大学调查研究中心的研究人员找出了9种和购买行为有关的基本价值观，即自尊心、生活享乐、归属感、安全感、追求温馨关系、成就感、兴奋、自我实现、被尊重。每个人都想把这9种基本价值观看作自己理想的价值观，其相对重要性因人而异，且会影响消费行为。企业可以将这些价值观的相对强度作为细分市场的标准。

（4）格调，指人们对工作、消费、娱乐等特定的习惯和倾向性方式。一般来说，一个人格调的高低与其富裕程度和受教育程度密切相关。不同的格调产生不同的需求偏好。2009年麦肯锡公司对我国富裕消费者进行了调查，将我国富裕消费者划分为7种类型——时尚奢华型、苛求完美型、浮华炫耀型、都市文雅型、力争上游型、脚踏实地型、热衷奢侈型，为企业有针对性地满足富裕消费者的需求提供了可靠依据。

（5）风险感知，消费者的任何购买行为，都可能无法确知其预期的结果是否正确，而某些结果可能令消费者不愉快，这种对结果的不确定性就是风险，包括财务风险、功能风险、社会风险、心理风险、身体风险、时间风险6种类型。财务风险是指消费者购买的产品是否与他们所支付的金钱价值相符；功能风险是指所购买的产品能否像期待的那样发挥作用；社会风险是指消费者购买的产品能否被别人认同；心理风险是指消费者所购买的产品可能对自身形象产生影响或者与自我概念不一致的情况；身体风险是指所购买的产品可能对自己及他人身体造成伤害的情况；时间风险是指如果购买的产品不满意，需要花精力和时间去修理、退还或者再次选购。

风险感知就是指在产品购买过程中，顾客因无法预料其购买结果的优劣以及由此导致的后果而产生的一种不确定性感觉。一个人的风险感知能力对其购买行为有着极其重要的影响，尤其是针对一些投资产品。

**4. 行为标准**

行为标准指消费者的购买行为、购买习惯，包括产品购买与使用时机、产品利益、使用者、使用状况、品牌忠诚度、购买阶段、购买态度和消费时机等。产品购买与使用时机指有规则或无规则地购买、平常购买或节日购买；产品利益指消费者购买产品时所追求的好处，也就是产品带给消费者的利益，如高品质、优良服务、多功能、安全、经济实惠等；使用者包括从未使用者、潜在使用者、过去使用者、初次使用者、经常使用者等；使用状况包括使用量和使用频率等；品牌忠诚度指绝对忠诚、一般忠诚、不忠诚等；购买阶段一般包括尚未知道、知道、有购买意愿、已经购买、重复购买等阶段；购买态度包括喜爱、不感兴趣、讨厌等；消费时机指消费者产生需

ZARA 的市场细分

求、购买或使用产品的时机的差异性，如结婚、开学、节假日等与平时的消费行为有较大差异，这就要求企业进行相应的规划，设计出有针对性的营销方案。

### （二）生产者市场细分的一般标准

生产者市场的购买者一般是集团组织，购买的目的主要是用于再生产。生产者市场的细分标准有的与消费者市场的细分标准相似，如地理环境、产品利益、使用率、品牌忠诚度、购买阶段、态度等。但是，生产者市场还有与消费者市场不同的特点，因此，生产者市场也有其不同的细分标准。

#### 1. 最终用户

不同的最终用户对同一产品的市场营销组合往往有不同的要求。例如，同样是轮胎，不同的生产者其需求不一样，飞机轮胎的质量要求高于拖拉机轮胎的质量要求，载重卡车与赛车轮胎的质量要求也不一样。高技术产品生产者更看重产品的质量、服务而不是价格。企业应通过最终用户的市场细分标准，不断寻找市场机会，对不同的最终用户采取不同的营销组合策略，满足不同最终用户的需求。

#### 2. 用户规模

很多企业会根据用户规模的大小来细分市场。用户的购买能力、购买习惯等往往取决于用户的规模。在西方国家，很多企业把用户分成大用户和小用户，采取不同的对策与之打交道。大用户数目少，但购货量大，企业往往采用更加直接的方式与之进行业务往来，这样可以相对减少企业的推销成本；小用户则相反，数目众多，但单位购货量较少，企业可以更多地采用其他的方式，如中间商推销等，利用中间商的网络来进行推销产品。

#### 3. 用户的地理位置

用户的地理位置对于企业的营销工作，特别是对于产品的上门推销、运输、仓储等有非常大的影响。地理位置相对集中，有利于企业营销工作的运筹、开展。很多国家和地区由于自然资源和历史原因，形成了若干工业区，如美国的五大湖地区是钢铁工业区，就形成了对矿产品的集中需求；在我国，随着经济结构的调整，西部地区对纺织机械、矿山机械、大型运输工具、建筑材料有大量需求等。

## 四、市场细分化的方法

按照市场细分标准的不同，市场细分化可以有3种方法。

#### 1. 单项变量细分法

单项变量细分法是只选择一个市场细分标准进行市场细分的方法，即根据影响消费者需求的某一重要因素进行市场细分。例如，玩具市场，影响需求量的主要因素是年龄。不同年龄的儿童对玩具的需求不同，可按年龄标准把市场细分为1~3岁玩具市场、4~5岁玩具市场、6~7岁玩具市场、8~12岁玩具市场、12岁以上玩具市场等几个细分市场。1~3岁的玩具应该具有启蒙功能，而12岁以上的玩具应具有益智或科技功能。

单项变量细分法的优点：细分过程比较简单、易于操作。采用这种方法有两个适用条件：第一，市场竞争不太激烈，市场细分程度高，用单一变量能够细分出有效市场；第二，影响消费者购买的各个因素中有一项主导因素且其影响最为强烈。

单项变量细分法的缺点：一是形成的细分市场描述不够明确，在激烈的市场竞争环境中针对性不强；二是影响消费者或用户需求的因素是多种多样的。各种因素交错在一起共同对某种需求产生影响，单项变量细分法可能会因为主观原因而忽略了其中的重要因素，出现细分市场不准确的情况。

### 2. 综合变量细分法

综合变量细分法又称多变量法，它是选择两个以上（少数几个）影响较大的因素为细分标准进行市场细分的方法。其中，以 2 个或 3 个变量进行市场细分是最常用的综合变量细分法。例如，对家具市场往往采用 3 个细分标准，即户主年龄、家庭人口、月收入水平。

### 3. 系列变量细分法

系列变量细分法又称多层次变量法，它是根据企业经营需要选择多个细分标准，按一定顺序由大到小、由粗到细进行系列市场细分的方法。

## 五、市场细分化的要求

从企业营销的角度来说，无论是消费者市场还是生产者市场，要使市场细分化具有实际意义，都必须具有以下几个条件。

（1）可衡量性，即根据某种特性因素划分出来的每个细分市场，其规模和购买力大小应能够进行数量化的、准确的评估和推算，各细分市场应有明显的区别，应有容易识别的顾客群。比如在电冰箱市场，在重视产品质量的情况下，有多少人更注重价格，有多少人更注重省电，有多少人注重外观或兼顾几种特性。如果被划分出来的细分市场无法衡量，那这样的细分是无效的。

（2）可进入性，是指企业根据目前的人、财、物和技术、信息等资源条件，通过确定适当的营销组合策略可以占领某一细分市场，使该细分市场的消费者购买本企业的产品。所选定的细分市场必须与企业自身状况相匹配，企业有优势占领这一市场。可进入性的分析重点是考虑消费者的集中程度、竞争对手的数量、政府政策以及交通条件等因素。

（3）可营利性，是指企业细分出来的市场应该有一定的规模和市场潜力，使企业能够在一定时期获取足够的利润且有相当的发展潜力，值得企业为该市场制订专门的战略、策略和为此投入资源。如果企业为某个细分市场确定的营销组合策略并不能使企业获利，也不能在多个细分市场经营中获得联合优势，那这样的市场细分也就没有了实际意义。

（4）相对稳定性，指细分市场的标准要稳定，市场需求具有一定的稳定性，便于企业制订系统、有效的市场营销组合策略以进入细分市场。由于企业营销的内外部环境在不断变化，所以企业也要随时矫正营销行为，在保持经营理念相对稳定的同时，还应有阶段性的目标市场调整，对于不适应企业发展的细分市场企业应果断调整。

# 任务二　目标市场选择

目标市场是指企业为满足现实的或潜在的需求而开拓的特定市场。没有一个企业能够满足所有消费者的所有需求，市场细分化的目的就在于从一系列的细分市场中选择对企业最有利的市场组成部分，即目标市场。

## 一、目标市场应具备的条件

企业要选择目标市场，首先应确定哪些细分市场是可供选择的，因为并不是所有的细分市场都适合企业。因此，在确定目标市场之前，要对细分出来的市场进行分析、评估，所选择的目标市场应具备以下几个条件。

（1）企业在所选定的目标市场上有足够的销售量。只有有足够的销售量，才能保证企业有足够的盈利。因此，作为目标市场，首先应具有一定的规模和需求。如果市场规模过小，企业进入后得不偿失、无利可图，那这样的市场没有开发价值。同样，市场上要有现实和潜在的需求，企业才可能向其提供适销对路、物美价廉的产品，以满足消费需求而获得盈利；同时，还要对子市场进行购买力分析，不具备一定购买力的市场，即使有潜在的需求，也不能作为目标市场。

（2）企业必须有能力满足目标市场的需求。市场无限，企业能力有限，企业只能将有限的能力服务于有限的市场。因此，选择目标市场时，不仅要考虑市场规模、需求状况和购买力，更要考虑企业的营销能力。只有当企业的人力、物力、财力以及经营管理水平等主观条件具备时，才能将子市场作为企业的目标市场，否则，所开发的市场只能为其他企业带来益处。

（3）企业有较强的市场控制力。企业确定目标市场，除了应具备上述条件，还要分析研究并掌握竞争对手在该市场上的经营状况。企业应对目标市场具有较强的控制力：①市场上没有竞争对手；②市场上只有少数竞争对手且势力不算太大；③即使有竞争，企业也有足够的实力和充分的把握击败竞争对手，取得竞争优势。

（4）有利于企业总体经营目标的实现。企业的任何行动都是紧紧围绕其自身总体经营目标的实现展开的，目标市场的选择同样如此。如果不利于企业总体经营目标的实现，再好的子市场都应放弃。

符合上述条件的细分市场，企业可以将之为目标市场，并根据市场分析状况制订正确的目标市场营销策略，进入并占领这一目标市场，实现预期目标。

## 二、目标市场策略

### （一）范围策略（市场覆盖模式）

#### 1. 产品与市场集中策略 ［图6-1（a）］
产品与市场集中策略是企业集中全力只生产某一种产品，供应某一顾客群，进行集中营销的策略。采用这种策略一般基于以下考虑：企业具备在该市场从事专业化经营或取胜的优势条件；限于资金能力，只能经营一个细分市场；该细分市场没有竞争对手；在经营取得成功后向更大的市场范围扩展。

**2. 产品专业化策略 ［图6-1（b）］**

产品专业化策略是企业集中生产一种产品并向各类顾客销售这种产品的策略。如企业生产适合各类用户需要的各种载重8吨的运货卡车。产品专业化可以使企业专注于某种或某类产品的生产，有利于形成和发展生产和技术上的优势，在该领域确立市场领导者地位。

**3. 市场专业化策略 ［图6-1（c）］**

市场专业化策略是企业专门经营满足某一顾客群体需要的各种产品的策略。如某企业生产能满足矿山开发所需的各种不同类型的机械设备等。

**4. 选择性专业化策略 ［图6-1（d）］**

选择性专业化策略是企业选取若干具有良好的营利潜力和发展潜力且符合企业目标和资源的细分市场作为目标市场，这些细分市场没有明显的联系，但是每一个都存在良好的经营机会的策略。选择性专业化策略的优点是可以有效地分散经营风险，即使某个细分市场盈利不太好，仍可在其他细分市场取得较好盈利。采用这种策略的企业应具有较强的资源和营销实力。

**5. 全面覆盖策略 ［图6-1（e）］**

这是企业生产多种产品去满足各种顾客群（各细分市场）需要的策略。实力雄厚的企业为取得市场领导地位常采用这种策略。

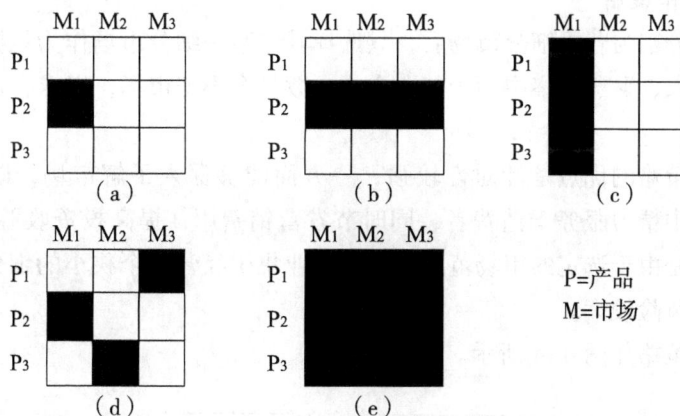

图6-1　市场覆盖模式

**（二）营销策略**

市场细分化的结果，使企业面临许多不同细分市场上的经营机会。确定了目标市场的范围以后，企业在这些目标市场的营销策略有以下3种类型。

## 1. 无差异性营销策略

企业以整个市场作为目标市场，不区分各细分市场上需求的差异性，而是寻求各类购买者需求中相同的部分，向其提供单一的产品，采用单一的营销组合策略。这种策略要求企业向市场推出一种型号的产品、统一的包装、固定的价格，采取广泛的分销渠道，进行同一内容的广告宣传。

无差异性营销策略如图6-2所示。

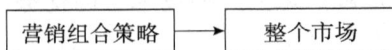

```
┌──────────┐      ┌──────────┐
│ 营销组合策略 │ ───► │  整个市场  │
└──────────┘      └──────────┘
```

**图6-2  无差异性营销策略示意**

## 2. 差异性营销策略

企业把整体市场划分为若干需求与愿望大致相同的细分市场，然后根据企业的资源及营销实力选择部分细分市场作为目标市场，并为各目标市场制订不同的市场营销组合策略。

差异性营销策略如图6-3所示。

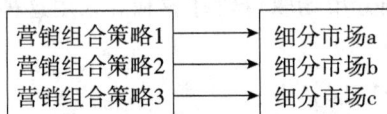

```
┌──────────┐      ┌────────┐
│ 营销组合策略1 │ ───► │ 细分市场a │
│ 营销组合策略2 │ ───► │ 细分市场b │
│ 营销组合策略3 │ ───► │ 细分市场c │
└──────────┘      └────────┘
```

**图6-3  差异性营销策略示意**

## 3. 密集性营销策略

企业将市场分割为若干细分市场后，只选择其中某一细分市场作为目标市场。其指导思想是把企业的人、财、物集中用于某一个或少数几个小型市场，以求在这些市场上得到较大的市场份额。

密集性营销策略的优点是针对性较强，一方面能够深入了解市场，以更好地满足需求；另一方面集中精力服务于消费者，同时节省营销费用，提高投资收益率，增加盈利。这种策略的缺点是由于选定的市场范围太小，企业集中经营一个狭小的细分市场，缺乏回旋的余地，经营风险较大。

密集性营销策略如图6-4所示。

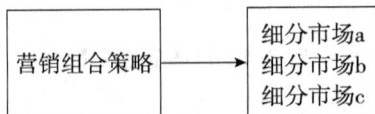

```
┌──────────┐      ┌────────┐
│          │      │ 细分市场a │
│ 营销组合策略 │ ───► │ 细分市场b │
│          │      │ 细分市场c │
└──────────┘      └────────┘
```

**图6-4  密集性营销策略示意**

### 三、目标市场营销策略选择的条件

目标市场策略的选择，必须从企业的实际出发，综合考虑以下几个方面的因素。

#### 1. 企业实力

所谓企业实力，是企业所拥有的生产能力、技术能力、资金能力、销售能力、管理能力等的总和。如果企业实力雄厚，可以采取差异性营销策略或无差异性营销策略，服务于整个市场；但若企业资源有限、实力较弱，能力不足以覆盖所有的细分市场，无力顾及该行业的整体市场，那么唯一合乎实际的选择就是采用密集性营销策略，以更好地服务于目标市场，提高市场占有率。

#### 2. 产品的特点

它包括产品的品质、性能、使用寿命、规格、式样等。根据产品的不同特点，可以采用不同的市场策略。如果企业的产品性质相似，像汽油、大米、钢铁等，产品的特性长期以来变化不大，可以采用无差异性营销策略；而像服装、照相机、家用电器等产品，其特性经常随消费者需求的改变而发生变化，宜采用差异性营销策略或密集性营销策略。

#### 3. 市场的特点

它包括市场规模、市场需求、市场位置等。如果市场上消费者的需求与偏好相似，消费者的特性差异不大，则企业可以采用无差异性营销策略，为所有的消费者提供同样的产品；反之，若消费者特性相差很大，则企业应在细分市场后采用差异性营销策略或密集性营销策略。

#### 4. 产品生命周期

它指产品的市场生命周期，包括投入期、成长期、成熟期、衰退期等阶段。企业应根据产品在生命周期的不同阶段，采用不同的市场营销策略。在投入期，新产品刚投入市场，品种不多，竞争也不激烈，可采用无差异性营销策略，也可以采用密集性营销策略，先占领一个市场，再伺机扩展；在成长期和成熟期，竞争者纷纷加入，消费者的需求向深层次发展，企业应采用差异性营销策略，以满足不同消费者的需求；而在衰退期，企业要收缩市场，往往可以采用密集性营销策略。

#### 5. 竞争者的市场策略

它包括同一行业内的竞争者、不同行业的竞争者。当今社会，企业普遍处于竞争激烈的市场环境。选择营销策略时，如果不考虑竞争者的状况，将难以生存和发展。如果竞争者采用了无差异性营销策略，企业可以同样使用无差异性营销策略与之展开竞争，也可以避其锋芒，实行差异性营销策略或密集性营销策略，抢先向市场深度进军，占领更深层次的细分市场；如果竞争对手十分强大且已采用了差异性营销策略或密集性营销策略，企业则应进行更有效的市场细分，实行差异性营销策略或密集性营销策略。

# 任务三　市场定位

## 一、市场定位的概念

目标市场选定以后，企业为开拓和进入目标市场，取得产品在目标市场上的竞争优势，更好地为目标市场服务，还要在目标市场上给本企业产品作出具体的市场定位，即勾画企业产品在目标市场即目标顾客心目中的形象，使企业提供的产品有一定特色，适应一定顾客的需要和偏好，并与竞争者的产品有所区别。

市场定位即企业产品具有一定的特色，适应目标市场一定的需求和爱好，塑造产品在目标顾客心目中的良好形象，以求在顾客心目中形成一种特殊的偏爱。

"娃哈哈"的市场定位

## 二、市场定位的依据

从根本上说，定位就是要寻找差别，寻找市场上现有产品、品牌和企业形象的差别，包括实际的差别、顾客感觉的差别和顾客态度的差别等。不同企业经营的产品不同，面对的消费者不同，所处的竞争环境也不同，因而市场定位所采用的依据也不同。总的来说，市场定位依据有以下 5 种。

### 1. 依据具体的产品特性定位

产品特性包括生产制造该产品的技术、设备、生产过程以及产品的功能等，也包括与该产品有关的原料、产地、历史等因素。这些特性都可以作为定位要素。例如，日本电器、瑞士手表等强调的是产地及其相关因素，"杜康酒"是以历史定位，貂皮大衣是以原料定位等。

### 2. 依据特定的使用场合及用途定位

为老产品找到一种新用途，是为该产品创造新的市场定位的又一个依据。

### 3. 依据顾客得到的利益定位

产品提供给顾客的利益是顾客最能切实体验到的可以用来定位的依据。例如，"海飞丝"去头屑效果显著等。

### 4. 依据使用者的类型定位

企业常常试图将其产品指向某一类特定的使用者，以便根据这些顾客的看法塑造恰当的形象。

### 5. 依据企业的竞争地位定位

这种定位已超出了产品定位的范畴，是一种更为广泛意义上的定位。根据企业在市场上的竞争地位，可以将企业分为市场领导者、市场挑战者、市场追随者和市场补缺者 4 个类型。

知名企业如何定位

其实，企业进行市场定位所依据的方法往往不止一种，而是多种方法同时使用，因为市场定位是多维度、多侧面的。

## 三、市场定位的步骤

市场定位的主要任务，就是通过集中企业的若干竞争优势，将自己与其他竞争者区别开来，其关键就是企业设法为自己的产品寻找到比竞争者更具有优势的特性。竞争优势一般有两种基本类型：一是价格优势（又称成本优势），即在同样的条件下比竞争者定出更低的价格，这就要求企业最大限度上降低单位成本；二是偏好竞争优势（又称产品差别化优势），即能提供确定的特色来满足顾客的特定偏好，这就要求企业在产品特色上下功夫。因此，企业的市场定位过程可以通过以下三大步骤来完成，即确认企业的竞争优势、准确选择相对竞争优势以及显示独特竞争优势。

### 1. 确认企业的竞争优势

这一步骤的中心任务是要明确以下三大问题：一是我们的竞争对手是谁？竞争对手的产品定位如何？二是目标市场上足够数量的顾客欲望满足程度如何？需要什么？三是针对竞争者的市场定位和潜在顾客的真正利益要求，企业应该和能够做什么？明确了上述三大问题，企业就可以从中把握和确定自己的潜在竞争优势。

### 2. 准确选择相对竞争优势

相对竞争优势是企业能够胜过竞争者的能力。这种能力既可以是现有的，也可以是潜在的。准确地选择相对竞争优势是一个企业各方面实力与竞争者的实力相比较的过程。比较的指标应是一个完整的体系，通常的方法是分析、比较企业与竞争者在经营管理、技术开发、采购、生产、市场营销、财务、产品等方面究竟哪些是强项、哪些是弱项。

### 3. 显示独特竞争优势

这一步骤的主要任务是企业通过一系列的宣传促销，使其独特的竞争优势准确地传播给潜在顾客，并在顾客心目中留下深刻印象。首先，企业应使目标顾客了解、熟悉、认同、喜欢和偏爱本企业的市场定位，在顾客心目中建立与该定位一致的形象。其次，企业应通过一切努力强化目标顾客的形象认知，保持目标顾客对自身的了解，稳定目标顾客的态度，加深与目标顾客的感情，巩固自身与市场一致的形象。最后，企业应注意目标顾客对其市场定位理解出现的偏差或由于企业市场定位宣传上的失误而造成的目标顾客认知上的模糊、混乱和误会，并及时纠正与市场定位不一致的形象。

## 四、市场定位的策略

企业及产品的市场定位是通过为企业或产品创立鲜明的特色与个性，塑造独特的市场形象来实现的。企业在进行市场定位时，要了解竞争对手的产品特色，调查了解消费者对该类产品各种属性的重视程度，以确定自己的产品定位。企业一定要制订正确的市场定位策略，避免出现错误的市场定位策略。

### 1. 填补市场空位（回避定位）

企业回避与目标市场上的竞争者直接对抗，把产品定位于目标市场上的空白处，开发并销售目前市场上还没有的某种有特色的产品。这样可以避开激烈的市场竞争，使企业有一个从容发展的机会。

采取这种策略的企业必须明确3点：①市场空白处的潜在顾客数量；②技术上的可行性；③经济上的合理性。

### 2. 与现有竞争者共存（并列定位）

企业把自己的产品定位在与某一个竞争者相同的位置上，与现有竞争者争夺同样的顾客，彼此在产品、价格、分销及促销等各个方面差别不大。对于竞争者来说，如果有足够的市场份额，而且其既得利益没有受到多大损害，它们一般是不在乎多出一个竞争对手的。因为激烈的对抗常常会两败俱伤，很多实力不太雄厚的企业经常采用这种定位策略。

### 3. 逐步取代现有竞争者（对抗定位）

如果企业实力十分雄厚，有比竞争者更多的资源，能生产出比竞争者更好的产品，不甘于与竞争者共享市场，则可以发动一场攻坚战，把现有竞争者挤出市场，自己取而代之。采用这种策略的原因，一是与企业条件相符合的市场已被竞争者占领，而且这个市场的需求不够大，不足以让两个企业共同分享；二是企业有足够的实力，想成为行业领先者。当然，采用这种策略的风险是相当大的，企业应做好充分的准备。

### 4. 产品的重新定位

它是企业变动产品特色，改变目标顾客对其原有的印象，使目标顾客对其产品新形象有一个重新的认识过程。产品的重新定位对于企业适应市场环境、调整市场营销战略是必不可少的。企业产品在市场上的定位即使很恰当，但在出现下列情况时，也需要考虑重新定位：一是竞争者的市场定位位于该企业产品市场附近，侵占了本企业品牌的部分市场，使该企业品牌的市场占有率有所下降；二是消费者偏好发生变化，从喜爱本企业某品牌转移到喜爱竞争对手的某品牌。

郎酒"从跟随到做自己"

总之，市场定位是一门科学，企业需要进行很好的市场调查，确定竞争对手，了解消费者对定位的认识，结合自身实际，确定自身优势，在定位中体现出与竞争对手的差异性，避免出现错误的定位策略。

✏️ **思考与练习**

1. 企业为什么要进行市场细分？如何进行市场细分？
2. 目标市场策略的类型各有哪些？
3. 选择目标市场要考虑哪些因素？
4. 如何进行目标市场定位？

## 技能训练

### 你是否被定位打动了?

**一、训练目标**

1. 熟悉市场定位的方法和步骤;

2. 掌握如何根据消费者及竞争对手进行定位;

3. 培养学生的创新思维能力。

**二、训练准备**

● 学生:

熟悉市场定位的相关理论。

● 教师:

1. 白色卡片和蓝色卡片若干;

2. 较粗的水性笔若干;

3. 笑脸和哭脸的牌子若干;

4. 事先从全班同学中抽取 20 名作为大众评审。

**三、训练要求**

1. 游戏分组进行,每组 6~8 人;

2. 每组在 15 分钟的时间内完成产品定位设计。

**四、训练流程**

1. 将白色卡片和蓝色卡片发给 20 名大众评审;

2. 请 20 位同学在白色卡片上写上一件产品名称,在蓝色卡片上写上任一消费群体;

3. 收回全部卡片,按颜色分开;

4. 将其余同学分组,每组 6~8 人;

5. 每组派代表从教师手中抽取两种颜色卡片的任意一张;

6. 给定 15 分钟的时间,各组同学假想将白色卡片上的产品卖给蓝色卡片上的消费者,给产品设计一个合理的定位;

7. 15 分钟后,各小组派一个代表到讲台上陈述,由大众评审举笑脸或哭脸牌表决;

8. 进行分数核算,选出得分最高的 3 个组。

**五、训练评价**

1. 学生点评;

2. 教师总结。

# 项目七  市场竞争战略

学习目标

1. 了解识别市场竞争者的方法及判断竞争者的战略与目标。
2. 熟悉市场竞争的原则、市场竞争者分类及竞争策略。
3. 掌握市场竞争战略要领。

案例导入

## 格力电器致力打造核心竞争优势

珠海格力电器股份有限公司（简称格力电器）成立于1991年，是一家集研发、生产、销售、服务于一体的国际化家电企业，拥有格力、TOSOT、晶弘三大品牌，主营家用空调、中央空调、空气能热水器、冰箱等产品。格力电器致力于打造核心竞争优势，以期在家电行业拔得头筹。

一、多元化、自动化，提升抗风险力

2016年7月23日，格力电器董事长董明珠说道："在这里向大家宣布，格力电器从专业化的空调企业进入了一个多元化的时代。"如今的格力电器不仅涉足小家电、手机、机器人、环保等众多领域，还布局新能源汽车的研发与制造。

格力电器是国内家电行业较早启动和发展自动化的企业，格力电器2003年就开始引入自动化思想，对生产车间进行系列机器换人改造；2012年，格力电器进一步制定了自动化发展规划，决定以"3至5年实现无人车间"为目标，走"重点突破，分期实施"的自动化道路，并成立了自动化办公室、自动化技术研究院、自动化设备制造部、智能装备技术研究院等技术单位。格力电器还将原来的智能装备制造事业部独立出来，成立珠海格力智能装备有限公司，并提出要将工业机器人和高档数控机床作为该公司未来的两大研究领域来规划布局。

二、强大研发团队，提升研发创新力

空调市场产品同质化严重，这就要求不断创新产品，对技术研发也有更高的要求。格力电器在产品研发方面以创新为驱动，始终坚持自主创新。公司拥有强大的研发团队，并且拥有多个研究所和实验室，具有较强的研发能力。强大的产品研发能力可以极大地鼓励格力电器生产具有竞争力的产品。

格力电器自主研发检测技术和设备，严格控制检测过程，全方位检测产品的质量，及时、有效发现可能出现的问题，除此之外，坚持自主创新，掌握属于自己的核心科技，力求生产"零缺陷，零售后"的优质产品，同时，借鉴国际先进理念，对质量控制体系进行升级。

2022年10月，国际标准化组织官方公告显示，经国际标准化组织制冷压缩机分委会投票，格力电器提出的两项压缩机国际标准《容积式制冷压缩机性能评价》（ISO/NP 18501）、《离心式制冷压缩机性能评价》（ISO/NP 18483）高票通过立项。这是我国在制冷压缩机领域首次成功立项的国际标准，反映出格力电器在制冷压缩机领域的技术创新实力。

三、筹划员工持股计划，增强企业凝聚力

格力电器通过混合所有制改革，不断完善员工激励制度，进一步激发员工斗志、稳定核心团队和增强企业活力。

参与员工持股计划的对象包括格力电器（含控股子公司）董事、监事、高级管理人员、中层管理干部、核心骨干员工、关键岗位员工等，符合条件的员工将按依法合规、自愿参与、风险自担的原则参与该计划。

格力电器称，这是为了建立和完善劳动者与所有者的利益共享机制，改善公司的治理水平，提高职工的凝聚力和公司竞争力，促进公司长期稳定健康发展。

四、培养忠诚客户群，稳定销售力

格力电器有多种销售渠道，并且这些渠道比较符合企业的自身发展。格力电器具有稳定的线下渠道和线上渠道，线下主要与国美、苏宁易购合作，线上主要与京东、天猫合作，格力电器不仅抓住了国内市场，还加大了国外市场开拓力度。

拥有高质量的产品能带来良好的声誉，提高品牌的美誉度，格力电器诚信经营，质量为先，关注顾客需求，在国内外都有较高的知名度，而较高的知名度可以留住老客户，同时可以吸引新的客户，有利于产品销售。

（资料来源：根据格力电器网站资料整理）

从上述案例可以看出，格力电器致力于打造核心竞争优势，以期在家电行业继续拔得头筹。案例告诉我们，市场竞争是市场经济的基本特征之一，没有竞争，市场营销的科学性和艺术性也就无从体现，市场营销工作也就失去了存在的意义。市场竞争所形成的优胜劣汰，是推动市场经济健康有序发展的强劲动力。企业要想在激烈的市场竞争中立于不败之地，必须树立竞争观念，不断研究市场、竞争对手，不断开发新产品，改进生产技术，更新设备，降低经营成本，提高经营效率和管理水平。企业必须认真研究竞争者的优势与劣势、竞争者的战略与策略，明确自己在竞争中的地位，制订正确的市场竞争战略，努力取得市场竞争主动权。

# 任务一　竞争者分析

企业在开展市场营销活动中，仅仅了解顾客是远远不够的，还必须了解竞争对手。"知己知彼，百战不殆"。

## 一、识别企业的竞争者

企业的现实和潜在竞争者的范围是极其广泛的。企业被潜在竞争者击败的可能性往往大于现实的竞争者，正所谓"明枪易躲，暗箭难防"。例如，"奇强"洗衣粉的现实竞争者是"白猫"洗衣粉等，潜在的竞争者则是正在研制的不需要洗衣粉的超声波洗衣机等。企业应有长远的眼光，从不同角度来识别竞争者。

## 二、确定竞争者的目标与战略

在确定了谁是竞争者之后，企业还要进一步搞清每个竞争者在市场上追求的目标和实施的战略是什么，每个竞争者行为的动力是什么。

### 1. 竞争者的目标

每个竞争者都有侧重点不同的目标组合，如获利能力、市场占有率、现金流量、技术领先和服务领先等。

### 2. 竞争者的战略

各企业采取的战略越相似，它们之间的竞争就越激烈。在多数行业中，根据所采取的主要战略的不同，可将竞争者划分为不同的战略群体。

### 3. 竞争者的优势及劣势

企业需要估计竞争者的优势及劣势，了解竞争者执行各种既定战略的情报，以及是否达到了预期的目标，发现竞争对手的弱点，专攻其薄弱环节。在市场营销实践中，企业经常会面对一个（或一群）强大的竞争者，它们拥有雄厚的资本、绝对领先的技术、完善的管理体系、强大的品牌影响、良好的社会关系以及一流的人才队伍。在这种情况下，企业需要通过收集、分析竞争者过去几年中的情报和数据，如销售额、市场占有率、边际利润、投资收益、现金流量、新投资、设备能力利用等，研究竞争者的优势和劣势，并有效地将其优势转化为劣势。

## 三、判断竞争者的市场反应

竞争者的目标、战略、优势和劣势决定了它对降价、促销、推出新产品等市场竞争战略的反应。根据竞争者反应强弱的不同，可以把竞争者分为从容不迫型竞争者、选择型竞争者、凶猛型竞争者和随机型竞争者 4 类。

### 1. 从容不迫型竞争者

一些竞争者对某些特定的竞争行为反应不强烈，行动迟缓，其原因可能是认为顾客忠诚度高，不会转移购买，也可能是重视不够，没有发现竞争对手的新措施，还可能是缺乏资金，无力作出相当的反应。

### 2. 选择型竞争者

一些竞争者可能会在某些方面反应强烈，如对降价行为作出针锋相对的回击，但对其他方面（如增加广告预算、加强促销活动等）无动于衷，可能认为这对自己威胁不大。了解竞争者会在哪些方面作出反应，有利于企业选择最为可行的攻击类型。

### 3. 凶猛型竞争者

一些竞争者对所有的攻击行为都会作出迅速而强烈的反应，意在警告其他企业最好停止一切攻击行为。同行企业一般都避免与这类竞争者直接交锋。

### 4. 随机型竞争者

有些企业对竞争攻击的反应模式具有随机性，往往难以捉摸，它们在特定场合可能采取也可能不采取行动，并且无法预料它们将会采取什么行动。

## 四、选择企业应采取的对策

在明确了谁是主要竞争者并分析了竞争者的优势、劣势和反应模式之后，企业就要决定自己的对策了，进攻谁、回避谁可根据以下几种情况作出决定：

### 1. 竞争者的强弱

多数企业认为应以较弱的竞争者为进攻目标，因为这可以节省时间和资源，事半功倍，但是获利较少。反之，有些企业认为应以较强的竞争者为进攻目标，因为这样可以提高自己的竞争能力并且获利较大，而且即使强者也会有劣势。

### 2. 竞争者与该企业的相似程度

多数企业主张与相近的竞争者展开竞争，但同时又认为应避免摧毁相近的竞争者，因为其结果很可能对自己不利。

### 3. 竞争者表现的好坏

有时竞争者的存在对企业是必要的和有益的，具有战略意义。但是，企业不能把所有的竞争者都看成是有益的。因为每个行业中的竞争者都可分为表现良好的竞争者和具破坏性的竞争者两种类型。表现良好的竞争者按行业规则运作，按合理的成本定价，有利于行业的稳定和健康发展，其激励其他企业降低成本或增加产品差异性，它们接受合理的市场占有率与利润水平。具有破坏性的竞争者则不遵守行业规则，其常常不顾一切地冒险，或用不正当的手段扩大市场占有率等，扰乱行业的均衡。

在线平台的注意力竞争

## 五、建立企业的竞争情报系统

竞争情报是对整体竞争环境的一个全面监测过程，通过合法手段收集和分析商业竞争中有关商业行为的优势、弱势和目的等信息。

竞争情报在现代企业竞争中起着越来越重要的作用。情报竞争力，是企业核心竞争力形成和发展的基础。竞争情报不但是企业寻找市场机会的重要因素，而且已成为企业"克敌制胜"的有力武器。

企业竞争情报系统，就是企业为了"克敌制胜"需要而设置的竞争情报收集、整理、加工、储存、分析、研究、管理和保障等的完整系统。我国企业为了及时、准确地掌握竞争情报，也必须建立起自己的竞争情报系统，具体步骤如下。

### 1. 建立系统

这个系统首先要明确市场营销管理者所需要的主要情报是什么，情报的最佳来源途径有哪些。

### 2. 收集数据

通常推销人员、经销商和代理商、市场咨询机构和有关协会，以及有关的报刊等，都可以成为情报来源。

### 3. 评价分析

对所收集的资料进行分析评估，作出必要的解释并整理分类。

### 4. 传播反馈

通过电话、报告、通信、备忘录等形式，将情报资料及时送达企业相关部门。

美国斯坦福的
竞争情报服务

## 六、市场竞争的基本原则

在市场经济发展过程中，资源分布不均和经济发展的不平衡会使有些企业在某方面有优势而在其他方面存在劣势，不可能存在只有优势而没有劣势或者只有劣势而没有优势的企业，关键在于企业能否发现自己的优势和劣势，以扬其所长、避其所短。为此，企业必须尽力把握好以下几个原则。

### 1. 确定企业的差别优势

企业在制订市场竞争策略时，必须注意分析自己和竞争对手的某些差别优势，以及目标市场需求的变化，以便于确定自己的重点、发挥自己的优势、选定竞争策略。只有这样，才能扬长避短，发挥优势，把握企业的特长，提高竞争能力，在激烈的竞争中取胜。

### 2. 把握时机，争取速度

在市场竞争中，反应迅速是企业竞争成功的重要手段。市场需求千差万别、瞬息万变，企业要在市场竞争中争取主动，时机和速度是关键。因此，企业必须具有对市场的敏感性，随时把握目标市场的动态变化，在充分调查研究的基础上，抢先设计新产品，抢先投入生产，抢先进入市场，抢先转移市场，以赢得时间、实现目标。

### 3. 必须灵活机动

市场营销活动复杂多变，竞争格局风云变幻，只有随时根据市场变动，以变应变，把握目标市场需要，调整营销方向，才能使产品适销对路，提高企业的竞争能力，才能在激烈的目标市场竞争中稳操胜券。

### 4. 注意发挥整体效益

企业在分析差别优势、确定主攻目标的核心策略后，还需要有其他策略支持、配合，组成有机的整体，协同作战，在市场竞争中全面发挥作用，以提高竞争中的整体效益。

### 5. 以德取胜，遵纪守法

在社会主义市场经济条件下，企业在竞争过程中必须遵守社会主义公共道德，遵纪守法，这样才能真正经得起市场竞争的考验，成为真正成功的企业。

# 任务二　市场竞争战略

如何制定正确的竞争战略，如何战胜竞争对手达到预定的营销目标，是竞争战略最重要的内容。美国哈佛大学商学院著名教授、竞争战略之父迈克尔·波特在《竞争优势》一书中指出，在产业中取得高于平均水平的经济效益的 3 种通用策略：成本领先、别具一格和集中一点。

## 一、总成本领先战略

总成本领先战略是指企业尽可能降低自己的生产和经营成本，在同行业中取得最低的生产成本和营销成本的做法。

实现总成本领先战略的途径主要是改进生产制造工艺技术、设计合理的产品结构、扩大生产规模、提高劳动生产率等。总成本领先战略可以说是比较传统的竞争做法，但仍是现代市场营销活动中比较常见的竞争做法。

要想实现总成本领先，一般要求取得一个比较大的市场占有份额，因此，低成本和低价策略需要结合使用。企业在考虑采用这种竞争战略时，需考察行业的经验曲线形状，如果没有成本经济性上的好处，那么企业的营销利润会被大量侵蚀。

### 1. 总成本领先战略需要的基本条件

（1）持续的资本投资和良好的融资能力。

（2）较高的工艺加工能力。

（3）对工人进行严格的监督与管理。

（4）产品的制造工艺设计领先，从而易于用经济的方法制造。

（5）有低成本的分销渠道。

### 2. 总成本领先战略需要的基本组织条件

（1）结构分明的组织结构与责任。

（2）能满足以严格的定量目标为基础的激励机制。

（3）严格的成本控制体系与制度。

（4）经常做详细的控制报告。

**3. 总成本领先战略具有的风险**

（1）经过多年积累形成的可降低成本的投资方法、制度、技术等优势可能因为新技术的出现而变得毫无用处。

（2）后来的加入者或竞争追随者可能通过模仿或其他廉价的学习途径掌握降低成本的方法，或者没有经过挫折与风险就掌握降低成本的方法。因此，后来者可能具有更大的成本竞争力而抵消率先实行这种战略的企业的竞争优势。

（3）过于注重成本的结果往往是对市场需求变化反应迟钝，因而产品落后或不能适应需求。

（4）定价往往处于成本的最低界限边缘，因此当竞争对手发动进攻时缺少回旋余地。

## 二、差异化战略

差异化战略是指从产品定位因素、价格因素、渠道因素、促销因素及其他营销因素上造就差异，形成企业对于整个产业或主要竞争对手的"独特性"。

差异竞争是目前市场营销活动中占主流的竞争做法。因为该竞争战略不仅适用于目标市场营销，更重要的是它是最符合"营销观念"的做法。

**1. 差异化战略的竞争特点**

（1）构筑企业在市场竞争中特定的进入障碍，有效地抵御其他竞争对手的攻击。企业一旦在营销中形成了差别，如品牌的高知名度和特色、产品独特的功能、专有的销售渠道和分销方式、顾客熟悉的广告刺激及营销沟通方式等，就很难被竞争对手模仿，因而也就很难有竞争对手能轻易打入该企业所占据的目标市场。

打造品牌防护墙

（2）减弱顾客和供应商的议价能力。顾客从接受"差异"中形成了某种或若干方面的偏好，顾客购买"喜欢的品牌"而不是购买"便宜的品牌"的行为偏好一旦形成，就不容易转向购买其他品牌。当顾客依赖于特定的品牌时，企业的绝对市场地位就确立了，顾客的议价能力就大大减弱了。企业一经在行业中确立了这样的营销优势或"独占"地位，就会使某些供应商更难在市场中寻找到其他更好的交易对象，供应商的议价能力也就被大大减弱。

（3）企业希望获取超额利润，也有获取超额利润的可能。原因在于，品牌差异增大时，顾客转换品牌困难，议价能力低，这就使得不少在差异竞争中取得成功的企业可以为其产品向顾客索取一个高的溢价。例如，日本索尼公司在创业之初就是把其全部经营所获利润用于树立品牌市场形象和开发新产品，取得成功后，索尼产品几乎都能以比竞争对手高 5%~10% 的定价销售。

**2. 差异化战略需要的一般条件**

（1）企业拥有强大的生产经营能力。

（2）企业拥有独特的具有明显优势的产品加工技术。

（3）企业对创新与创造有鉴别能力及敏感的接受能力。

（4）企业有很强的基础研究能力。

（5）有质量与技术领先的企业声誉。

（6）企业拥有产业公认的独特资源优势或能够创造这样的优势。

（7）企业能得到渠道成员的高度合作。

### 3. 差异化战略需要的基本组织条件

（1）营销部门、研发部门、生产部门能密切协作。

（2）重视主观评价与激励，而不是采用制度式的定量指标进行评价与激励。

（3）组织内具有轻松愉快的气氛，能够吸引高技能的工人、技术人员或科技人才大量加入和努力工作。

### 4. 差异化战略具有的主要风险

（1）与低成本的竞争对手甚至普通的竞争对手相比，可能成本较高，以至于差异对顾客的吸引力下降甚至丧失。

（2）顾客偏好变化导致差异不能再对顾客产生吸引力。

（3）竞争对手对于顾客特别喜欢的差异的模仿。

## 三、重点集中战略

重点集中战略是指企业集中精力主攻某个特定顾客群、产品系列的一个细分区段或某个地区市场的经营战略。

重点集中战略可能涉及少数几个营销组合因素，也可能涉及多个营销组合因素。其主要特点是，所涉及的细分市场都是特定的或者专一的。也就是说，集中竞争战略是针对一组特定顾客的。

重点集中战略需要的市场条件与组织条件，随目标的不同而变化。这一战略的前提：企业能够以更高的效率、更好的效果为某一狭窄的战略对象服务，从而超过在更广阔范围内的竞争对手。

重点集中战略有两种不同形式：企业着眼于在其目标市场上取得成本优势的叫成本集中战略；而着眼于在其目标市场上取得差异化优势的叫差异化集中战略。

重点集中战略的主要风险有以下几个：

（1）当覆盖整个市场的那些竞争对手因为规模经济的好处大幅度降低成本，或者积极细分市场，增加产品组合或产品线长度时，可能导致采用重点集中战略的企业缺少经营特色或成本优势不再存在。

（2）集中目标指向的特定细分市场的需求变得较小，因为是采用了集中的做法，所以将产品转移到其他细分市场相当困难。

（3）在过度细分的市场上，由于市场容量很小，目标集中企业有没有明显的好处取决于从一般细分到过度细分的时间的长短。

## 任务三　市场竞争定位及竞争对策

在进行市场分析之后，企业还必须明确自己在同行业竞争中所处的位置，进而结合自己的目标、资源和环境，以及在目标市场上的地位等来制订市场竞争战略。根据企业在市场上的竞争地位，现代市场营销理论把企业分为 4 种类型，如表 7-1 所示。

表 7-1　　　　　　　　市场竞争中的企业类型

| 企业类型 | 相对市场占有率（%） | 企业竞争策略 |
| --- | --- | --- |
| 市场领导者 | 40 | 扩大市场总需求<br>保护市场占有率<br>扩大市场份额 |
| 市场挑战者 | 30 | 攻击市场领导者<br>攻击同等实力者<br>攻击实力较弱者 |
| 市场追随者 | 20 | 紧密追随<br>距离追随<br>选择追随 |
| 市场补缺者 | 10 | 拾遗补缺<br>见缝插针 |

从表 7-1 可以看出，市场领导者占据了 40% 的市场份额，市场占有率最高；市场挑战者占据了 30% 的市场份额，在相关产品市场上处于次要位置，但具备向市场领导者或其他类型的竞争者发动全面或局部攻击的能力；市场追随者拥有 20% 的市场份额，通过追随市场领导者保持并不断提升自身的份额；市场补缺者掌握 10% 的市场份额，占据着其他类型竞争者不感兴趣的某些细小市场。各类不同的竞争者根据自身特点在市场竞争中采取不同的竞争策略。

### 一、市场领导者

市场领导者是在相关产品市场上占有最大的市场份额，在价格变化、新产品开发、分销渠道建设和促销力量等方面处于主宰地位，对该行业其他企业起着领导作用的企业。它是市场竞争的先导者，也是其他企业挑战、效仿或回避的对象，这种领导者几乎各行各业都有。

市场领导者的地位是在竞争中自然形成的，但不是固定不变的。市场领导者为了维护优势，保住自己的领先地位，通常采取以下 3 种战略。

### 1. 扩大市场总需求

市场领导者占有的市场份额较大，当一种产品的市场需求总量扩大时，受益最大的自然是这些企业。一般来说，市场领导者可通过开发产品的新顾客、寻找产品的新用途和增加顾客的使用量等途径扩大市场总需求量。

### 2. 扩大市场份额

有关研究指出，市场份额在 10% 以下的企业，其平均投资报酬率为 9%；市场份额超过 40% 的企业将得到 30% 的平均投资报酬率。市场领导者可以通过产品创新、提升质量、多个品牌、强化广告等策略来提高市场占有率，扩大市场份额，从而使扩大市场份额成为增加收益、保持市场领先地位的重要途径。

### 3. 保护市场占有率

占据市场领导者地位的企业在力图扩大市场总需求的同时，还必须时刻防备竞争者的挑战，注意保护自己的市场阵地。市场领导者最好的防御方法是发动最有效的进攻，不断创新，永不满足，掌握主动，在新产品开发、成本降低、分销渠道建设和顾客服务等方面成为本行业的先导，持续增加竞争效益和顾客让渡价值。即使不发动进攻，至少也要加强防御，堵塞漏洞，不给挑战者可乘之机。可供市场领导者选择的防御战略有 6 种：阵地防御、侧翼防御、以攻为守、反击防御、运动防御和收缩防御。

腾讯公司市场
领导者战略

## 二、市场挑战者

市场挑战者是在行业中占据第二位及以后位次，有能力对市场领导者和其他竞争者采取攻击行动并希望夺取市场领导者地位的企业。

市场挑战者如果要向市场领导者和其他竞争者挑战，首先必须确定自己的战略目标和挑战对象，此外还要选择适当的进攻战略。战略目标同进攻对象密切相关，对不同的对象有不同的目标和战略。一般来说，市场挑战者可从下列 3 种方案中选择：攻击市场领导者（风险大，潜在利益也大）；攻击与自己实力相当但经营不佳、资金不足者，即攻击同等实力者；攻击规模较小、经营不善、资金缺乏的企业，即攻击实力较弱者。在确定了战略目标和进攻对象之后，市场挑战者还需要考虑采取什么进攻战略。这里有 5 种战略可供选择：正面进攻、侧翼进攻、包围进攻、迂回进攻和游击进攻。通常不可能同时使用所有的进攻战略，但也很难单靠某一种战略取得成功。

## 三、市场追随者

市场追随者是那些安于市场次要地位，在产品、技术、价格、渠道和促销等大多数营销战略上模仿或跟随市场领导者的企业。在很多情况下，市场追随者可让市场领导者和市场挑战者承担新产品开发、信息收集和市场开发所需的大量费用，减少自己的经营风险，并避免向市场领导者挑战可能造成的重大损失。

当然，市场追随者并非完全单纯被动地跟随市场领导者，它必须找到一条既利于自我发展又不致引起竞争性报复的经营战略。以下是3种可供选择的追随战略。

- 紧密追随——全面模仿市场领导者；
- 距离追随——基本模仿，但在包装、广告和价格等方面保持一定差异；
- 选择追随——某些方面紧跟，某些方面"自行其事"。

### 四、市场补缺者

所谓市场补缺者，是指精心服务于市场的某些细小部分，而不与主要的企业竞争，只是通过专业化经营来占据有利市场位置的企业。

市场补缺者的作用是拾遗补缺、见缝插针，虽然在整体市场上只占有很小的市场份额，但是比其他企业更充分地了解和满足某一细分市场的需求，能够通过提供高附加值而得到高利润，实现快速增长。

市场补缺者在选择市场补缺基点时，多重补缺基点比单一补缺基点更能减少风险、增加保险系数。

市场补缺者如何经营补缺基点呢？经营补缺基点的主要战略是专业化市场营销，包括最终用户专业化、垂直专业化、顾客规模专业化、特殊顾客专业化、地理市场专业化、产品或产品线专业化、产品特色专业化、客户订单专业化、质量或价格专业化、服务专业化、销售渠道专业化。通过各种专业化，向市场提供某种具有特色的产品和服务，赢得市场发展空间，市场补缺者甚至可能成为"局部市场的巨人"。

市场补缺者面临的主要风险是当竞争者介入或目标市场的消费习惯发生变化时有可能陷入绝境。因此，市场补缺者必须完成3项任务：创造补缺市场、扩大补缺市场、保护补缺市场。

# 任务四 现代企业竞争的新战略

随着全球经济一体化，国际化竞争日益加剧，"持续创新""效率"和"快速反应"成为企业竞争取胜的主要手段。一些学者认为，现在企业所处的竞争环境属于"不确定"的时代，有许多难以预料的变化。许多成功的企业无一例外地具备全球竞争的视野和战略思维方式，将常规竞争战略与现实环境结合起来，不断调整自己的竞争战略，从而派生出各种通向竞争优势的迥然不同的竞争途径，以适应全球竞争的需要。

通过分析国内外大量企业竞争案例，我们认为，现代企业市场竞争策略的调整，主要体现为3个方面：通过收购、兼并及自身实力扩张形成规模竞争战略；通过战略联盟组织形式形成合作竞争战略；通过品牌、市场推广等联合方式形成合作营销战略。

### 一、通过收购、兼并及自身实力扩张形成规模竞争战略

企业兼并、收购，实现强强联合，是市场竞争中经久不衰的话题，是现代大多数企业

的必然发展方式。企业不断整合、兼并、收购、联合，不断做强做大，形成规模竞争优势。近年来，全球企业并购、合并的浪潮愈演愈烈，如波音兼并麦道、奔驰和克莱斯勒的合并、宝马收购劳斯莱斯等，毋庸置疑，通过强强联合实现技术优势的互补，增强并购公司的竞争力，从某种意义上改变了全球产业的组织结构，并对同行业竞争提出了挑战。

事实证明，企业要想保持自身的优势，必须加速发展，把企业做大做强，形成规模。如果能在某个方面成为领跑者，即使回报率与别人相同，也能更轻易地获取比弱小的竞争者更大的收益。通过收购、兼并及自身规模实力扩张实现强势效应，主要体现在以下几个方面：第一，垄断市场份额。第二，控制社会资源。第三，引领行业发展。

## 二、通过战略联盟组织形式形成合作竞争战略

大量事实证明，企业在实际市场竞争中，既展开必要的竞争，又进行必要的合作。所谓合作竞争战略，是指通过与其他企业包括竞争对手的合作来获得企业竞争优势或战略价值的战略。其中，战略联盟是合作竞争战略的主要实现形式。

战略联盟公司又称虚拟公司，是指一些公司为了实现自己的战略目标，完成某一特定任务，寻找某一特定商业机会，利用信息技术打破时空阻隔，在短时间内与其他公司迅速组建起合作关系而构成的一种新型的网络式联盟组织。这些战略联盟避免了直截了当收购，而是采取多种多样的形式，各自发挥自己的竞争优势，共同开发一种或几种产品，最终把共同开发的产品迅速推向市场。联盟目标一旦实现，先前组建的战略联盟公司即宣告解散，有了新的战略战略目标和新的合作者后，又组成了新的战略联盟公司。一个战略联盟公司，可能包括数十家独立公司。一家独立公司也可能同时或先后参加多家战略联盟公司。

20世纪80年代以来，战略联盟迅速发展。全球领先的企业纷纷开始了战略联盟。据统计，最近几年在世界范围内有2万多个企业战略联盟形成，其中一半以上是在直接竞争对手之间形成的。仅IBM公司就与美国和海外的各类公司缔结了400多个战略联盟。通过战略联盟来降低交易费用、分散研发风险、避免过度竞争、形成资源互补、共同培育市场，最终实现双赢或多赢，已经成为当今企业一种普遍的战略思维。

在我国也不乏强强联合、优势互补，形成规模经济与资源利用最大化，既能突出大集团的规模经营优势又能发挥大集团所不具备的市场快速应变能力的成功范例。例如，在PC（个人计算机）市场占有强大优势的联想与在即时通信市场占有绝对市场份额的腾讯的联合等。

## 三、通过品牌、市场推广等联合方式形成合作营销战略

所谓合作营销战略，主要是指厂商共同分担营销费用，协同进行营销传播、品牌建设、产品促销等方面的营销活动，以达到共享营销资源、巩固营销网络目标的一种营销理念和方式。它包括企业与上游供应商、下游渠道分销商和零售商以及相关行业的其他厂商的合作。营销专家艾略特·艾登伯格在其著名的《4R营销》一书中预言："水平合作营销

将是后经济时代新的大趋势。"水平合作营销的目标是通过联合相关公司的品牌来提高某种产品和业务的参与程度。单独品牌也许不会引起消费者的注意力，但是这些品牌联合起来，就会形成非常强的合力。

**1. 品牌联合**

所谓品牌联合，是指两种或两种以上的企业品牌，通过相互联合形成的一种独特的品牌。其中一种品牌可以借助于其他一些品牌来丰富自己品牌的内涵，从而更好地表明产品的品质或特性，实现优势互补与资源共享，提高品牌知名度与美誉度，以更好地实现"1+1>2"的协和效应。

品牌联合从20世纪90年代电脑业巨头英特尔公司与计算机制造商推出联合品牌开始，现在联合品牌的运营已进入各个行业，且品牌联合主体的实力也越来越强。

**2. 联合推广**

联合推广是指两个或两个以上的企业在互惠互利的基础上，通过各种促销方式如联合广告、联合展销、联办订货会、经销商分购联销等，互通有无，取长补短，增强竞争实力，分享市场空间，实现共赢的活动。

企业间联合推广比较成功的案例如麦当劳与可口可乐、肯德基与百事可乐的良好合作。

## 四、竞争新战略对我国企业的启示

无论是企业规模、资金积累还是管理基础等，国内外的企业都存在着很大差别，简单地将国际大企业的竞争战略模式复制到我国企业事实上不可能成功。我们应该借鉴国外企业市场竞争经验，吸收国外企业市场竞争中的"精髓"，结合我国企业、市场环境、市场竞争的实际，形成适合我们自己的竞争战略，并使自己在竞争中取得胜利，这是我国企业的头等要务。

第一，不要盲目求强求大。美国著名经济学家、诺贝尔经济学奖获得者科斯就"企业的合理规模"作过阐述。他认为，企业和市场是两种相互替代的资源配置机制，而交易费用决定企业的存在。企业通过市场交易内部化而减少交易费用。当企业规模扩大到其管理费用增长额与交易费用相等时，企业就达到边际。企业规模超过了这个边际，势必增大企业的投入成本，管理越来越复杂，而且管理机构更加庞大，从上层管理到基层管理，环节增多，企业高层领导人的命令、意见、意图传递给基层领导人就容易被遗漏、误解或歪曲，下层和外界的信息传递给企业高层决策者时也会出现类似情况，企业的管理机构越庞大，这种失控现象就越严重，不可避免地带来组织上和管理上的困难而增加内耗。结合我国国情，我国企业绝不能仅仅把目光停留在扩大规模上，而更应重视抓好企业内部管理。在此基础上，加强与其他企业的技术协作，将各自的优势技术结合起来，实现技术优势的互补，谋求"1+1>2"的技术协同效应。

第二，加强企业之间的联合。随着科学技术的不断发展，任何单个企业仅凭一己之力是不足以应对日益多变的动态市场环境的。走联合之路，依靠牢固的价值链条和营销网络，无疑是一种理想的发展途径。例如，在市场启动阶段，企业可以与上下游厂商进行广告合作，把联合信息在同一时间、通过同一渠道向最终的目标顾客传播；在市场推广阶段，企业利用合作促销的形式，实现与合作伙伴促销费用的相互对接，可以起到增大宣传效果、节约促销实际开支的效用，实现营销费用上的"1+1>2"。

第三，形成正确的厂商合作关系。企业的发展离不开供应商的支持，与供应商确定良好的关系有利于实现企业的长远发展。我国一些企业尤其是许多零售企业与供货商关系没有理顺，供货商积极性不高，厂商关系优势没有整合发挥出来。积极探索厂商合作的正确途径，使厂商协同运作、关系稳定，有利于降低整个价值链内部的管理成本和信息交换成本，从而营造企业的核心竞争优势。

### ✎ 思考与练习

1. 如何进行竞争者分析？
2. 分析竞争者的不同反应模式有何实际意义？
3. 常用的市场竞争战略有哪几种？
4. 处于不同竞争地位的企业应采取何种竞争策略？
5. 市场挑战者的进攻战略有哪些？主要的进攻对象是哪些？
6. 市场追随者有哪些可供选择的追随战略？

## 技能训练

### 竞争者分析报告

**一、训练目标**

1. 熟悉竞争者分析方法；
2. 掌握竞争者分析报告的写作步骤、方法。

**二、训练准备**

1. 授课老师根据学生人数进行分组；
2. 每组要撰写一份《××公司竞争者分析报告》；
3. 每组要制作好PPT，课堂上进行讲述；
4. 上交分析报告，教师点评。

**三、训练操作步骤**

第一步：绘制市场竞争/产品分析图，界定谁是背景行业的直接竞争者；

第二步：界定背景行业的其他竞争者；

第三步：辨别竞争者采取的营销战略；

第四步：识别竞争者的目标；

第五步：收集竞争者相关信息；

第六步：处理收集的信息；

第七步：评估竞争者能力的优势和劣势；

第八步：评估竞争者反应模式。

## 四、训练成果

竞争者分析报告。

## 五、训练评价标准

1. 内容：完整可行、条理清晰、有创新见解。

2. 格式：规范。

3. 现场表现：语言流畅、表现自如。

# 项目八　产品策略

## 学习目标

1. 了解整体产品、产品组合策略及新产品开发风险。
2. 熟悉产品生命周期各阶段特点及新产品开发策略。
3. 掌握品牌与包装策略。

## 案例导入

### 太钢"手撕钢"创新研发团队：711 次试错，只为 0.02 毫米

不到头发丝直径的 1/3、仅为 A4 纸厚度的 1/4，太原钢铁（集团）有限公司（简称太钢）生产的不锈钢的厚度为 0.02 毫米（俗称"手撕钢"）。它的问世，将中国不锈钢箔材的制作工艺提高到世界领先水平，成功打破国外贸易垄断和技术封锁，为中国制造提供了高端基础材料，为国际超薄不锈精密带钢指引了新的方向。

这些突破来自一个年轻的群体——太钢"手撕钢"创新研发团队。这个团队荣获第二十四届"中国青年五四奖章集体"，彰显中国青年力量。

在我国自主研发之前，"手撕钢"的生产技术长期被日本、德国等国外少数企业垄断。而且国外生产的是窄幅"手撕钢"，宽度为 350 毫米到 400 毫米。以 OLED 用掩模板为例，我国长期依赖进口，每年进口总额超过百亿元，且被限制进口 0.03 毫米以下材料。

太钢有意突破"卡脖子"的局面，客户也有"手撕钢"的需要。在内力和外力的作用下，2016 年，"手撕钢"创新研发团队组建起来。

把一卷原始的钢带放进轧机里，轧辊就会像擀面杖一样把钢带从厚擀薄。轧机工作原理看似并不复杂，实则工艺难度很大。20 个轧辊，加上锥度、凸度等变量因素，团队成员要从上万种辊系配比中，不断摸索合适的参数。

平均每两天，团队就要面对一次试验失败，尤其是轧制环节的断带问题。不同于厚板断带一分为二，薄板一旦断带，就会碎成粉末。

历时两年，攻克175个设备难题、452个工艺难题，经历了711次失败，团队成功研制出世界首发宽幅（640毫米）最薄（0.02毫米）的不锈钢箔材。

成功自主研发"手撕钢"，极大提振了团队士气。凭借着品种高端和质量领先的优势，太钢赢得了国内外客户的认可，高端产品创造出的效益占到了85%以上。

太钢公布的数据显示，2018年以来，累计开发、应用"手撕钢"逾50吨，以0.02毫米为代表的"手撕钢"国内市场占有率达到70%，吨钢利润300%~500%。

攀上创新高峰，眼前风景辽阔。"手撕钢"项目获得第二十一届中国国际工业博览会大奖、第四届全国质量创新大赛QIC-V级成果一等奖。

0.02毫米"手撕钢"的成功研发，是新时代太钢青年在"中国制造"向"中国精造"伟大征程中迈出的一步。

"手撕钢"是一款基础材料，在此基础上，根据客户的需求，团队可以在表面、性能等方面进一步研发，生产出更有附加值的产品。

有的客户对钢材的光泽度、粗糙度、纹理有需求，每一种需求，对应的领域是不一样的，应用的范围也是不一样的，生产工艺也要做出相应改进。

在"手撕钢"的基础上，团队在新材料研发领域喜报频传：在新一代5G高端电子用系列精密带材方面，成功开发出柔性屏钢，已应用于国内知名折叠屏生产商；与华为"2012实验室"等前沿技术研究中心合作，突破低磁高强度超平材料；特殊合金轧制及去应力实现破冰，推进OLED用掩模板基材国产化。团队还受到冶金规划设计研究院的邀请，参与起草《柔性显示屏用超薄不锈钢精密带钢》标准。

"改革不止，创新不断"。"手撕钢"研发团队有这样的豪情："我们作为年轻一代，就是要用自己的智慧和汗水，为实现钢铁强国梦而不懈奋斗！"

（资料来源：https://mp.weixin.qq.com/s/skY5-D7pv4eJsaH ndQj7PA，有删改）

从上述案例可以看出，产品是市场营销组合中最重要、最基本的因素。企业必须根据目标市场的情况决定发展什么样的产品，以满足特定顾客的需求。同时应该注意到，必须注重产品的管理工作，并结合市场状况，做好新产品的开发与市场维护工作。企业市场营销活动是以满足顾客需求为中心，而市场需求的满足只能通过提供产品和服务来实现。所以产品策略是企业其他营销活动的基础，也是市场营销组合的决定因素。

# 任务一　产品组合策略

生产的发展和消费需求的多样化，决定着一个企业的生产经营范围不可能只是一种产品或其中的一个规格、一个花色，而是各种不同品种、规格、花色的产品组合。

## 一、整体产品概念

在现代营销学中,产品是指能提供给市场,用于满足人们某种欲望和需求的任何有形物品和无形产品。它包括实物、场所、服务、组织、观念等。以往学术界多年沿用三个层次来表述产品的整体概念,即核心产品、形式产品和附加产品。但近年来,菲利普·科特勒等学者认为五个层次的内容更能深刻而准确地表述产品的整体概念的含义,如图 8-1 所示。

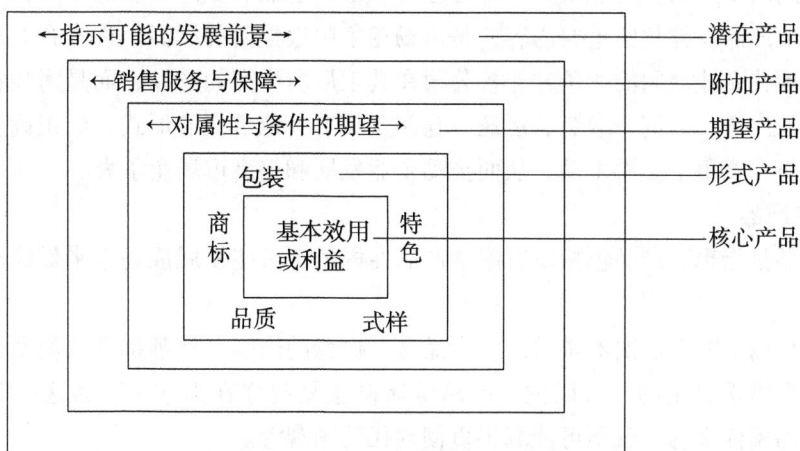

**图 8-1 产品整体概念的五个层次**

### 1. 核心产品

核心产品是产品整体概念中最主要最基本的层次,它能够为消费者提供直接的利益,是满足消费者需要的核心内容。它是消费者购买产品时所追求的利益,是消费者真正想要购买的东西。核心产品不能独立于产品的实体或服务的活动形式而存在,只有在使用或消费产品或服务时,核心利益才能体现出来。可以说,在工厂,生产的是形式产品;在市场上,销售的是消费者的需求与欲望,营销人员的任务就是要发现隐藏在产品背后的消费者真正的需要。

### 2. 形式产品

形式产品又称有形产品,指产品的外观形态。它是核心产品得以实现的形式或载体,即满足顾客需求的各种具体产品形式。一般来说,形式产品具备五方面特征:质量、特色、式样、品牌和包装。产品的基本效用必须通过某些具体形式才能得以实现,这五方面的特征是消费者得以识别和选择产品的主要依据。市场营销人员应努力寻求更加完善的外在形式以满足顾客的需要。

### 3. 期望产品

期望产品是指购买者在购买该产品时期望得到的与产品密切相关的一整套属性和条件,当这些期望产品大致相同时,消费者会就近购买。例如,旅馆的客人期望得到清洁的床位、洗浴香波、浴巾等服务，因为大多数旅馆均能满足旅客这些一般期望，所以旅客在选择档次大致相同的旅馆时，一般不选择能提供期望产品的旅馆，而是根据就近和方便而定旅馆。

#### 4. 附加产品

附加产品又称延伸产品，是指顾客购买产品时所得到的全部附加服务和利益，如提供信贷、免费送货、安装、保养、质量保证、包换、售后、技术培训等所有服务项目。附加产品不是使用核心产品所必需的，即消费者不必一定要通过附加产品才能得到核心产品，但消费者得到附加产品，既能得到一种心理的满足，也能够更好更多地享用核心产品。附加产品是构成产品差异化的重要内容，是市场竞争中很重要的层面。许多企业成功的经验充分说明，现代企业之间的竞争并非各公司在其工厂所生产的产品，而是附加在产品上的包装、服务、广告、咨询、融资、运送、仓储及具有其他价值的形式。能正确发展附加产品的公司必将在竞争中赢得主动，从而推动企业发展和提高市场竞争力。

#### 5. 潜在产品

潜在产品是指现有产品包括所有附加产品在内的，可能发展成为未来最终产品的潜在状态的产品。

总之，从以上五个层次不难看出，产品这一概念的内涵、外延都是以消费者需求为标准的，由消费需求决定的。可以说，产品整体概念是建立在需求＝产品这一等式基础上的。没有产品整体概念，就不可能真正贯彻现代营销观念。

## 二、产品组合策略

在现代化大生产中，大多数企业都生产或经营若干产品，如何把所有产品联系起来考虑，以获取较好的整体效益就涉及产品组合策略。

#### 1. 产品组合及其相关概念

（1）产品组合：企业生产或销售的全部产品大类、产品项目的组合，即企业的经营范围。

（2）产品线（产品大类）：一组紧密相关的产品。它有类似的功能，满足顾客同质的需要，销售渠道相同。

（3）产品项目：一类产品中品牌、规格、式样、价格所不同的单个具体产品。

产品组合具有宽度、长度、深度和关联性。

- 产品组合的宽度：产品组合中所包含的产品大类的多少。
- 产品组合的长度：产品组合中所包含的产品项目的总和，如以产品项目总数除以产品线数目即可得到产品线的平均长度。
- 产品组合的深度：一条产品线中所包含产品项目的多少。
- 产品组合的关联性：一个企业的各个产品线在最终用途、生产条件、分销渠道或其他方面相互关联的程度。

分析产品组合的宽度、长度、深度和关联性，有助于企业更好地制定产品组合策略。

一般情况下，企业增加产品组合的宽度，有利于扩展企业的经营范围，实行多角化经营，可以充分发挥企业特长，使企业特别是大企业挖掘技术、资源的优势和潜力，提高经济效益。同时，可以分散风险，增加产品组合的长度，使产品线更加丰满。在满足顾客的不同需要的同时，可使企业增加效益。增加产品组合的深度，可占领同类产品的更多细分市场，满足顾客更广泛的需求和爱好，吸引更多的顾客。而增加产品组合的关联性，则可使企业在某一特定市场领域内加强竞争能力和赢得良好声誉。

**2. 产品组合策略**

所谓产品组合策略，就是在产品组合的宽度、长度、深度和相关性方面的决策。企业在优化和调整产品组合时可选择以下策略。

（1）扩大产品组合。扩大产品组合包括开拓产品组合的宽度和加大产品组合的深度。前者指在原产品线内增加一条或几条产品线，扩大经营范围。后者指在原有产品线内增加新的产品项目。当企业预测现有产品线的销售额和利润在未来可能下降时，应及时考虑增加新的产品线；当企业准备增加产品特色，为更多细分市场服务时，可选择增加新的产品项目。一般扩大产品组合，可充分利用资源和技术，分散风险，增加竞争力。

（2）缩减产品组合。当市场繁荣时，较长较宽的产品组合可为企业带来更多的盈利机会；但当市场不景气，能源原料供应紧张，缩减产品线反而能使总利润上升。因为剔除小的甚至亏损的产品线和产品项目，企业可集中资源和力量发展获利较多的产品线和项目。

（3）产品延伸策略。每种产品都有其特定的市场定位。产品延伸策略指全部或部分改变原有产品的市场定位。具体有向上延伸、向下延伸和双向延伸。

向上延伸是企业原来定位于低档产品市场，在原产品线内增加高档项目，进而进入高档品市场。实行这一策略的主要原因是高档品有较大的增长潜力和较高的利润率，企业具备开发高档产品的能力，企业要重新进行市场定位。

向下延伸是指企业由原来高档产品线向下延伸，增加低档产品项目。实行这一策略的原因是高档产品销售增长缓慢，市场需求有限，市场竞争激烈，企业的资源设备没有得到充分利用。企业最初进入高档产品市场目的是建立品牌信誉，然后再进入中、低档市场，扩大市场占有率，补充企业产品线的空白。

双向延伸是原定位于中档产品市场的企业掌握了市场优势后，决定向产品线上、下两个方向延伸，既增加高档产品，又增加低档产品。

# 任务二 产品生命周期理论

## 一、产品生命周期的含义

产品生命周期是现代市场营销学中的一个重要概念。在市场上，任何一种产品都面临着由弱到强、由盛到衰的过程。产品生命周期是指产品自投入市场到被市场淘汰为止，全部过程所持续的时间。

**1. 影响产品生命周期长短的因素**

（1）技术进步。由于技术进步使许多新技术、新材料、新工艺不断涌现，生产出比原有产品性能更好、成本更低、使用更方便的新产品，从而使老产品提前被淘汰。

（2）市场竞争。市场竞争会迫使各企业研制新产品，会缩短现有产品的生命周期。

（3）政府干预。政府为维护社会整体利益，可能会采取经济手段，鼓励或限制某行业发展，会延长或缩短产品应有的生命周期。

（4）消费需求的变化。人们的价值观、审美观、消费时尚、消费爱好的变化会影响到不同产品的生命周期。

**2. 产品生命周期与产品自然生命周期**

产品自然生命周期，即产品的使用寿命，指一种产品从开始使用到消耗磨损废弃为止所经历的时间。它的长短主要取决于产品本身的设计和制造质量，以及使用方式和维修保养水平。而产品的生命周期是经济生命，是由社会、市场等因素决定的。一个市场生命周期极短的产品，可能其自然生命周期很长，如时装。一个市场生命周期极长的产品可能其自然生命周期极短，如鞭炮。

**3. 产品生命周期阶段划分**

典型的产品生命周期一般可分为四个阶段，如图 8-2 所示。

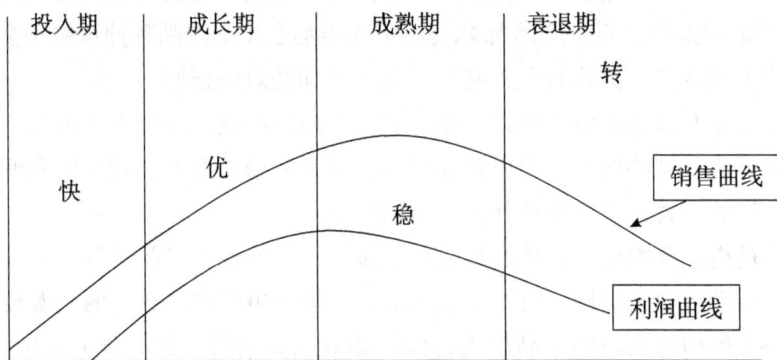

**图 8-2 产品生命周期示意**

（1）投入期。产品刚上市，知名度低，销售量增长缓慢，由于促销费用高，企业几乎没有利润，甚至亏损。

（2）成长期。产品试销成功，开始批量生产，销售量增长迅速，利润显著增加，竞争者陆续出现。

（3）成熟期。产品大量投产，销售量相对稳定，销售量和利润增长达到顶峰后速度渐缓，并开始呈现下降趋势，同时行业的生产经营者增多，竞争激烈。

（4）衰退期。由于竞争激烈，需求过于饱和，或新产品出现使产品销售量明显下降、利润日益减少，最后因无利可图而退出市场。

并非所有产品生命周期都相同。有些产品一上市就很快进入成长期，称为早熟；有些产品一试销没进入成长期就衰退了，称为夭折；有些产品正常进入成长期，而迟迟进入不了成熟期，称为苟延残喘；有些产品历经多次循环，久盛不衰，称不规则性。

## 二、产品生命周期各阶段的特征及策略

### （一）产品生命周期各阶段的特征（见表8-1）

表8-1　　　　　　　　　　　产品生命周期各阶段特征

| 阶段 | 投入期 | 成长期 | 成熟期 | 衰退期 |
|---|---|---|---|---|
| 销售额 | 低 | 快速增长 | 缓慢增长 | 下降 |
| 利润 | 微小或负 | 大量增长 | 由高到低 | 低或无 |
| 现金流量 | 负 | 适度 | 大量 | 少量 |
| 顾客类型 | 创新者 | 早期接受者 | 多数大众 | 保守者 |
| 竞争者 | 甚少 | 渐多 | 最多 | 渐少 |

### （二）产品生命周期各阶段的策略

产品生命周期各阶段呈现的特征不同，企业需制定不同的营销策略。

#### 1. 投入期市场营销策略

投入期产品销量小，促销费用高，生产成本高，利润低乃至负值，企业面向的顾客是创新者。因此，对开发新产品的风险性应有足够的认识，营销策略要突出"准"字。这时企业应主要在建立和完善销售渠道、介绍产品、吸引消费上下功夫。

将价格和促销两个因素结合起来，投入期企业一般可有四种营销策略，如图8-3所示。

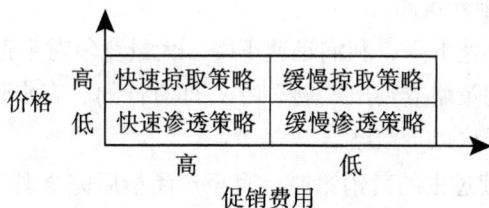

图8-3　投入期市场营销策略

（1）快速掠取策略。以高价配合高促销费用，以求迅速扩大销售量，提高市场占有率。适用条件是：产品确有特点，有吸引力，但知名度不高；市场潜力大，目标顾客有较高支付能力，面对潜在竞争威胁，急于建立品牌形象。

（2）缓慢掠取策略。以高价格配合低促销费用，目的是以尽可能低的费用取得最大限度的收益。适用条件：市场规模有限；产品有一定知名度；目标顾客愿意支付高价格；潜

在竞争不紧迫。

（3）快速渗透策略。以低价格配合高促销费用，以求迅速占领市场，随着销量的扩大，使成本降低，取得规模效益。适用条件：市场规模大，产品知名度不高；顾客对价格十分敏感；潜在激烈竞争；单位成本可随着生产规模的扩大而大幅下降。

（4）缓慢渗透策略。以低价格配合低促销费用，推出新产品。低价格可扩大销售，低促销费用可降低成本，增加利润。适用条件：市场规模大并熟悉产品；市场对价格十分敏感；竞争威胁不大。

**2. 成长期市场营销策略**

成长期销售额迅速增长，利润迅速增加，成本逐渐降低，但高利润使得一些竞争者进入。随着竞争的加剧，产品市场开始细分，增加销售渠道，平均促销费用开始下降。这时营销策略应突出"好"字，在提高产品质量和服务上下功夫。企业可采取以下策略。

（1）努力提高产品质量，增加新的功能、特色和款式。

（2）积极开拓新的细分市场和增加新的销售渠道。

（3）广告宣传重点，应从建立知名度转向说服顾客购买。

（4）在适当时机降低价格，以吸引那些对价格敏感的顾客，并抑制竞争。

**3. 成熟期市场营销策略**

成熟期市场销售额增长缓慢，利润开始下降，市场竞争十分激烈，各品牌、各款式的同类产品不断出现，名牌产品逐渐形成。这时营销策略应突出"争"字，即争取稳定市场，延长产品市场生命。企业可采取以下策略。

（1）市场改良。寻找新的细分市场，特别是挖掘那些没有用过本产品人群的新市场。

（2）产品改良。通过改变产品特性，吸引顾客，扩大销售额，如提高产品质量，增加产品功能，改进产品款式。

（3）市场营销组合改良。通过对产品、价格、销售渠道和促销4个营销组合因素的改变，扩大销售。

**4. 衰退期市场营销组合策略**

衰退期产品销售额迅速下降，利润迅速下降，大量竞争对手退出市场，消费者的偏好发生转移。这时企业营销策略应突出"转"字，即有计划、有步骤地转移阵地，及时实现产品更新换代。企业可采取以下策略。

（1）继续策略。延续过去的营销策略，直至产品最后完全退出市场。把企业能力和资源集中到最有利的细分市场上，从中获得利润。

（2）收缩策略。大幅度降低产品的促销费用，降低营销成本，以取得当前的利润，但可能加速产品衰退速度。

（3）放弃策略。对于衰退较快的产品，当机立断，放弃经营。

综上所述，产品生命周期各阶段策略比较，如表8-2所示。

表 8-2　　　　　　　　　　　　　　产品生命周期各阶段策略比较

| 阶段 | 投入期 | 成长期 | 成熟期 | 衰退期 |
|---|---|---|---|---|
| 营销目标 | 创建产品知名度和试用产品 | 市场份额达到最大 | 保护市场份额的同时争取最大利润 | 减少开支，选择撤退时机 |
| 产品 | 提供试销产品 | 提供产品，扩展服务、担保 | 品牌和型号多样化 | 逐渐减少衰退产品，生产开发新产品 |
| 价格 | 一般较高 | 制定能渗透市场的价格 | 定价与竞争者抗衡 | 降价 |
| 促销 | 强化广告宣传，在创新者和经销商中建立知名度 | 在大量市场建立产品知名度 | 强调品牌差异和利益 | 降低到维持住绝对忠诚者所需的程度 |
| 分销 | 选择性分销 | 密集性分销 | 更密集性分销 | 有选择地减少无利润分销点 |
| 生产策略 | 少量生产 | 大量投产，扩大生产能力 | 转移生产产地，增加产品品种 | 缩减生产 |

# 任务三　新产品开发策略

随着科学技术的进步，消费者需求不断变化，市场竞争日趋激烈，产品生命周期日趋缩短。大多数新产品问世以后，就面临着被更新产品取代的命运。企业要想在市场竞争中获得成功，企业的产品在市场竞争中持久地占领有利的市场地位，必须不断地适应市场变化，不断地推出适合消费者需求的新产品，才能适应变化的市场需求。因此，企业应力求采取正确的新产品开发策略。

## 一、新产品的概念和种类

市场学中使用的新产品概念不是从纯技术角度来理解的，即新产品并不一定是新发明的产品，它是对企业而言的新产品，是企业第一次生产、销售的，可能在世界上早已出现，在其他地区早已经销或本地区其他类似的企业已提供的产品。所谓新产品是指产品整体概念中任意一部分的创新、变革和改变，并为顾客带来新的利益。

根据上述定义，新产品可分为以下 5 种基本类型。

（1）全新新产品。它是指应用科技新原理、新技术、新材料制造的前所未有的产品。它们代表着科学技术发展的方向，标志着一个新科技时代的到来，是现代科学技术的最新成果，如世界第一辆汽车、第一架飞机、20 世纪 90 年代信息高速公路的兴起等。

（2）改进新产品。它是指不是由于科学技术的进步，而导致产品的重大革新，而是采用新工艺、新材料、新包装等对现有产品的品质、性能、款式等作一定的改进。

（3）换代新产品。它是指适合新用途、满足新需要，在原有产品的基础上采用新材料、新技术、新工艺而制造出来的新产品，如黑白电视机改为彩色电视机、双桶洗衣机改为全自动洗衣机等。

（4）仿创新产品。它是指企业模仿市场上已有的产品，并加以创新而生产的产品，也称企业的新产品。

（5）组合新产品。它是指合并已有产品的功能后向消费者提供方便或创意的产品，如组合音响、音乐贺卡等。

## 二、新产品开发

### （一）新产品开发的基本要求

（1）要有市场。新产品在市场上要有一定的销量，为市场所需要，为此，要预测市场容量。

（2）要有特色。新产品要具有独创性，有新的功能、新的用途，符合市场的新需求。

（3）要有能力。必须根据企业自身的生产条件、技术力量、原材料资金等情况量力而行，尽可能形成一定规模的生产能力。

（4）要有效益。企业在开发新产品前必须进行可行性分析和量本利分析，充分发挥现有生产能力，综合利用边角废料，以较少投资获得较大收益。

宁德时代，优秀的新能源汽车电池供应商

### （二）新产品开发的形式

（1）独立研制，是针对企业现有产品存在的问题，开展独创性研究，创造出具有本企业特色的新产品，从而取得技术上的领先地位和市场上的优势，一般适合于资金和科研力量比较雄厚的企业。

（2）技术引进，通过引进技术和购买专利来开发新产品。该方式可缩短研制时间，在短期内提高技术水平、生产效率和产品质量。技术引进须符合企业生产条件及市场需求，避免盲目引进。

（3）研制与引进相结合，既重视引进先进技术，也不放弃独立研制，将技术引进与技术开发结合起来，注意消化吸收，是目前国外企业采用较多的一种形式。

（4）协作研制，是企业与企业、企业与科研单位、企业与大专院校之间共同开发的方式。该方式利用企业外部的科研力量弥补自己的不足，也有利于科研成果商品化，加速新产品开发进程，该方式较适合我国目前大多数企业。

## （三）新产品开发的程序

虽然新产品开发能充分利用企业资源应付竞争，从而增强企业活力，提高经济效益。但在现实生活中新产品开发持续高失败率却令人不安。失败的原因是，对市场规模估计太高，或实际产品设计得不如预想的那样好，或市场定位不正确，或定价太高，或广告宣传运用失当。为了提高新产品开发成功率，必须建立科学的产品开发程序，大致可分为以下8个主要步骤。

### 1. 形成构思

新产品构思主要来源：企业内部、顾客、竞争者、销售商和供应商及其他。

（1）许多新构思来自企业内部。企业高级管理人员的突发灵感和销售人员每天与顾客接触的一线性，是一种切实可行的构思来源。丰田声称其职员每年提出 200 万项构思，85%得以贯彻。

（2）企业可从观察和聆听顾客的过程中得到新产品构思。

（3）观察竞争者的广告及其他信息，从而获取新产品线索。购买竞争者新产品，然后剖析改进，制造更适合于市场需求的产品。

（4）销售商和供应商因转售产品直接接近市场，也会有许多好的新产品构思。

新产品构思还有其他各种来源：贸易杂志、展览和研讨会、工业顾问、广告代理商、营销调查公司、大学、商业实验室和发明人等。

### 2. 筛选构思

筛选构思的目的是剔除那些不能达到预期目标或能达到目标而企业能力所不及的设想方案，在后面几个阶段产品开发成本飞涨，因此企业必须采用能转变成盈利性产品的构思。

### 3. 产品概念的形成与测试

新产品构思经筛选后，需进一步发展具体、明确的产品概念。产品概念是指已经成型的产品构思，即用文字、图像、模型等予以清晰阐述，是消费者利益的集中凝练，用一句新奇的语言概括出来，引导消费。例如，彩电行业曾不断推出过的新产品概念：康佳的"柔性"彩电、创维的"健康逐行王"、长虹的"精显王"背投彩电等。一个产品构思可转化为若干个产品概念。每一个产品概念都要进行定位，并提交目标市场有代表性的消费者群进行测试、评估。

### 4. 市场营销战略的制定

企业选择了最佳产品概念之后必须制定这种产品引入市场的初步市场营销战略，并在未来发展中不断完善。初拟报告由三部分组成：①描述目标市场的规模、结构和消费者购买行为，产品定位以及短期（如 3 个月）的销售量、市场占有率、利润率等；②概述产品预期价格、分销渠道及第一年营销预算；③简述较长期（如 3~5 年）的销售额和投资收益，以及不同时期的市场营销组合等。

**5. 商业分析**

商业分析即从经济效益分析产品概念是否符合企业目标，即预测销售额和推算成本与利润。

**6. 新产品研制**

市场研究与开发者或工程部可以把通过商业分析的新产品概念试制成为实体模型或样品。这些模型或样品必须具有产品概念所规定的所有功能特色，还必须传达想要表现的心理特征。

**7. 市场试销**

市场试销应对以下几个问题作出决策：①试销的地区范围，试销市场应是企业目标市场的缩影；②试销时间，试销时间长短一般应根据该产品的平均重复购买率决定；③试销所需费用开支；④试销营销策略及试销成功后应进一步采取的战略行动。

**8. 正式上市**

新产品试销成功后，就可以正式批量生产，全面推向市场，这时，要支付大量费用，而初期利润往往微小甚至有亏损。因此，此阶段应对产品投入市场的时机、区域目标市场的选择和最初的营销组合作出慎重决策。

注重新品研发
创造新品亮点

## 三、新产品的推广

由于各种新产品都在一定程度上引起消费者生活方式和使用习惯的改变，因此，新产品被消费者普遍接受需要一个或快或慢的过程，企业必须有针对性地对不同消费者进行推广。

**1. 采用新产品的消费者类型**

由于社会地位、消费心理、产品价值观、个人性格等多种因素的影响，不同顾客对新产品采用具有很大差异，如表8-3所示。

表8-3　　　　　　　　　　采用新产品的消费者类型及比例

| 消费者类型 | 比例 |
| --- | --- |
| 创新采用者 | 2.5% |
| 早期采用者 | 13.5% |
| 早期大众 | 34% |
| 晚期大众 | 34% |
| 落后购买者 | 16% |

（1）创新采用者：这类消费者市场信息灵通，经济富裕，喜欢标新立异，不保守，是企业投放新产品的极好目标。

（2）早期采用者：这类消费者喜欢鉴赏评论，以领先采用为自豪，经济状况良好，但与创新采用者相比较为谨慎。

（3）早期大众：这类消费者接触外界事物较多，有较好的工作环境和固定收入，对"舆论领袖"消费行为有较强模仿心理，不甘落后于潮流，购买高档产品时特别慎重。

（4）晚期大众：这类消费者对新事物、新环境多持怀疑或观望的态度，一般要等大多数人证实新产品效用后才肯购买。

（5）落后购买者：这类消费者思想保守，对新事物、新变化多持反对态度，只有当新产品被一致认可后才会采用。

**2. 新产品推广策略**

新产品推广，应将重点放在"创新采用者"和"早期采用者"身上，也就是抓住市场上早期潜在买主，使其成为现实买主。取得成效后，迅速推广，扩大市场占有份额，一般有两种策略可被选择。

（1）渐进策略。企业将新产品有选择地投入主要市场或特定地区，然后逐步扩大。这种策略比较稳妥，能使新产品产量增加与市场扩大协调起来，有利于企业不断改进、完善计划，即使出现一些问题，损失也不会太大；但采用此策略，产品推广速度较慢，收益率较低，潜在竞争威胁较大。

（2）急进策略。企业在新产品试销效果非常理想的前提下，将产品全速推进预期各市场。这一策略收益率高、见效快，能有效防止竞争，但推广和促销费用较高，而且有一定风险。因此，企业必须在正确预计新产品推广前景的情况下才能采用该策略。

无论是选择渐进策略还是急进策略，都要有周密的计划，而且要与企业的实际生产能力相协调。

# 任务四  品牌及包装

品牌、包装都是产品整体概念的重要组成部分。掌握制定和实施品牌与包装策略有利于优化产品组合与营销组合，提高营销效益。

## 一、品牌决策

### （一）品牌及其相关概念

所谓品牌就是产品牌子。它是卖者给自己的产品规定的商业名称。通常由文字、标记符号、图案和颜色等要素或这些要素的集合构成，用来识别一个卖者或卖者集团的产品，以便同竞争对手的产品和服务区别开来。

品牌包括品牌名称、品牌标识、商标。

（1）品牌名称，是指品牌中可以用语言称呼的部分，也称品名。

（2）品牌标识，是指品牌中易识别、易记忆但不能用语言称呼的部分，也称品标。

（3）商标是法律名称。它是经过注册登记，并受法律保护的品牌或品牌的一部分。商标是企业的无形资产，依据其知名度和美誉度的高低，具有不同价值，驰名商标更是企业的巨大财富。

品牌含有六个层次含义：①属性；②利益；③价值；④文化；⑤个性；⑥用户。这说明品牌是个复杂的符号，如果仅仅把品牌当作一个名字，那么是对品牌的曲解，每当人们提起一个品牌时，首先想到的是可以识别的这六个方面，当然品牌中持久的含义是其价值、文化和个性，它们构成品牌的实质。

## （二）品牌的作用

品牌的作用可以从企业和消费者两个方面来体现。

### 1. 品牌对企业而言

（1）有助于促进销售、树立企业形象。借助品牌，消费者可以了解和记住品牌及商品，也记住了企业，在消费者信任品牌的同时，树立了企业形象和产品形象，增强了企业的竞争能力，促进销售，增加利润。

（2）有利于保护品牌使用者的合法权益，保护企业间的公平竞争，防止他人模仿、抄袭和假冒。

（3）可建立稳定的顾客群，吸引那些具有品牌忠诚度的消费者。依据市场变化，企业需不断开发新产品。淘汰老产品，有了品牌，消费者对某一品牌的偏爱，可驱使其接受和购买该品牌标定下的产品组合及其扩大而带来的新产品。

（4）有利于企业实行品牌战略。不同的品牌对应不同的目标市场，针对性强，利于拓宽各细分市场。

### 2. 品牌对消费者而言

（1）可以便于其识别、选购。随着科技的发展，同类产品的差异越来越难以辨别。由于不同品牌代表不同品质、不同消费者利益，所以方便消费者认牌购买。

（2）有利于监督产品质量，保护消费者合法权益。品牌可以使消费者明确哪个厂家对该产品负责，便于监督产品质量，从而也保护了自身利益。因为企业为维护自己品牌的形象，都十分注重恪守对消费者的利益承诺。

（3）名优品牌商品，能使消费者显示生活档次和品位，使其获得心理满足。

## （三）品牌设计

品牌设计就是为品牌创造出独特性，主要是对品牌要素的设计。

### 1. 品牌设计的主要要素

（1）品牌名称

品牌名称，是指品牌中可以用语言称呼的部分。作为品牌识别要素，品牌名称担负着品牌的功能，是品牌识别系统的核心要素。品牌名称与品牌的核心内涵、产品特性紧密相连，是顾客判断产品质量的关键线索，在一定程度上影响着消费者的购买行为，进而影响着一个品牌的兴衰。正如美国当代营销大师艾·里斯所认为："一个好的品牌名称是品牌被消费者认知、接受、满意乃至忠诚的前提。品牌的名称在很大程度上对产品的销售产生直接影响。品牌名称作为品牌的核心要素甚至直接影响到一个品牌的兴衰。"

品牌名称能够直接产生对产品有利的自然联想，如提到"农夫山泉"这个名字，消费者很容易想到它来自深山，是纯天然的；看到"红豆"，很容易联想到相思豆、关爱、爱慕等内容；提到"娃哈哈"，很容易想到小学生经常唱的那首歌，无形中增强了亲和力。因此，企业非常重视品牌名称的确定。

（2）品牌标识

品牌标识是指品牌中易识别、易记忆，但不能用语言称呼的部分。品牌标识是形成品牌一致形象的关键元素，是品牌活力元素的重要内容。

品牌标识具有可视的特点，容易识别。例如，消费者一看到包装上的 Coca-Cola 的标志字体、白色水线和红底色的图案，马上就知道是可口可乐，一看到山德士上校一身西装、满头白发及山羊胡子的形象，就知道是肯德基。标识的多样性，容易跨地域传递；标识具有的含义，可以激发消费者的联想。

要规范品牌标识的使用，避免在品牌传播过程中不能够规范统一地使用品牌标识，这会对品牌形象带来损害。

（3）品牌专用色彩

品牌的专用色彩是用来象征品牌并应用在视觉识别设计中所有媒体上的特定色彩。专用色在视觉识别中具有强烈的识别效应。例如，IBM 被称为"蓝色巨人"，一看见黄色的"M 形"门店就想到麦当劳，还有可乐红、电信蓝、邮政绿等，很容易让人们记住。

品牌专用色的确定需要根据品牌的内涵而定，突出品牌与竞争者的区别，并创造出与众不同的色彩效果，符合受众的偏好和表达品牌个性。专用色的选用通常是以国际标准色谱为标准的，品牌的专用色使用不宜过多，通常最多不超过三种颜色。

（4）品牌形象代表

有些企业会设计品牌的形象代表。形象代表是品牌标识的一个特殊类型，往往取材于人类本身或现实生活。常见的品牌形象代表以动画人物为主，如酷儿、米老鼠等；也有一些企业会采用真实人物作为形象代表，如"王守义十三香"就是以王守义的人像照片作为形象代表，已成为中国驰名商标。

（5）品牌广告语

品牌广告语是用来传递有关品牌的描述性或说服性信息的短语，是关于品牌信息的记述或品牌承诺、思想传达的短句。它告诉消费者，这是什么品牌，能提供什么帮助。品牌标语能从侧面使消费者对于品牌认识产生积极影响。广告语对于品牌认知具有非常重要的作用，与品牌名称、品牌标识、品牌专用色彩及形象代表一起构筑品牌非常有效的传播手段。例如，麦当劳的"i'm lovin' it"（我就喜欢）等，都是非常好的广告语，对品牌的传播和记忆起到了积极的作用。

## 2. 品牌设计的注意事项

品牌设计中充满了艺术性和创造性。其题材极其广泛，花鸟虫鱼、飞禽走兽、人物事件、名胜古迹、神话传说和天文地理都可作为品牌内容，但在设计时应注意以下要求。

（1）标志性。即能与同类企业有明显区别，反映本企业产品特色和风格。

（2）新颖性。造型别致、新颖、美观大方的品牌或商标不仅能增强广告宣传效果，而且给人以美的享受。

（3）通俗性。易认、易记、易懂、又便于产生联想的品牌才能在广告宣传的瞬间给消费者留下较深印象。因此，要求其文字内容概括、简练、醒目、主题明确、图案清晰。通俗性要强调通而不俗，不贪"俗名"，像"财神""黄金万两"等就有点儿太俗了。

（4）寓意性。品牌设计应通过直接形象、间接形象或含蓄的文字恰如其分地反映、表示、隐喻商品的特征和风格，以便唤起消费者美好的联想。

（5）适应性。品牌设计应考虑不同消费者的心理要求，在图案、颜色、符号和文字上要考虑不同民族、国籍、宗教、文化的偏好和禁忌，防止误解和引起不必要的纠纷，便于在不同场合、多种媒体使用。

（6）严肃性。其文字、名称、图案、符号要符合《中华人民共和国商标法》规定，不得同中国或外国的国家名称、国旗、国徽、军旗、勋章、红十字等相同或相似，不得使用政治上有不良影响或不尊重民族风俗习惯的商标。

（7）艺术性。一个好的品牌既要能够针对消费者心理，启发其联想，又要强调思想内容健康，无不良意义。

## （四）品牌策略

### 1. 品牌有无策略

要不要使用品牌，是企业在品牌决策时首先要考虑的问题。如前所述，使用品牌固然能为企业带来许多好处，但企业也必然要为此付出相应的费用，还要为不同品牌分别制定不同的市场营销策略，加重消费者和企业的负担。因此，有些企业也常采用无品牌策略，如包装简易、价格便宜的产品。

但必须说明，商品无品牌也有对品牌认识不足、缺乏品牌意识等原因。当然，商品有无品牌不是一成不变的。

### 2. 品牌归属策略

品牌归属策略即品牌归谁所有，谁对品牌负责。生产者可以用自己的品牌，也可用他人品牌。用他人品牌又包括用他厂品牌和用中间商品牌两种策略。

（1）采用生产者品牌：是为获取品牌所带来的利益，以便推广新产品上市。当品牌打响后，产品极受欢迎时，销售者也乐意推销生产者品牌的产品。

（2）中间商品牌：在中间商的品牌下出售无生产企业品牌的产品。对资金薄弱、市场营销经验不足的小厂较适合，也可利用中间商良好的声誉，庞大、完善的分销体系为生产企业在新市场推销新产品服务。

（3）用他厂品牌：把本企业生产的产品用其他企业品牌出售，国内许多合资和联营企业常采用这种策略。

### 3. 品牌名称策略

给自己产品使用品牌的生产企业面临进一步的抉择，品牌名称决策至少有以下四种。

（1）个别品牌策略：企业为不同用途、不同质量的产品分别设计不同的品牌，采用此策略的好处主要是没有将公司的声誉系在某一产品品牌的成败之上，分散了失败的风险，扩大了品牌阵容，有利于壮大企业声誉，但设计宣传费用较高。

（2）统一品牌策略：对企业生产的所有产品均使用统一品牌进入市场，如飞利浦公司、索尼公司，该策略可节省大量广告费用，可利用原有品牌知名度推出企业新产品。目前酒类、饮料、电器等使用统一品牌较多，但使用该策略要求不同产品必须具有相同的质量。

（3）分类品牌名称：对公司不同的产品使用不同类型的家族品牌名称，这是对前两种策略的一种折中。

（4）企业名称与个别品牌并用：企业对每一种产品都确定一个品牌名称，但每个品牌名称前又冠以企业名称。这种做法可以使新产品享受企业的整体信誉，利于销售；同时各新产品有自己品牌名称，可使新产品保持相对独立性，具有各自特色。

### 4. 品牌扩张策略

品牌扩张是指企业利用其成功品牌的声誉来推出改良产品或新产品，使新产品在节省促销费用的情况下顺利地进占市场。其早在20世纪初就盛行于欧美发达国家，世界许多的著名企业大多是靠品牌延伸实现其快速扩张的。艾·里斯说："若是撰述美国过去十年的营销史，最具有意义的趋势就是延伸品牌线。"国内企业在推出新产品、进入新领域时，也广泛采用这种策略，如娃哈哈集团成功推出果奶后，又利用这一品牌及图样特征成功推出纯净水、可乐、八宝粥等新产品，这些新产品很快进入市场是借助于"娃哈哈"这个成功品牌，但要注意若新产品不尽如人意，消费者不认可，也会影响该品牌市场信誉。

五粮液集团的
品牌扩张

### 5. 多品牌策略

多品牌策略是指企业同时为一种产品设计两种或两种以上的互相竞争的品牌，这种策略由宝洁公司首创并获得成功，运用此策略可以在分销陈列时占有更多的货架，又可以以其独有的特色吸引有多种不同需求的顾客，实际运用时，应适时撤销市场占有率过低的品牌。

### 6. 品牌重新定位策略

品牌重新定位策略是指全部或部分调整或改变品牌原有定位的做法。随着消费者偏好的转移和竞争者品牌的推出，适时适势地进行品牌重新定位是必不可少的工作。七喜公司的"非可乐"饮料定位是品牌重新定位的成功范例。

### 7. 互联网域名商标策略

由于域名系统（DNS）是国际共有资源，可较好地实现信息传播，这就决定了它有巨大的商业价值。域名不仅作为互联网单位名称和网络上使用网页的所有者身份标识，还具有商标属性，域名也采用"注册在先"原则，企业一旦有了域名，就表明企业在互联网上拥有了自己的门牌号码。因此，许多企业都把知名商标注册成域名。

## 二、包装决策

### （一）包装的概念和作用

#### 1. 包装的概念

包装是对某一品牌商品设计并制作容器或包扎物的一系列活动。产品包装包括以下三部分。

（1）首要包装：是产品紧靠着的包装容器。如牙膏皮、啤酒瓶等。

（2）次要包装：是保护首要包装的包装物，又称销售包装，如牙膏软管外的纸盒。

（3）运输包装：是为储存和运输需要而形成的大包装，主要为了储存、搬运、辨认商品，如装运牙膏的纸板箱。

此外，附在产品或包装上的有标签，在标签上一般都印有包装内容和产品所包含的主要成分、品牌标志、产品质量等级、生产厂家、生产日期、有效期和使用方法等。有些标签上还印有彩色图案或实物照片，以促进销售。

#### 2. 包装的作用

（1）保护产品：包装保证产品在生产过程结束后直至被消费掉以前，产品使用价值不受外来影响，产品实体不损坏、散失和变质，尤其是对易腐、易碎、易燃、易爆的产品，有了完善的包装可保护其使用价值，这是包装的基本作用。

（2）便于储运：良好的包装有助于外形不固定商品的运输和储存，既有利于堆码、装卸、陈列、清点、售卖，也方便消费者购买、携带和保管。

（3）促进销售：包装设计精美，包装上既注明制造商名称、品牌，便于消费者认购，又能吸引顾客，使其产生购买欲望，可以说，美观、得体的包装是无声的推销员。据美国杜邦公司研究发现，63%的消费者是根据商品包装作出购买决策的。由于精美包装的吸引，到超市购物的消费者所购物品通常超过出门时打算购物数量的45%。

（4）增加利润：通过精心设计的包装可美化生活、提高档次，满足消费者的心理要求。因此，消费者乐于按较高价格购买，而且包装合理，可减少产品损耗、降低储运费用、增加企业利润。

### （二）包装的设计

包装的设计应考虑以下因素：

（1）包装应与商品价值或质量相适应。"一等产品，三等包装"，"三等产品，一等包装"都不利于销售。

（2）包装应能显示商品的特点或独特风格。对于以外形和色彩表现其特点的商品，如服装、装饰品、食品等，包装应向购买者直接显示商品本身，以便于选购。

（3）包装应方便消费者购买、携带和使用。这就要求包装有不同的规模和分量，适应不同消费者需要。

（4）包装上的文字说明应实事求是，如产品成分、性能、使用方法、数量、有效期限等要符合实际，以增强顾客对商品的信任。

（5）包装给人以美感。设计时要考虑消费者的审美习惯，使消费者从中获得美的享受，并产生购买欲望。

（6）包装上的文字、图案、色彩，不能与目标市场的风俗习惯、宗教信仰发生抵触。

### （三）包装策略

#### 1. 类似包装策略

企业所生产的各种产品都采用相同或相近图案、色彩等共同特征，包装使顾客容易辨认是同一企业的产品，使用该策略可节省包装设计费用，扩大企业声誉，有利于新产品的推销，但有时也会因为个别产品质量下降影响其他产品的销路。

#### 2. 配套包装策略

将多种相关联的产品配套放在同一包装物内出售，如系列化妆品、成套经典名著等。使用该策略可方便消费者购买、携带与使用，有利于扩大产品销售，但在实践中，须注意消费者购买能力和产品之间的关联程度，切忌任意配套搭配。

#### 3. 双重用途包装策略

也称再使用包装，即包装内产品用完后包装物本身还可作其他用途，虽增加了成本和售价，但消费者感到值得。如玻璃器皿、铝桶、塑料桶、手提袋等，包装材料都具有双重用途。使用该策略可刺激消费者购买欲望，也可使印有商标的包装物发挥广告效果。但要注意材料适当、成本合理。

#### 4. 附赠品包装策略

在商品包装物内附有赠品以诱发消费者购买，可附玩具、图片、奖券等，如美国麦斯威尔咖啡在其礼盒中附赠咖啡勺或咖啡杯，就有较好的促销效果。该策略对儿童和青少年及低收入者比较有效，不仅可引起购买兴趣，而且可促进重复购买。

森永的产品畅销了

#### 5. 改变包装策略

当某种产品销路不畅或长期使用一种包装时，企业可以依据消费的要求更换包装材料，改变包装设计，实施新的包装策略，以引起消费者注意，如苏州的檀香扇在我国香港市场的售价原为65元，销量不大，后改用成本5元一个的新颖别致的锦盒包装，售价提高到165元，销售量却大幅度提高。

以上各种策略亦可结合使用。

✏️ **思考与练习**

1. 什么是产品的整体概念？树立这一观念有什么重要意义？

2. 试述产品组合的有关概念。

3. 什么叫产品市场生命周期？结合实际说明产品市场生命周期各阶段的特征；以及企业应采取的营销策略。

4. 什么是营销学中的新产品？简述新产品开发的形式和程序。

5. 什么是品牌？品牌有何作用？

6. 简述品牌策略的内容。

7. 包装有哪些重要作用？如何选用包装策略？

## 技能训练

### 新产品新闻发布会

**一、训练目标**

1. 针对第八章产品策略的理论知识，开展简单易操作的训练活动，将理论知识转化为实际操作；

2. 让学生能够在新品发布会的实施过程中，体会到新品研发、产品生命周期、产品品牌与包装等知识的应用；

3. 培养学生团队协作能力，从新品的研发到新品发布会的布置及流程设计，都能够让学生体会到团队工作的乐趣和团队精神的重要性。

**二、训练准备**

1. 授课老师根据学生人数进行分组；

2. 各组根据市场需要研发新的产品；

3. 每组要准备新产品展示PPT，不少于10页；

4. 每组在讲述PPT的同时，要进行实物展示。

**三、训练流程（每个公司时间控制在15分钟以内）**

各公司企业形象展示→各公司PPT新品解说（新品走秀）→产品生命周期预测→回答提问→学生打分，教师点评。

## 四、训练评价（见表8-4）

表8-4                                                           训练评价

| 评价内容 | 评价标准 | | 评价权重 | 小计（分） |
|---|---|---|---|---|
| 新产品新闻发布会总结 | 内容 | 完整性 | 10 | 60 |
| | | 可行性 | 10 | |
| | | 创新性 | 20 | |
| | 格式 | 规范性 | 20 | |
| PPT展示环节 | 内容 | 条理性 | 10 | 40 |
| | | 准备性 | 10 | |
| | | 创新性 | 10 | |
| | 现场表现 | 语言流利 | 5 | |
| | | 表现自如 | 5 | |
| 合计 | | | 100 | |

# 项目九　定价策略

**学习目标**

1. 了解影响定价因素及定价程序。
2. 熟悉定价风险及规避对策。
3. 掌握定价方法及定价策略。

**案例导入**

## 东阿阿胶 19 年间涨幅 74 倍

东阿阿胶品牌，属于东阿阿胶股份有限公司，东阿阿胶股份有限公司隶属央企华润集团。公司 1996 年在深交所挂牌上市，系全国最大的阿胶系列产品生产企业，产品远销欧美及东南亚各国。

麦肯锡曾对全球 1200 家上市公司 5 年间的平均经济指标做过统计：平均来看，产品价格每提升 1%，经营利润提升 8.7%，杠杆高达 8.7 倍。

公开数据显示，2001 年，东阿阿胶的阿胶产品零售价为每公斤 80 元，2019 年为 5996元/公斤，提升了约 74 倍。最疯狂时，东阿阿胶一年内提价幅度就超过 50%。2010 年，累计提价幅度达到 60%；2014 年更是高达 79.65%。

至于价格上调的原因，根据东阿阿胶的数据资料信息分析，大体可以归纳为以下几点。

第一，驴皮供应紧张是涨价的根源。阿胶原料驴皮已经从 2000 年的 20 元一张上涨至2500 元以上，涨幅超 100 倍。

第二，东阿阿胶的品牌定位的需要。某管理咨询公司人员认为，东阿阿胶为了维持品牌高端和独特性，不得不在价格上与其他品牌拉开差距。

第三，提高市场竞争能力。2006 年之前，阿胶只能算是地方特产，并未进入大众视野，利润率也很一般，东阿阿胶几乎是一家独大，竞争者寥寥。2006 年东阿阿胶上市后大力宣传，大量企业涌入这个赛道。前瞻产业研究院数据显示，2008 年，阿胶市场规模仅64 亿元，到 2016 年达到 310 亿元，阿胶企业超过 200 家。

第四，为保持研究和开发新产品。东阿阿胶表示将在维护好老客户的基础上开发新的客户群体。阿胶品类过去偏向于中老年女性，最近几年向年轻化方向发展。大单品战略以千禧一代为目标，瞄准女性美容需求，聚焦"70 后""80 后"女性群体。针对不同需求，公司会继续保持研究和开发新产品。

面对产品市场广阔的发展前景，东阿阿胶也通过持续加大研发费用投入，不断延伸产品线。2018 年，东阿阿胶年度研发费用同比增长 6.78%，2019 年一季度，东阿阿胶研发费用为 0.63 亿元，重点研发项目投入进度较快。在研发策略上，东阿阿胶以阿胶为核心，加快新产品新剂型研发，延伸产品线，推进化妆品系列产品研发等。东阿阿胶已开发出阿胶速溶块等多个新产品，未来能否依托新的产品线吸引更多消费者，还有待时间验证。

（资料来源：南方出版传媒股份有限公司、广东科技出版社运营总监陈航整理提供）

从上述案例可以看出，价格对企业来说，是最难把握的。一般来讲，当企业要将其新产品投入市场，或将某些产品通过新的途径投入新市场时，或竞争投标时，都必须给其产品制定适当的价格。价格通常是影响商品销售的关键因素，它的直接性和平等性，使之成为企业竞争的最重要的手段和形式。企业定价策略是企业市场营销组合中运用最便捷、作用最直接、效用最快速、变化最活跃的因素。它十分敏感，而又难以控制。它直接关系到市场对产品的接受程度，影响着市场需求和企业利润目标的实现，涉及生产者、经营者、消费者等各方面的利益。因此，定价策略是企业市场营销组合策略中一个极其重要的组成部分。

# 任务一　影响定价的因素

企业为商品定价时，既要遵循客观经济规律，又要充分考虑影响商品定价的各种因素，使商品价格制定得科学合理。企业应认真研究定价的技巧与策略，随时随地根据消费者的需要变动，根据竞争者的价格变动调整，以充分发挥市场价格的杠杆作用。

虽然市场营销学要求企业定价采取多变灵活的措施，但价格的决定也必须遵循客观经济规律的要求，在客观经济规律允许的范围内自由定价，即必须按照经济学的原理与原则，来进行定价决策和调节。

影响定价的因素是多方面的，如产品成本、市场供求状况、市场竞争状况、货币价值与纸币流通量、国家的经济政策及国际市场价格变动等。

## 一、产品成本

企业在实际定价中，首先考虑的是产品成本，其与价格关系密切，主要体现在以下三个方面。

（1）成本是构成产品价格的主体。从产品价格构成一般情况来看，工业品成本占价格构成的70%~80%，农产品成本品种差异较大，占价格构成的50%~90%。不管具体情况如何，成本在价格构成中都占很大比重。由此可见，成本是产品价格构成的最基本、最主要的因素。

（2）成本是定价的最低经济界限。企业定价必须以成本为最低经济界限，这是维持正常生产经营活动的必要条件。定价大于成本，企业就盈利；反之，企业就亏损，因此定价必须考虑补偿成本。

（3）成本变动与价格水平的变化密切相关。因为成本是构成产品价格的主体，所占比重最大，因此，一般情况下，成本与价格的变动成正比例关系，即成本上升，价格就上涨；成本下降，价格就有下降的趋势；成本稳定，价格也相对稳定。

产品成本包括产品进货价、进货费用、储存费用和销售费用。

进货价是企业购进原料时的进货价格，是产品成本的重要组成部分；进货费用包括采购费用、运杂费、包装费；储存费用包括保管费、利息及商品损耗；销售费用指为销售商品而追加的一切物质费用和人工报酬的总和。

产品定价随着成本高低而升降，因此，降低成本，能使企业争取到最大利润及极大的市场回旋余地和主动权。

## 二、市场供求状况

### （一）市场商品供求状况

在商品经济条件下，价格受商品供求变化的影响而波动，同时，价格的高低也会引起供求的变化。价格与市场供求之间是一种互相影响、互相制约的关系。供求关系是市场的主要内容。商品供给是指能够提供给市场的商品，商品需求是指有支付能力的社会需要，供求关系是指市场提供的商品总量与市场有支付能力的社会需要之间的对比。具体地讲，当商品价格升高时，就会刺激生产者扩大生产，增加市场供应量；反之，就会减少市场供应量。同样，商品价格的高低，也会引起市场需求的变化。价格越低，需求量越多；反之，需求量就会减少。市场供求关系的变化，同样影响价格变动。供不应求时，商品价格就要上升，以抑制消费，增加生产；供过于求时，商品价格就要下降，以刺激消费，抑制生产。所以，在价格的形成中必须反映供求关系的变化。

### （二）价格需求弹性

价格需求弹性是指商品需求量对价格变动作出的反应程度，通常用需求弹性系数来衡量。其计算公式为：

$$需求弹性系数 = \frac{\dfrac{需求增减量}{原需求量}}{\dfrac{价格增减量}{原价格}}$$

用符号表示，即

$$E_d = \frac{\Delta Q_d / Q_d}{\Delta P / P}$$

因需求量的变动与价格的变动呈相反方向，需求弹性系数即为负数，我们一般以其绝对值加以研究。不同的商品，价格的需求弹性是不一样的，有以下五种类型。

（1）$E_d = 0$，即无论价格发生何种变化，需求量不会改变，称为需求完全无弹性。

（2）$0 < E_d < 1$，价格的变动率大于需求的变动率，称为需求缺乏弹性。

（3）$E_d = 1$，价格变动能导致需求同幅度变动，称为需求单一弹性。

（4）$E_d > 1$，价格变动能引起需求更大幅度的变动，称为需求富有弹性。

（5）$E_d = \infty$，任何微小的价格变动都能引起需求的极大变动，称为需求完全弹性。

在实际工作中，主要研究的是 $E_d < 1$、$E_d = 1$、$E_d > 1$ 三种情况。

影响价格需求弹性的因素很多，如人们对商品的必需程度、替代品的多少、商品价值的高低、商品使用寿命的长短、消费普及程度的高低、挑选性的强弱、需求的迫切程度等。无价格弹性的商品降价于促销无益。对需求弹性大的商品，价格一经调整即会引起市场需求的较大变动，所以降价较为有利。

### 三、市场竞争状况

市场竞争是商品经济的基本特征，价格在市场竞争中处于重要的地位，也是竞争的主要形式。价格受市场竞争的影响而上下波动，价格与市场竞争之间存在着密切的关系，市场竞争是供求关系影响价格水平的一般条件。

工商企业为商品定价时，都应考虑竞争对手的价格情况，力求定出对竞争较为有利的价格。一般来说，如商品在竞争中处于优势，可以适当采取高价策略；反之，则应采取低价策略。

### 四、货币价值与纸币流通量

商品价格作为商品价值的货币表现，从量的角度看，价格是商品价值与货币价值的比率，它们之间的关系可表现为：

$$价格 = \frac{商品价值}{货币价值}$$

由关系式可知，价格的变动，一方面取决于商品价值的大小，另一方面取决于货币价值的大小，如果商品价值及其他条件不变，商品价格与货币价值成反比例关系，即货币价值下跌，价格上涨；货币价值上升，价格下降。

在纸币流通的情况下，由于纸币本身没有价值，仅仅是国家强制流通的货币符号，代表流通中的金属货币执行流通职能，那么纸币的供应量就直接关系到纸币所代表的价值，进而影响到价格的水平。这就要求纸币供应量与流通中纸币必要量基本适应。如果纸币的发行量超过了其必要量，纸币将贬值，商品价格上涨。因此，要使商品价格乃至物价总水平保持相对稳定，政府必须实行恰当的货币政策，调节货币供应量，使之符合经济发展的需要，保持物价总水平基本稳定。

### 五、国家的经济政策

在社会主义市场经济条件下，既要充分发挥市场在资源配置中的基础性作用，又要克服市场机制的局限性。因此，政府干预和调节则成为必然的选择。国家经济政策对价格形成的影响表现为两个方面：直接影响和间接影响。

国家政策对价格形成的直接影响主要是通过国家对商品价格的直接管理，即直接定价来实现的。一些关系国计民生、资源稀缺、自然垄断性和社会公益性以及其他不适宜竞争的重要商品和服务项目，属于政府定价或政府指导定价。政府是价格形成主体的重要组成部分。

一般的商品和劳务价值都是由企业或个人通过市场竞争形成的，国家不直接干预企业商品定价，而是通过实施间接影响企业定价的经济政策，如产业政策、投资政策、货币政策、财政税收政策等有意扶持或有意限制一些行业，从而达到干预这些行业价格的目的。在市场经济条件下，间接干预措施是政府管理经济最常用的手段之一。

### 六、国际市场价格变动

随着我国改革开放的深化，我国对外经济合作日益密切，国际市场价格对国内企业价格形成的影响也日益增强。这主要表现在：

（1）国际市场价格水平影响国内企业价格形成。目前，我国许多商品价格与国际市场价格存在较大差距，随着我国加入世界贸易组织，国内企业的价格必然要逐步向国际市场价格靠拢。

（2）国际市场价格波动，会对企业价格带来重大影响。随着对外贸易的发展，各国对世界经济依赖程度增强，国内经济受世界经济影响波动的程度和范围也会加深和扩大。因此，国际市场的供求关系变动，世界经济周期性波动都会向国内传导，使企业价格受到影响。

企业的商品定价，除了以上所讲的几个因素，还受消费者心理的影响，如消费者求廉求实惠心理、追求新潮时尚的心理、消费者炫耀性心理、从众心理等。因此，企业的商品定价必须适应消费者心理，才能被消费者所接受。

# 任务二 定价程序和方法

著名经济学家马歇尔指出：一个企业将定价权委任给谁，即意味着将企业的命运维系于谁。可见，价格制定得当与否，关系企业的生存和发展。企业产品的价格不是轻而易举就可以制定的，不是"想当然"的产物，而是首先在于定价目标的确定。然后，在这一目标指导下，经过一系列的程序，科学地选择定价方法和策略。

## 一、企业定价目标

所谓定价目标是指企业通过制定产品和服务的价格而要达到的目标和效果。在企业价格决策中，选择正确的、切合实际的目标是十分重要的。它既是价格决策的前提和首要内容，又在某种程度上决定价格决策的其他内容，对于定价方法和策略的选择关系极大。

企业定价的总目标是追求利润，但考虑到企业的营销环境、产品特征、市场及竞争状况等，可对定价目标做进一步划分。现实生活中，可供企业选择和运用的具体定价目标通常有以下几种。

### 1. 生存目标

如果企业生产能力过剩，或面临激烈竞争，则需要把维持生存作为主要目标。为了确保工厂继续开工和使存货出手，企业必须制定较低的价格，并希望市场是价格敏感型的，以此渡过难关。这时候企业通过大规模的价格折扣来保持企业活力。只要其价格能弥补可变成本和一些固定成本，企业的生存便可得以维持。但这种方法不适宜长期使用。

### 2. 预期收益目标

企业对所投入的资金希望在一定的时期内收回并能获得一定收益。因此，在给产品定价时，一般应在总成本及费用的基础上再加上一定比例的预期收益。价格的高低便完全取决于企业所确定的预期收益率的高低。预期收益率可以是长期的，也可以是短期的，期限随企业和产品的不同而不同。对于新产品，预期收益率的确定往往侧重于短期，力求尽快收回研制开发成本。此定价目标适用于在行业中具有较强的优势，规模大、竞争力强、拥有较高市场占有率的企业；或是其产品在性能、外观、材料等方面与同类产品相比，具有较大不同，采取此定价目标对企业日后发展无不利影响的企业。

### 3. 利润最大化目标

企业利润来自全部收入扣除全部成本以后的余额。追求利润最大化并非意味着企业产品价格定得最高，它往往更多地取决于合理价格以及由此推动的市场需求量。为使企业能够获得长期的最大利润，短期的亏损也许在某种程度上是不可避免的，如新产品上市时，将产品价格定得很低，甚至低于成本，低价去开拓市场，逐步扩大市场占有率，为日后取得长期的最大利润打下基础。

获取最大利润，不仅是长期的最大利润，而且是总体上的最大利润。当企业经营多种产品时，确定相关商品的价格要慎重，以求总体利润最大化，如可以把消费者熟悉的商品价格定得低一点，把消费者不太熟悉的商品价格定高一点。以熟悉的商品带动销售，以不太熟悉的商品获得利润，从而求得总体利润的最大化。

### 4. 扩大市场占有率目标

市场占有率是指一家企业销售量在市场销售总量中所占的比率。企业确信赢得最高的市场占有率之后，将享有最低的成本和最高的长期利润，所以企业制定尽可能低的价格来追求市场占有率的领先地位。具备下述条件之一时，企业可考虑通过低价来实现市场占有率的提高。

（1）市场对价格高度敏感，低价能刺激需求的迅速增长。

（2）随着经验积累，生产与分销的单位成本下降。

（3）低价足以把竞争者拒之门外。

### 5. 应付或防止竞争对手

在买方市场条件下，企业对竞争者的价格十分敏感，有意识地通过给商品恰当定价去应付竞争或避免竞争的冲击，也就是用价格作为回答竞争的一种手段，以追求一定的定价目标。例如，竞相降价争夺市场，或价格适当高于对方，以求树立威望等。如果某企业在同行业中属于龙头企业，是市场领导者，则其定价的目标在于防止竞争者的介入，将价格定得相当低；而当企业是价格的追随者，则只能将应付竞争作为目标，使本企业产品价格与同行业中龙头企业产品价格保持一定的比例关系。采用这种定价目标的企业，必须经常广泛地收集资料，及时准确地把握竞争对手的定价情况，并将企业产品与竞争者类似的产品作审慎地比较后，定出本企业产品的价格。

### 6. 疏通营销渠道定价目标

由于激烈的市场竞争，导致供应商关系发生了新的变化，供应商特别是品牌供应商对销售商的选择有了更大的余地，销售商需要供应商的合作与支持，合作越好，支持越大，竞争力就越强。因此商贸企业应主动与供应商协商定价，保证供销双方利益，稳定并扩大进货渠道，对企业的经营发展和长期利润目标是十分有利的。

除以上提到的几点外，企业定价目标还有稳定市场物价目标，树立企业形象目标，如有的企业专以生产或经销高档商品而著称，有的企业专以生产或经销物美价廉商品而闻名。由于企业经营目标有差异性及阶段性，因此企业定价目标也有多种选择。定价目标确定后，还需要通过一定的程序和方法来确定基础价格。

## 二、企业定价程序

企业定价是一项很复杂的系统工程，涉及许多种因素，包括企业本身可以控制和无法控制的因素，相互交织形成错综复杂的定价约束条件。企业必须按系统的观点，按照定价程序科学定价。一般来说，制定商品价格时，是按以下几个步骤进行的。

### 1. 确定定价目标

企业定价目标是企业经营战略目标的组成部分，首先要从企业的经营目标出发，对商品市场供求状况、市场竞争状况以及市场营销的其他因素综合考虑加以确定。企业营销目标不同，定价目标也就不同。不同的企业可以有不同的定价目标。同一个企业在不同时期、不同条件下，也有不同的定价目标。因此企业在选择定价目标时，应权衡各种定价目标的因素和利弊，慎重地加以选择和确定。

### 2. 测定商品需求弹性

企业价格的高低会影响企业商品的销售量，从而影响企业经营目标的实现。因此，企业在定价时必须测定需求的价格弹性。

一般来说，当测定的商品需求弹性充足时，由于需求对价格反应灵敏，企业在保证质量前提下，降低成本，采取低价策略吸引更多顾客，取得较大市场份额，增加利润，但要注意竞争者的反应。当测定的商品需求弹性不足时，企业可适当提高价格，以扩大利润总额。

### 3. 估算成本

估算成本，首先要掌握商品成本的构成。依照企业成本与销售量的关系，商品成本可以分为变动成本和固定成本。变动成本指在一定范围内随商品销量变化而成正比例变化的成本，如商品进价、进货费用、储存费用、销售费用等。固定成本指在一定范围内不随商品销量变化而变化的成本，如固定资产、管理费用等。全部变动成本和固定成本之和即是总成本。

估算成本还要研究成本如何随生产经营规模的变化而变化。平均成本是指总成本与总销量之比。我们研究平均成本的变化，以利于在实际工作中不断降低成本。当企业达到经济规模时，平均成本最低。企业定价不能低于平均成本是企业获利的前提。

### 4. 分析竞争者的价格

一般来说，企业定价的上限是市场需求，下限是商品的单位成本费用，在这个价格变动幅度内，价格具体确定在哪一个水平上，主要取决于竞争的程度和竞争者的价格。为此，企业应了解和掌握竞争者的价格及其商品特色，特别是商品质量和性能相近、目标市场相同的竞争者。通过调查研究，与竞争者商品比质、比价之后，企业可制定出有针对性、有竞争力的价格。

### 5. 确定定价方法

在分析测定以上各种因素之后，就应选择定价方法。不同企业、不同时期、不同商品在定价时考虑的因素有所不同，因而采用的定价方法也各不相同。一般来说，企业定价要考虑成本、需求、竞争等主要因素。

### 6. 选择定价策略

企业定价时如何选择定价策略，将直接关系企业定价目标的实现。因此，企业在经营活动中，为了适应市场需求的变化，在市场竞争中取得最佳的经济效益，必须选择好定价策略。

### 7. 制定最后营销价格

在做好上述工作的基础上，企业价格决策者可以着手拟订价格的可行性方案，对这些方案进行科学性、合理性、合算性等方面的评价，最终选择出满意的方案。

企业选定最后营销价格时，首先要考虑制定的价格是否符合政府的有关政策法规的规定，特别是有关的价格法规的规定；其次须考虑消费者的心理、竞争对手对所定价格的反应，以及企业内部人员、经销商、供应商对所定价格的意见等，以便使企业的定价既能让顾客接受，又能为企业带来利益，同时有利于企业营销战略目标的实现。

## 三、企业定价方法

企业选择定价方法时，不仅要考虑企业定价目标，同时要考虑成本、需求、竞争等因素，并视具体情况侧重于其中某一因素。以下分别按成本、需求、竞争这三种导向，来对企业常见的定价方法进行介绍。

### （一）成本导向定价

成本导向定价是以成本为基础的定价方法。企业从本身角度考虑，商品销售价格应能收回全部成本，并获取合理利润。常见的成本导向定价法主要有下面几种。

#### 1. 成本加成定价法

这是一种最普通的传统定价方法，即先确定单位变动成本，再加上平均分摊的固定成本，组成单位完全成本，在此基础上加上一定比例的利润，成为销售价格。售价与成本的差额占成本的比率即为成本加成率。其基本公式如下：

$$单位商品价格 = 单位商品成本 \times （1 + 成本加成率）$$

不同商品的加成率差别较大，对于季节性商品和周转慢、储存费用高、需求缺乏弹性的商品，加成率要高一些。

这种方法受到企业欢迎，是因为：第一，计算简单，简便易行。成本资料可直接得到，将本求利把握较大，大大简化了企业定价程序，而不必根据瞬息万变的需求情况作调整。第二，只要行业中的企业都采用这种方法，则价格在成本加成相似的情况下也大致相似，价格竞争也会因此减至最低限度。第三，成本加成法对买方和卖方都比较公平，当买方需求强烈时，卖方不利用这一有利条件谋取额外利益而仍然获得公平的投资报酬。

这种方法适用于销售量与单位成本相对稳定，供求竞争不甚激烈的商品。其主要缺点是没有考虑到不同价格下需求量的变动情况，同时对市场竞争的适应能力差，定价方法不灵活。

#### 2. 目标投资收益定价法

企业投资的目的是获取利润，企业希望确定的价格能带来目标投资收益，即企业根据总成本和计划的总销量，加上按投资收益率确定的目标利润额作为定价基础的一种方法。其基本公式如下：

$$单位商品价格 = （固定成本总额 + 单位商品变动成本 \times 商品销量 + 企业目标利润额）/ 总销量$$

$$= （总成本 + 目标收益）/ 总销量$$

投资收益率是多少，由企业或投资者裁定，一般应不低于银行利率。

[例1] 某企业固定成本为100万元,单位变动成本为5元,计划销售量为10万件,年投资收益率定为20%。求该商品销售价格应是多少?

解:单位商品目标利润=总利润/总销量=[(1000000+5×100000)×20%]/100000=3(元)

单位商品目标价格=(1000000+5×100000+3×100000)/100000=18(元)

这种定价法强化了企业管理的计划性,可较好地实现投资回收计划,但这种定价法有一个重要缺陷,企业以估计的销售量求出应制定的价格,殊不知价格却又恰恰是影响销售量的重要因素。因此这种方法要求较高,企业必须要有较强的计划控制能力,必须测算好销售价格与期望销售量的关系,要避免确定了价格而销售量达不到预期目标的被动情况。

### 3. 盈亏临界定价法

这种定价法也叫作损益平衡定价法,即企业经营某种商品按照总成本和销售收入维持平衡的原则来制定商品保本价格的一种方法。这种方法在市场不景气情况下采用比较合适,因为保本经营比停业的损失要小得多,而且企业有较灵活的回旋余地。其基本公式如下:

保本价格=企业固定成本/总销量+单位商品变动成本

保本销量=企业固定成本/(单位商品价格-单位商品变动成本)

[例2] 某企业年固定成本为20万元,每件商品的单位变动成本为40元,当定货量分别为5000件、8000件、10000件时,其保本价格应是多少?

解:根据保本价格计算公式即可算出,

价格1=200000/5000+40=80(元)

价格2=200000/8000+40=65(元)

价格3=200000/10000+40=60(元)

同理,如果已知价格分别为80元、65元、60元,也可求其保本销量是多少,即:

销量1=200000/(80-40)=5000(件)

销量2=200000/(65-40)=8000(件)

销量3=200000/(60-40)=10000(件)

也就是说,如果把价格定在保本价格以上,或者把销量定在保本销量以上,企业就可获得利润,否则,企业就亏损。所以,企业应力求在保本点以上定价或争取生意。这种方法较多地适用于工业企业定价,商品流通企业一般无须采用这种定价方法。

### 4. 边际贡献定价法

这种定价法也叫高于变动成本定价法。所谓边际贡献,即预计的销售收入减去变动成本后的余额,也就是价格中企业只计变动成本,不计固定成本,而以预期的边际贡献来适当补偿固定成本的定价方法。如果这个边际贡献不能完全补偿固定成本,企业就会出现一定程度的亏损。其基本计算公式如下:

单位商品销售价格=(总的变动成本+边际贡献)/总销量

[例3] 仍以上述企业为例,该企业的年固定成本为20万元,每件商品的单位变动成

本为 40 元，如果计划的边际贡献为 10 万元（即年亏损 10 万元），当订货量分别为 5000 件、8000 件、10000 件时，其价格应分别是多少元？

解：价格 1=（40×5000+100000）/5000=60（元）

价格 2=（40×8000+100000）/8000=52.5（元）

价格 3=（40×10000+100000）/10000=50（元）

当边际贡献等于固定成本时，企业即可实现保本；当边际贡献大于固定成本时，即可有盈利。

这种定价方法比较灵活，适用于商品供过于求，卖方竞争激烈的市场环境。在商品售价过高而滞销或丧失市场的情况下，还不如暂不计算固定成本，只计算变动成本，尽力维持生产，在改善经营的基础上，还可以争取边际贡献接近固定成本，缩小亏损，以谋求渡过难关，寻求长期发展。

## （二）需求导向定价

需求导向定价就是要以消费者对商品的认识和需求的程度为导向定价，而不是根据成本来定价，具体有以下方法。

### 1. 理解价值定价法

所谓理解价值定价法，也称作认知价值定价法，是企业根据购买者对产品的认知价值来制定价格的一种方法。认知价值定价与现代市场定位观念相一致，价值取决于个人的兴趣和爱好，价值来源于一种商品所能提供的经济的、功能的和心理的收益。一般来讲，消费者在购买商品时，对商品的质量、性能、用途、服务及价格都有一定的认识和判断，即对商品价值的理解，当商品价格与消费者对其价值理解一致时，就会被消费者接受，否则就难以接受，甚至不接受。

理解价值定价法的具体做法如下。

首先，通过市场调查，决定所提供的商品价值及价格；之后，企业要估计在此价格下所能销售的数量；再根据这一销量决定所需要的产量、投资及单位成本；接着，管理人员还要计算在此价格和成本下能否获得满意的利润，如能获得满意的利润，则继续开发这一新产品，否则，就要放弃这一产品概念。

### 2. 反向定价法

企业通过市场调查或征询分销渠道的意见，预测消费者对某种商品所期望的价格来确定新产品的上市价格，再按照上市价格预测出对产品成本、费用、利润的要求。这种定价方法首先考虑消费者的需求和购买力，因而有利于建立和提高企业的信誉。缺点是带有一定的主观性，因为预测与实际总会存在某种差距。

## （三）竞争导向定价

竞争导向定价是以竞争者价格为中心，以市场上生产经营同类商品的主要竞争者的价格为定价基础的一种定价方法。采用这种定价方法，企业价格可等于、可高于或略低于主要竞争者价格,一旦竞争者价格调整了,该企业也要随之调整,使企业缺乏定价主动权。但该方法简单易行,易于调整,风险性较小。竞争导向定价主要有下面几种具体的定价方法。

### 1. 随行就市定价法

该法是一种简单的定价方法,其特点是把企业的产品价格定得与市场上竞争者的同类产品价格相近。当企业的产品特色不明显,又不打算以低价与竞争对手相竞争,一般采用这种定价方法。企业可以根据自己产品与竞争者产品的差别来确定一个略高于、略低于或相似于竞争者的价格。

### 2. 密封投标定价法

该法通常采用公开招标的办法,即采购机构(买方)在报刊上登广告或发出函件,说明拟采购商品的品种、规格、数量等具体要求,邀请供应商(卖方)在规定的期限内投标。采购机构在规定的日期内开标,选择报价最低、最有利的供应商成交,签订采购合同。某供货企业如果想做这笔生意,就要在规定期限内填写标单。上面填明可供应商品的名称、品种、规格、数量、交货日期等,密封送给招标人(采购机构),这叫作投标。这种价格是供货企业根据竞争方的报价的估计制定的,供货企业的目的在于赢得合同,所以,它的报价应低于对手(其他投标人)的报价。然而,企业不能将其报价定得低于成本,以免得不到合理的收益,甚至使经营状况恶化;但如果企业报价远远高于成本,虽然潜在利润增加了,但却减少了取得合同的机会。

### 3. 拍卖定价法

拍卖定价法有两种:英国式拍卖与荷兰式拍卖。

英国式拍卖又称为拍卖竞争定价法,是指商品所有者或其代理人采取公开叫卖方式,引导买方报价,从中选择最高价格成交。这种方法,卖方只有一个,而买方众多,利用买方之间的激烈竞争,商品以最高价格出售。

荷兰式拍卖是指卖方宣布产品的一个高价,然后慢慢下降,直到有竞标者接受价格。这是一种降价拍卖的方法,盛行于荷兰花卉市场,因此得名。

# 任务三 定价策略

企业定价策略就是企业针对不同的内部条件和外部因素,为实现企业定价目标,确定出适合市场变化的营销价格而采取的策略和技巧。定价策略的重要意义在于使价格成为促销的有效手段,因此必须根据市场状况、产品特点、消费者心理和营销组合等因素,正确选择定价策略。企业的定价策略主要有以下几种。

## 一、新产品定价策略

新产品上市定价多少,将决定其能否在市场上站住脚,也将直接影响到企业的未来前景。新产品定价一般有以下几种策略可供选择。

## （一） 撇脂定价策略

撇脂定价策略又称为高价厚利定价策略，是一种对效能高、质量优的新产品采取高价进入市场的策略。新产品进入市场时，需求弹性小，竞争对手少，企业有意识地将产品价格定得偏高，以获取最大利润。它有很多优点。首先，在产品导入期实行高价，可在短期内收回开发、研制和高额促销等费用，并能获得高额利润；其次，某种商品价格定得很高，并且产品质量、服务与价格相符，在消费者心目中确立这种商品是高档商品的印象，能树立起产品的名牌形象乃至企业形象，为产品和企业的发展奠定良好的基础；最后，采用撇脂定价能够为产品生命周期以后各阶段应对市场竞争实行降价措施提供降价空间。但是采用撇脂策略也会产生消极后果，由于价高不利于市场的开发与扩大；如果高价与高质量、优质服务不相符合，会给企业造成不良的影响，损害企业形象；由于厚利会吸引竞争者加入，容易诱导盲目竞争。因此，撇脂定价策略适合于有专利保护的产品或是难以仿制的创新产品的定价。靠高价策略在市场上获得成功的实例很多。

从市场营销的实践来看，并不是所有的新产品都可以实行撇脂定价策略，符合以下条件的企业可以采用撇脂定价策略。

（1）市场有足够的购买者，他们的需求缺乏弹性，即使把价格定得很高，市场需求也不会有大量减少。

（2）高价使需求减少一些，因而产量减少一些，单位成本增加一些，但这些不至于抵消高价所带来的利益。

（3）在高价情况下，仍然独家经营，无别的竞争者，如有专利保护的产品即是如此。

（4）新产品的可模仿性较低，如产品在技术和工艺上属于企业自行研制，已申请专利保护；所生产的产品需要大量投资，建设周期长；在资源环境、人员的需求方面有严格的限制等。

（5）某种产品的价格定得很高，使消费者产生这种产品是高档产品的印象，能够满足高收入消费者的心理需求。

## （二） 渗透定价策略

渗透定价策略又称低价定价策略，是指新产品上市后，企业以相对较低的价格出售，只求保本或微利，用低价刺激消费需求，提高市场占有率，挤掉竞争对手，取得市场上的主动权，迅速提高企业的知名度，以获取长期利润最大化。这种定价策略有利于迅速打开销路，占领市场，树立和提高企业信誉。同时，低价不会引起实际和潜在的竞争。但是，低价不利于垫付资本的及时回收。

岛村芳雄：成本价销售

企业采取渗透定价策略需具备以下条件：

（1）商品的社会需求量大且商品需求弹性大，因此，低价会刺激市场需求迅速增长。

（2）企业的生产成本和经营费用会随着生产经营经验的增加而下降。

（3）企业必须有较丰富的原材料供应和较高的生产能力，随着产品需求的扩大，保证商品的充足供应。

（4）低价不会引起实际和潜在的竞争。

企业采取渗透定价策略要注意以下两方面内容。

第一，企业采取渗透定价策略，并不意味着实行低质策略，企业同样要有质量保证和服务保证，真正使消费者感到安全，使产品成为"物美价廉"的大众化商品。

第二，企业采取渗透定价策略，从长远看，必须要保证利润长期最大化。

## （三）满意定价策略

满意定价策略，又称温和定价策略，或称中间路线策略，它是指企业按照正常的成本和一般利润定出中等价格，使企业既能获得一般利润，又能使顾客满意，进而吸引购买，赢得顾客的忠诚。这种定价策略介于撇脂定价和渗透定价之间，避免了价格偏高、偏低的弊端，又称均衡定价策略。

满意定价策略具有风险小，能为各方所接受，具有简便易行的优点，有利于企业扩大市场，招徕顾客。不足之处是因其特点不突出，不易打开市场。因而多用于一些生产、生活必需品的定价，是一种普遍使用的定价策略。

企业采用满意定价策略有两个方面需要引起注意：

一是随着生产技术的不断成熟，生产规模不断扩大，在生产规模达到经济规模之前，单位产品成本随时间的推移不断降低，价格也在不断变化，价格的均衡水平不易确定。

二是新产品，特别是全新产品，在市场上第一次出现，价格无参照产品可以对比，这就要求企业必须做好新产品定价的市场调查工作。

## 二、产品组合定价策略

当企业生产或经营两种以上互为关联的商品时，将相关联的商品采取组合的方式联系起来定价，称为组合定价。

### （一）互补品定价策略

对互补关系的一组商品，有意识地将消费者购买次数少，但对价格比较敏感的商品的价格定低一些；而将与之互补使用的消费者购买次数多，而对价格不太敏感的商品的价格定高一些，以此取得长远和整体的利益。例如，某企业生产一种新型圆珠笔，同时又生产专用规格的圆珠笔芯，企业将圆珠笔价格定得低一些，使消费者感到价廉物美，踊跃购买，而将圆珠笔芯价格定得高一些，消费者并不在意。实行这种组合定价策略，企业可以从圆珠笔芯的大量销售中取得较多利润，以补偿圆珠笔低价的损失。

### （二）成套品定价策略

对于成套关系的商品，为了鼓励消费者成套购买一组商品，扩大销售额，可以实行成套优惠价格策略。在定价时，可以采取单项商品标价与成套商品标价相结合的形式，但成套价格应低于单项价格之和。从而扩大销售额，节省销售费用，加速资金周转，提高企业经济效益。

### （三）分级定价策略

企业将规格型号较多的某类商品划分为几个级别，为每级商品定一个价格，又称为分档定价或系列定价。因为对花色品种繁多、价格较贵的同类商品，消费者在购买时，往往只注重价格之间的较大差异，而忽视它们之间的较小差异。实行分级定价，既能满足不同层次消费者的需要，又简化了交易手续，避免顾客挑选商品的困难，从而可以提高工作效率。

### （四）单一价格定价策略

企业经营品种较多而成本差距不大的商品时，为了方便顾客挑选和内部管理需要，企业所销售的商品实行单一的价格。例如，10元自选商店，经营多种多样小商品，但价格统一定为10元。

## 三、折扣与折让定价策略

折扣与折让定价策略是指企业在基本价格的基础上，采用多种不同方式给予购买者一定比例的价格减让，以促进商品销售的一种策略。

#### 1. 现金折扣

现金折扣又称付款期折扣。企业让用现金或提前付款方式购买商品的顾客享受一定的折扣，鼓励顾客按期或提前偿付货款，以加速商品和资金的周转。例如，顾客应在30天内付清货款，如果10天内付清货款，企业则给予2%的折扣。

#### 2. 数量折扣

数量折扣又称批量折扣。这是企业为鼓励买方大量购买或集中于某一家购买，根据买方的购买数量和金额，给予不同的价格折扣，购买的数量或金额越大，给予的折扣就越大。因为大量购买能使企业降低生产、销售、储运、记账等环节的成本费用，同时还利于建立稳固的销售渠道和拥有稳定的顾客群。数量折扣可分为累计折扣和非累计折扣。顾客在一定时期内，如一年、一季度、半年等，购买商品总量达到一定额度时，按其总量的多少给予折扣叫作累计折扣。顾客在一次购买中达到一定额度时，按其总量多少给予折扣叫作非累计折扣，又叫一次性折扣。

#### 3. 功能折扣

功能折扣又称交易折扣。指制造商按各类中间商在市场营销中的不同功能给予不同的额外折扣，促使他们愿意执行某种市场营销功能（如推销、储存、服务）。例如，给予批发商的折扣大于给予零售商的折扣，以此鼓励批发商努力销售该企业商品。

### 4. 季节折扣

季节折扣又称季节差价。这是企业给那些购买过季商品或服务的顾客的一种减价，使企业的生产和销售在一年四季保持相对稳定，如滑雪橇制造商在春夏季给零售商以季节折扣，以鼓励零售商提前订货；旅馆、航空公司在旅游淡季给旅客以季节折扣，可以调节旅游的淡旺季客流量。

### 5. 促销折让

这一般是给予零售商的。企业对经营者为该企业经营的商品提供的各种促销活动（如刊登地方性广告、布置专门的橱窗、组织人员促销等）进行鼓励，给予津贴或减价作为报酬，这就叫促销折让，也叫推广折让。

### 6. 运费折让

对较远的顾客，通过减价来弥补其部分或全部运费的策略为运费折让策略。此策略可吸引远方顾客经销本企业的商品，从而扩大市场范围，开辟新的销路。

### 7. 价格折让

这是一种"以旧换新"的折扣定价策略。消费者在购买企业的产品时，若同时交回旧产品即给予降低价格的优惠，如一台液晶电视机，标价为5999元，顾客以交回旧电视机折价400元购买，只需付5599元即可。

## 四、需求差别定价策略

所谓需求差别定价策略，也叫价格歧视策略，就是企业按照两种或两种以上不反映成本费用差异的价格销售某种产品。常见的需求差别定价策略有以下四种。

### 1. 地区差价策略

同一个商品在不同地区销售，所定价格不同的策略叫作地区差价策略。地区差价具体有两种情况：一是根据商品销售地区距离产地远近、支付运费的大小相应加价，使销售地价格大于产地价格；二是从开拓外地市场着眼，使销售地价格低于产地价格，使商品在销地广泛渗透、站稳市场。

### 2. 分级差价策略

企业对同一类商品进行挑选整理，分成若干级别，各级之间保持一定的价格差额的策略叫作分级差价策略。此种策略便于满足不同层次的消费需求。

### 3. 用途差价策略

同一种商品供不同用途时采用不同价格的策略叫作用途差价策略，如当农民用电风扇来吹干谷物时，则可降价向农民出售电风扇。此种策略可鼓励消费者增加商品用途，开拓新的市场。

### 4. 品牌差价策略

同种商品由于品牌不同而定价有别的策略称品牌差价策略，如某一品牌的商品在市场上已获得较高的信誉，在消费者心中已建立了信任感，成为大家踊跃购买的名品，其价格可以定得高于一般品牌的商品价格，借以鼓励企业创名牌。

### 五、心理定价策略

心理定价策略是根据不同顾客的不同心理，采取不同定价技巧以满足不同类型消费者需求的策略，常见的有以下几种。

#### 1. 尾数定价策略

尾数定价策略又称非整数定价策略。这是企业给商品定一个接近整数，以零头尾数结尾的价格，使顾客产生心理错觉，从而促进购买的一种价格策略。如商品的价格为9.95元，接近10元，就是迎合顾客的求廉心理和要求定价准确的心理进行定价的，使人产生物美价廉的感觉，还能使消费者产生企业定价认真的印象。

采用尾数定价一般要注意两点：一是这种策略一般适用于价值小、购买数量大、购买次数多的日用消费工业品；二是对于高档商品，尾数定价无法体现出其"高价优质"，因而不能采用这种定价策略。

#### 2. 整数定价策略

整数定价策略，与尾数定价正好相反，主要依据消费者的按质论价心理、自尊心理和炫耀心理，将高档或名优产品价格有意识地定成整数、舍去尾数的定价方法。这种策略一般适合在大型商场和精品商店经营的优质高档商品或馈赠礼品。

#### 3. 奇数定价策略

奇数定价策略是根据消费者感觉奇数（单数）小偶数（双数）大的错觉，确定商品价格的策略。采用奇数定价法要想获取最大限度的利润，就必须挑选最大的奇数"9"。所以在许多连锁超市、大型商场中，标价尾数为"9"的商品大量出现。

#### 4. 如意定价策略

这是照顾顾客希望吉祥如意这一心理和要求来确定价格，如将价格尾数定为"8"，我国港澳台地区有相当数量的消费者认为"8"有吉祥之意，因"8"与"发"（财）谐音，消费者乐于接受。

#### 5. 声望定价策略

所谓声望定价，是指企业利用消费者仰慕名牌商品或名店所产生的某种心理来制定商品的价格，把价格定成整数或高价。质量不易鉴别的商品的定价最适宜采用此法，因为消费者有崇尚名牌的心理，往往以价格判断质量，但也不能高得离谱，使消费者不能接受。在现代社会，消费高价位的商品是财富、身份和地位的象征。提到旅游鞋，人们会想到耐克、阿迪达斯；而提到服装，人们会想到皮尔·卡丹；提到领带，人们会想到金利来。这些名牌不仅以质优闻名于世，更以其价高引人注目。

#### 6. 招徕定价策略

一般顾客都有以低于一般市价的价格买到同质商品的心理需求。零售企业利用这种求廉心理，特意将某几种商品的价格定得较低以吸引顾客。某些商店随机推出降价商品，每天每时都有一种至两种商品降价出售，吸引顾客经常来购买廉价商品，同时顾客会选购其他正常价格的商品。招徕定价通常利用消费者的求廉心理以低价吸引顾客，如果利用消费者的求奇心理也可以采用高价吸引顾客。

### 7. 习惯定价策略

有些产品市场销售已久，在长期购销活动中，消费者已经熟悉其价格，并形成了一种习惯价格，如日用工业品、主副食品等，企业必须依照消费者需求习惯定价，这样买卖双方都乐于接受，随意提价或降价，只会招致消费者的不满或怀疑。这种定价策略从价格上尊重了消费者的习惯，给消费者以价格稳定、合理的感受。缺点是有时不能适应新的变化。

森元二郎：
高价引顾客

### 8. 多种标价策略

多种标价策略，主要依据消费者求廉心理变换标价，以避开消费者的价格敏感点，达到吸引顾客、促进销售的目的。具体做法有：①用小单位标价，如茶叶标价 10 元/50 克，比标价 200 元/千克有利；②由多配件组合而成的产品，对其主体标价，使价格显得很低，以吸引顾客；③原价与现价同时标出，这种标价法表现了削价幅度或优惠折扣的程度，以增强对比度、吸引顾客购买。

✏️ **思考与练习**

1. 影响营销定价的因素是什么？
2. 什么是企业定价目标？常见的企业定价目标包括哪些？
3. 企业定价的程序包括哪些步骤？
4. 企业定价方法主要有哪些？试简述其内容。
5. 什么是企业定价策略？主要包括哪些策略？
6. 新产品定价策略有哪些？
7. 心理定价策略有哪些？
8. 企业在哪些情况下可能需要采取降价策略？

## 技能训练

### 慈善拍卖会

**一、训练目标**

1. 依据定价策略的理论知识，开展简单易操作的实训活动，将理论知识转化为实际操作能力；

2. 让学生能够在慈善拍卖会的实施过程中，体会到企业定价目标、产品定价方法、定价策略等知识的应用；

3. 锻炼学生团队协作能力和发掘学生的爱心，使其毕业以后创办企业时能够意识到社会责任。

## 二、训练准备

1. 授课老师根据学生人数进行分组；

2. 每个学生准备一件自己认为有价值的产品；

3. 每个组要准备本组的三样广告商品和一张宣传海报；

4. 每组要选出一名同学做好交易记录。

## 三、训练流程

（一）活动步骤

1. 各公司展示企业形象（口号、歌曲）（3分钟）；

2. 各公司讲解拍卖规则（2分钟）；

3. 各公司用PPT介绍拍卖产品（不少于10件产品）（2分钟）；

4. 拍卖环节（边介绍边拍卖）（15分钟）；

5. 公司负责人致感谢词（3分钟）。

每个公司时间控制在25分钟以内。

（二）活动后续安排

此次拍卖会，拍卖所得善款，可做如下安排：

1. 放到每班班费里，用于班级活动；

2. 作为节日活动资金，举办节日联欢会；

3. 公司负责人自行组织捐给福利院；

4. 直接捐给学院团委，由团委去捐赠给需要帮助的人；

5. 直接捐给班级里需要帮助的同学。

## 四、训练评价（见表9-1）

表9-1 训练评价

| 评价内容 | 评价标准 | | 评价权重 | 小计（分） |
|---|---|---|---|---|
| ×××公司慈善拍卖会总结 | 内容 | 完整性 | 10 | 60 |
| | | 可行性 | 10 | |
| | | 创新性 | 20 | |
| | 格式 | 规范性 | 20 | |
| PPT展示环节 | 内容 | 条理性 | 10 | 40 |
| | | 准备性 | 10 | |
| | | 创新性 | 10 | |
| | 现场表现 | 语言流利 | 5 | |
| | | 表现自如 | 5 | |
| 合计 | | | 100 | |

# 项目十　分销渠道策略

**学习目标**

1. 了解分销渠道的概念、类型及作用。
2. 熟悉中间商及各种类型、物流相关知识。
3. 掌握渠道管理的基本方法。

**案例导入**

## 与地产商深度合作　构建东鹏O2O生态圈

整体家装市场蕴含着巨大的商机。近年来，多家家居企业已经开始着手向"整体家居"的全产业链布局。据了解，欧派、大自然、圣象等，现已开始全面布局木制品相关领域，定制木门、衣柜、橱柜等，有的甚至还通过资源整合，把触角延伸到窗帘、壁纸、灯饰等家居的各个领域。而广东东鹏控股股份有限公司（简称东鹏）与地产商深度合作，构建O2O生态圈。

东鹏在O2O领域的探索不断深入，已拓展至产品销售、市场定位、模式变革、服务体验等多个环节，其O2O商业模式已初见雏形，东鹏逐步搭建完整的O2O生态圈，成为引领行业电商变革的楷模。

2015年1月23日，东鹏在佛山与多家家装供应商、经销商签署"家装战略合作协议"。为紧贴中国家居装饰市场的发展，其以"东鹏家居"的品牌名称推出及经营更全面及环保的一站式家装服务。

从瓷砖、卫浴到一站式家装服务，东鹏此举暗合了此前董事长何新明对外提出的东鹏转型发展"三级跳"战略即东鹏要实现从卖瓷砖到卖空间再到卖整体解决方案。

时任东鹏家居总经理的吴晓春对《第一财经日报》表示，从业务层面分析，东鹏家居不是装修公司，而是整体精装运营商。

2015年2月，"东鹏·宅一起"O2O体验馆盛装亮相，首开行业先河，与传统展厅使用的销售模式不同，O2O展厅结合线上营销及多媒体应用优势，以消费的购物体验为导向，重视消费体验，将体验、支付、服务三者相融合，将互联网引进实体店，店面的O2O整合购物模式随处可见，每个商品都有相对应的商品二维码，结合天猫导购宝，消费者可以在展厅完成产品体验的基础上，在导购员的协助下进入线上产品销售页面，进行下单与购买，自由选择支付方式，令消费者感受到O2O无界购物带来的便利，使更多的消费者可以从线上、线下两种方式深入感知东鹏的品牌内涵。

据悉，东鹏已经同顾家、喜临门、格力、富安娜、联塑、全友、索菲亚、美的、方太、TCL、雅兰、万和、大自然地板、芝华仕等30家供应商代表签订了"战略合作协议"，形成家居行业的"冠军联盟"。

根据媒体公开数据，东鹏自身拥有的2000多个经销网点，已经覆盖全国90%以上县市，截至2019年6月30日，东鹏仅瓷砖品类的2556家零售门店就已经覆盖了全国600多个城市。

以整体精装运营商为定位，提供大家居服务，成为房地产行业的优质服务商……通过"互联网O2O"模式，东鹏线上线下营销无缝对接的步伐正在加快。

（资料来源：南方出版传媒股份有限公司、广东科技出版社运营总监陈航整理提供）

从上述案例可以看出，东鹏产品具有很高的技术含量，市场业绩的取得和它O2O渠道的有效管理密不可分。东鹏在全国各地选择了2000多家网点覆盖全国600多个城市的联合销售体系，形成了强大的销售网络，并随着竞争环境的变化不断调整着渠道网络系统。可以说，企业通过制定产品策略，完成了新产品的开发或形成了一定的产品组合形式；通过价格策略，给产品制定出最有利的价格，以实现企业的定价目标。但这些产品要打开市场，最终实现价值，就必须经过分销渠道策略这个重要环节，来沟通生产与消费，克服生产者与消费者之间存在的时间、地点、数量、品种、信息、产品价格及产品所有权等方面的诸多矛盾，使产品适时、适地、经济、方便地提供给消费者和用户，从而达到销售产品、实现企业经济效益的营销目标。

# 任务一　分销渠道概述

## 一、分销渠道的含义

所谓分销渠道，是指某种商品或劳务从生产者向消费者转移的过程中，取得这种商品或劳务的所有权及帮助所有权转移的所有企业和个人。

这个概念包括下列几层含义。

（1）分销渠道实际上是某些特定的企业和个人组成的集合。

（2）组成分销渠道的企业和个人直接参与了商品交换活动，他们或者是在商品和劳务的流转中获得了所有权，或者是帮助转移所有权。

（3）获得和转移所有权均是在特定的过程中，即商品和劳务的流转过程中发生的。

从外延上看，分销渠道包括以下内容。

第一，取得商品或劳务所有权的企业和个人，称为商人中间商，又称经销商。

第二，帮助转移所有权的企业和个人，称为代理中间商，简称代理商。

第三，处于分销渠道起点的生产者和处于分销渠道终点的消费者和用户。

但不包括资源供应商和辅助商。

资源供应商，比如给生产者提供原料、燃料、设备和零部件的企业和个人。因为在供应商—生产商这个环节中，商品尚未形成，当然商品流转也无从发生，所以供应商被排除在商品的分销渠道之外。

辅助商，比如银行、保险公司、货运企业等。上述部门并不直接参与商品交换，仅是为商品交换提供服务和便利。

需要注意的是，在市场营销理论中，分销渠道和市场营销渠道这两个术语有时会不加区分地使用，但这二者是有所区别的。市场营销渠道包括某种商品供、产、销过程中的所有企业和个人。在外延上，不仅包括生产者、中间商和最终消费者或用户，还包括资源供应商和辅助商，而分销渠道则不包括资源供应商和辅助商。

## 二、分销渠道的特点

（1）每一条分销渠道的起点均为生产者，终点均为消费者和用户。也就是说，分销渠道是从生产者到消费者之间完整的商品流通全程，而非某一阶段。

（2）商品流通中各种类型的中间商是分销渠道最重要的组成部分。

（3）分销渠道并非生产商和中间商之间简单随意的联结。对于生产商而言，选择适当的分销渠道，是企业营销工作中最重要的决策之一。

## 三、分销渠道的类型

### 1. 分销渠道的基本类型

分销渠道有两种基本形式，即直接渠道和间接渠道。

（1）直接渠道。直接渠道是指生产者不通过任何中间环节，而将产品直接销售给消费者和用户。

常见的直接渠道有邮寄销售、推销员上门直销、生产商开设自销门市部等。该渠道是最短的分销渠道，主要用于生产资料的销售，但某些消费品有时也通过直接渠道分销。

（2）间接渠道。间接渠道指生产商通过若干中间环节，把商品销售给消费者和用户。它是消费品分销途径的主要类型。但目前由于许多生产商缺乏进行直接营销的人力和财力资源，所生产的工业品也采用间接渠道营销。与直接渠道相比，它是较长的渠道。

### 2. 长渠道和短渠道

按照分销渠道的"长度"，可将分销渠道分为长渠道和短渠道。分销渠道的"长度"

取决于商品在流通过程中经过的分销渠道的层次。在产品流转过程中，任何一个对产品拥有所有权或负有推销责任的机构，就叫作一个渠道层次。尽管生产者和消费者被列入每一渠道中，但市场营销学以中间机构层次的数目确定渠道的长度。

一般而言，产品从生产者转移到消费者的过程中，如经过两个或两个以上的中间环节，这种渠道我们就称为长渠道；如果只经过一个中间环节或未经中间商（即直接渠道），我们称为短渠道。

### 3. 宽渠道和窄渠道

按照分销渠道的"宽度"，可将其划分为宽渠道和窄渠道。

分销渠道的宽度指渠道的每个层次使用同种类型中间商数目的多少。某种商品（如消费品中的日用品）的生产者通过多个批发商和零售商推销其产品，这种产品分销渠道就宽，如图 10-1 所示；反之，某种产品（如消费品中的选购品和特殊品）的生产商在某一地区仅精心挑选少数几个中间商，甚至只选择一个中间商推销其产品，这种产品的分销渠道就窄，如图 10-2 所示。

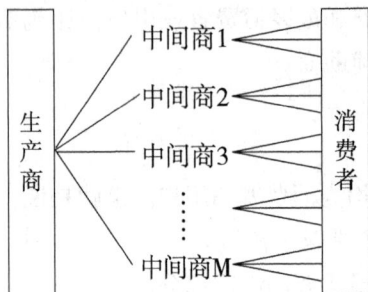

图 10-1　宽渠道示意　　　　图 10-2　窄渠道示意

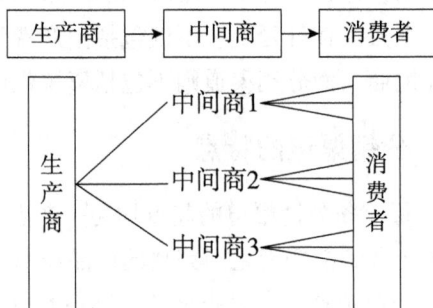

## 四、分销渠道的模式

### （一）传统的分销渠道模式

因为生产资料市场和消费资料市场具有不同特点，所以二者的分销渠道模式也有所不同。

生产资料分销渠道模式有 4 种，如图 10-3 所示。

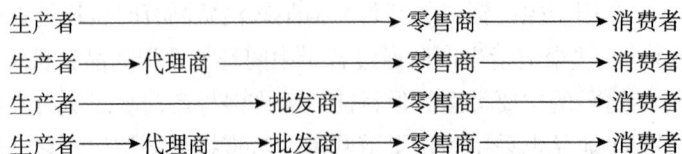

图 10-3　生产资料分销渠道

消费资料分销渠道模式有 4 种，如图 10-4 所示。

```
生产者 ──────────────────────────────→ 用户
生产者 ──────────→ 代理商 ──────────────→ 用户
生产者 ──────────────────→ 批发商 ──────→ 用户
生产者 ──────────→ 代理商 ──→ 批发商 ──→ 用户
```

**图 10-4　消费资料分销渠道**

## （二）联合系统式的分销渠道模式

传统的分销渠道比较松散，是一些所有权和经营权相互独立的企业的结合。渠道中的每个成员各行其是，缺乏领导，以追求个体利益最大化为目标，甚至不惜牺牲渠道和厂家的整体利益。而联合系统式的分销渠道模式（又称垂直渠道系统）则是渠道中的各个成员形成统一的整体，一致行动，往往有一个实力最强的企业充当领导者，控制渠道中各成员的行为。

在实践中，联合系统式的分销渠道主要有以下三种：

### 1. 所有权式体系（公司体系）

生产商以入股的方式控制销售，与中间商企业建立母公司与子公司的关系，或者由生产商投资设立自己的全资子公司来负责销售。这种方式整合水平最高，厂商联系最为巩固。在这一体系中，渠道成员的独立性部分或全部丧失，整个渠道的活动将全部受制于生产者的目标。

### 2. 管理式体系

一些生产者为实现其战略计划，往往在商品的促销、仓储、运输、定价、陈列等问题上，给中间商予以帮助和指导。其实质就是由力量最强或规模最大的一方来管理和协调生产与分销各环节，但管理者对各方并不拥有所有权。

### 3. 合同式体系

在生产商与中间商之间，中间商与中间商之间，以一定的合约为约束，各方明确权利、义务和责任，并进行合理分工。这样就可以在一定的利益基础上，把渠道中各个独立的实体联合起来，形成一个合同式的营销。特许经营就是典型的合同式体系，通过特许权，将生产到经营的各环节连接起来，形成一个完整的直达终端的经营体系。

# 任务二　中间商

中间商是指在商品从生产者流向最终消费者或用户的过程中，担负商品交换媒介的组织和个人，也就是把生产者的商品销售给消费者和其他企业的批发商、零售商及代理商。

批发商和零售商称为商人中间商，代理商则称为代理中间商。

## 一、中间商的特点

中间商具有下列几个特点：

（1）在整个分销渠道中，中间商处于渠道起点的生产商和渠道终点的消费者之间，是联系生产与消费的中间环节。

（2）中间商的作用是充当商品交换的媒介，促进生产者与消费者交易的成功。尽管某些中间商（商人中间商）在分销过程中，也会获得商品所有权，但其获取所有权的行为不是为了自己消费，也不是为了永久持有，而是为了再次转移所有权，实现终端交换，获取利润。

## 二、中间商的作用

中间商的产生与发展是社会化大生产和社会分工的必然结果，也是经济合理地组织商品流通的必要条件。中间商的作用表现在如下几个方面：

（1）中间商介入商品交换，可以大大简化流通过程，在整体上降低流通费用，提高流通效率。这一点可从图10-5和图10-6中清楚地看出。

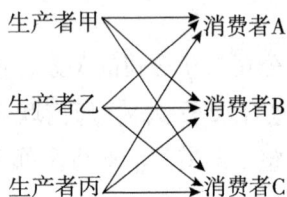

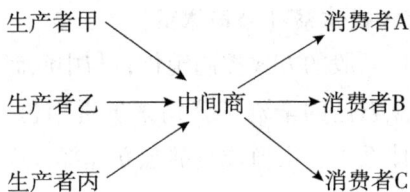

图10-5　无中间商介入示意　　　图10-6　中间商介入示意

从图10-5中可以看出，在没有中间商介入时，生产者甲、乙、丙要将其产品销售给消费者A、B、C，会发生9次交易；而图10-6显示，有了中间商的介入，只发生6次交易。可见，如果没有中间商，每一个生产者都必须与每个消费者发生交易，其复杂程度是难以想象的。

（2）从社会角度看，中间商具有集中商品、平衡供求、扩散商品等功能。

（3）从生产者角度看，中间商作为销售产品的专业机构，承担了生产企业的销售职能，使生产企业通过专业化生产降低成本。

（4）从消费者角度看，中间商为消费者的购买提供方便，消费者可轻松地在各种商店购买到各种商品。

## 三、中间商的种类

中间商按是否拥有产品所有权可以分为两种类型，即经销商和代理商。

（一）经销商

经销商是指从事商品交易业务，在商品买卖过程中拥有产品所有权，承担经营风险的中间商，又称为商人中间商。

经销商可分为批发商和零售商。

**1. 批发商**

批发是指一切将物品或服务销售给为了转卖或因商业用途而进行购买的企业和个人的活动。批发商就是指主要从事批发业务的企业和个人。

批发商一般具有以下特点：

（1）批发商出售的商品一般是供给零售商转卖或再生产用。

（2）批发交易结束后，商品仍停留在流通领域。

（3）批发商销售的产品数量一般比较大，销售的频率相对较低。

（4）批发商设点较少。

批发商按不同的标准，可分为以下几种类型：

（1）依照经营业务内容划分，批发商可分为专业批发商和综合批发商。专业批发商即专门经营某一类或某一种商品的批发商；综合批发商即经营多种商品的批发商。

（2）依照经营的业务性质划分，批发商可分为自营性批发商和代营性批发商。自营性批发商是指从事商品收购、运输、储存、销售等经营活动，取得产品所有权后再批发出售的批发商；代营性批发商是指提供代理业务，为客户服务的居间性、中介性批发商，比如从事代购、代销、代运、代存等经营活动的企业。

（3）依照经营商品种类划分，批发商可划分为农副产品批发商和工业品批发商。

**2. 零售商**

零售商是指把商品直接销售给最终消费者，处于商品流通的最终阶段，以供消费者个人或家庭消费的中间商。

零售商具有如下特点：

（1）零售商处在商品流通的最终环节，交易对象是最终消费者。

（2）交易结束后，商品脱离流通领域，进入消费领域。

（3）零售商销售产品的数量较小，但销售频率高。

（4）零售商数量多，类型复杂，分布广。

零售商的类型繁多、形式千变万化，新的组织形式层出不穷。零售商的分类依据多样，分类标准也不统一。按有无店铺划分可分为店铺零售商、无店铺零售商、团体零售商。

（1）店铺零售商

①百货店。这是一种大型零售商店，分门别类地销售品种繁多的商品。其特点是：经营范围广，商品类别多，花色品种齐全，能满足消费者多方面的购买需求。1852年，世界上第一家百货店诞生于法国。

②超级市场。指规模巨大、成本低廉、薄利多销、自我服务的经营机构，也叫自选商场。1930 年 8 月，美国的迈克尔·库伦创办了世界上第一个超级市场，主要经营各种食品、洗涤剂和家庭日常用品等。特点是由顾客自取自选、自我服务、定量包装、预先标价、顾客出门时一次付清款项。因而可节约售货时间，节约商店人力和费用，避免或减少顾客与售货员的矛盾。

③大型综合超市。它比传统的超级市场更大，主要销售各种食品和非仪器日用品。

④便利店。是设在居民区附近的小型商店，营业时间长，销售品种范围有限、周转率高的方便产品。消费者主要利用它们做"填充式"采购，因此其营业价格要高一些。

⑤仓储式商场。是一种以大批量、低成本、低售价和薄利多销的方式经营的连锁式零售企业。一般具有价格低廉、精选正牌畅销产品、经营成本低、具有先进的计算机管理系统等特点。它的服务对象主要是工薪阶层和机关团体，一般采取会员制。

⑥专业店。这是专门经营某一类商品或专门经营具有连带性的几类商品，或专门为特别消费对象经营特殊需要商品的商店，如钟表店、眼镜店、体育用品商店、文化用品商店等。

⑦专卖店。即专门销售某一品牌商品的商店。在该店中，不得销售其他品牌的产品。

⑧购物中心。这是一种由多家商店组合而成的大型商品服务中心。一般设在公共建筑物内，以一家或数家百货商店、超级市场为骨干，由各类专业店、专卖店、餐馆、旅馆、银行、影院等组合而成，融购物、服务、休闲和娱乐为一体。

（2）无店铺零售商

这类零售商没有固定的营业场所或场地，其产品不经过店铺销售的零售方式。无店铺零售商的主要形式有以下几种：

①直销。指生产者自己或通过推销人员向消费者销售商品，包括集市摆卖、上门推销、举办家庭销售会等。上门推销又叫流动商店，在美国有 700 多家公司专门进行上门推销，主要推销服装、化妆品、图书杂志等，满足消费者要求购买方便的需要。

②直复营销。指销售商利用直接反应的广告媒体与消费者进行沟通，以引起消费者的购买欲望和购买行为的销售方式，主要包括售货目录营销、直接邮购营销、电话营销、电视营销、网络营销等。

③自动售货。即通过自动售货机向消费者出售商品的一种形式，主要用于一些具有高度方便价值的冲动购买商品，如食品、报刊、香烟等。其最大优点是方便，可以提供 24 小时服务，缺点是存货补货有可能不及时。从亚马逊 Amazon Go 无人超市到阿里实验室的"无人零售计划"淘咖啡，这种线上零售业和线下零售业相结合的模式具有很大的发展潜力。

④购买服务社。指以会员制方式为某些特定顾客（如学校、医院、政府机关等大型组织的雇员）提供服务的不设店铺的零售方式。这些会员可以通过购买服务社的授权，从一批经过挑选、愿意向这些会员以折扣价售货的零售商那里购货，每购买一次，零售商向购买服务社支付一小笔费用。

（3）团体零售商

零售商一般拥有独立的所有权。随着市场竞争的日趋激烈、品牌价值越来越受重视，越来越多的零售商正在采用团体零售、抱团零售的形式。其零售形式主要有以下几种。

①公司连锁店。公司连锁店由多个同类零售单位组成，实行统一化、标准化的经营模式，进行集中采购、统一销售活动，店面装潢风格统一。公司连锁店具有如下优点：由于连锁店规模大、数量多，大量进货可以享受数量折扣和运输费用低的优势；连锁店具有品牌效应，吸引优秀人才加盟，提升管理水平；连锁店促销宣传，各零售店受益大，费用分摊少。

②特许经营店。这是由拥有特许经营权的特许者（生产商、批发商或服务机构等）与被特许者（购买某种特许权而营业的独立商人）之间的契约式联合。一些独特的产品、服务、专利、品牌或管理模式，多采用特许经营组织方式经营。双方以合同的方式规定各方的权利和义务，被特许者在一定的条件下可以使用特许者的名字、品牌、特定产品和经营风格等，特许者通过收取首期使用费、定期特许执照费、按总销售额计算的特许权使用费、对其提供的设备装置核收的租金、利润分成等获得相应的报酬。快餐、电脑软件、保健中心、汽车租赁等服务业，主要使用这一方式。

③消费合作社。这是由消费者出资并拥有的自助零售商店。社区居民对当地零售服务、价格、质量等不满意，他们自愿组织形成消费合作社；大型团体机构为其成员购物方便、实惠，也可以组成消费团体，出资开设商店。消费合作社最初产生于英国，目的是避免商业经营环节的加价。出资者采用投票方式推选出一些人对合作社进行管理。他们实行低价销售，也可以以正常价格销售，根据每位社员的购货情况给予惠顾红利。

④销售联合公司。这是一种自愿联合形式的公司。它把不同类型的商品、商店和不同的功能联为一体，实行统一的分销和管理。它与连锁店相似，但其经营的商品属于不同类型，所属商店有各自的风格，形成多样化的零售业。

## （二）代理商

代理商是指接受生产者委托从事销售业务，但不拥有商品所有权的中间商。代理商一般不承担经营风险，其收益主要是从委托方获得佣金或按销售收入的一定比例提成。

代理商按其和生产者业务联系的特点，可分为企业代理商、销售代理商、寄售商和经纪商。

### 1. 企业代理商

接受生产者委托，签订销货协议，在一定区域内负责代销生产企业制造的产品，并按销售额比例获得佣金报酬的中间商。

企业代理商和生产商的关系是委托代销关系，企业代理商实际上类似生产企业的推销人员。生产者可同时委托若干企业代理商，分别在不同地区推销商品，生产者本身也可参与推销活动。

### 2. 销售代理商

销售代理商是一种独立的中间商，受托负责代销生产者全部产品，不受地区限制且有一定的售价决定权。

生产者在同一时期只能委托一家销售代理商，企业本身也不能再进行直接推销活动。所以，从本质上看，销售代理商实际上是企业的全权独家代理商。正因如此，销售代理商要对生产企业承担较多的义务，而生产企业也要多方考察后，精心选择销售代理商，并且协调好双方关系。

### 3. 寄售商

这是经营现货代销业务的中间商。生产企业根据协议向寄售商交付产品，销售后所得货款扣除佣金及有关销售费用后，再支付给生产企业。

寄售商要自设仓库或铺面，以便储存、陈列商品，使顾客能及时购得现货。

### 4. 经纪商

既不拥有产品所有权，又无现货和销售条件，只为买卖双方提供交易信息，在交易洽谈中起媒介作用的中间商。

经纪商与买卖双方均无固定关系，其主要任务是安排买卖双方的接触与谈判，成交与否，仍取决于买卖双方。成交后，经纪商可从交易额中提取佣金。

珀莱雅多渠道
精准营销

## 四、理想的中间商应具备的条件

生产者确定了其产品分销策略后，就应根据营销的需要选择理想的中间商作为渠道成员。中间商的选择关系到能否实现企业的营销目标和效率，因而应十分慎重。一般而言，较理想的中间商应具备以下条件。

（1）与生产企业的目标顾客有较密切的关系。所谓较密切关系，是指中间商所联系的顾客，是企业所希望的销售对象。

（2）经营场所的地理位置较理想。生产者选择批发商，往往要考虑其所处的位置是否能发挥运输、存储功能，并考虑是否能节省费用、降低成本。而对零售商的选择，则往往考察其所处位置的顾客流量，以及是否有利于同竞争者产品进行比较。

（3）拥有尽可能完整的产品线。理想的中间商应拥有与生产者所提供商品相关联的尽可能完整的产品线，如木材生产商愿将其产品交给拥有多种产品线的建材商出售，因为产品线齐全，就会吸引各种不同购买目的的众多消费者，而他们往往在选择其他建材的同时，在该店购买木材。

另外，如果中间商同时经销其他竞争者的产品，就必须考虑该企业产品的质量与价格能否在竞争中取胜。

（4）中间商拥有线上渠道和网络营销经验；规模和效益俱佳，具有提供服务和运输存储的能力。

零售商（沃尔玛）
与供应商（宝洁）
之间的信息共享
与协同

（5）财务状况和商誉良好。所有的生产商都期望中间商能及时结清货款，有些生产商甚至希望预收货款。所以调查、了解中间商的财务状况和商誉是必不可少的。

（6）企业管理规范，拥有具有专业知识的管理阶层和营销人员。

# 任务三　分销渠道策略

生产者在制造产品并定价后，就面临着分销渠道的选择问题，即在不同类别的渠道中，选择一个理想可行的渠道，这个过程我们可称为渠道选择策略。另外，生产者还必须对分销渠道进行有效的协调和管理，解决生产者与中间商、中间商与中间商的利益冲突，这个过程可称为渠道管理策略。此外，为了适应市场的变化，整个渠道系统或部分渠道系统必须随时加以修正和改进，这称为渠道改进策略。因此，分销渠道策略从广义上讲，包括分销渠道选择策略、分销渠道管理策略和分销渠道改进策略，其中，分销渠道选择策略尤为重要。

## 一、分销渠道选择策略

### （一）影响分销渠道选择的因素

影响分销渠道选择的因素很多，生产者在决定选择何种分销渠道前，应将产品、市场及企业本身等各种因素进行综合分析，以便做出正确选择。

**1. 产品因素**

（1）产品单价的高低。一般而言，单价越高的产品，分销路线越短；单价较低，分销路线就较长。

（2）产品的体积与重量。考虑到产品的运输存储条件和费用，体大量重的商品应尽量选择短的分销渠道。

（3）产品的物理、化学性质。对于易腐、易毁、易烂、易爆、易损的产品，如牛奶、水果、啤酒、蔬菜等，应尽量缩短分销途径，以最快速度出售给消费者。

（4）产品的款式。式样多变、时尚性强的产品，如时装，应尽量缩短分销路线。

（5）产品的类型和品种规格。产品是多种多样的，对渠道的要求也有很大的不同。日用品需求面广，一般须经批发商分销；特殊品则可由生产者直接交给少数零售商销售。品种规格少而销量大的产品，可交中间商销售；而品种规格复杂，技术性较强的产品，则一般由生产商直接供应用户。

（6）定制品和标准化产品。定制品（如顾客定制的机器），通常由生产商直接销售；而标准化产品，可通过中间商按样品或产品目录出售。

（7）新产品。为尽快把新产品投入市场，企业往往采取强有力的推销手段，如直接向消费者推销。在情况许可时，应考虑利用原有的分销途径。

## 2. 顾客因素

（1）顾客的人数。顾客人数越多，生产者越倾向于利用每一层次都有许多中间商的长渠道。

（2）顾客的地理分布。如果潜在顾客分散在广大地区，就需通过各类中间商，采用较长的分销渠道；如果潜在顾客集中在少数地区，生产商可采用最短的分销渠道，直接销售。

（3）顾客的购买方式。顾客对日用品的购买，量少而频繁并希望购买方便，生产企业就应多采用中间商，扩大销售网点；而对特殊品，生产企业一般只通过少数几个甚至一个零售商销售。

## 3. 企业因素

（1）企业的财务能力和知名度。企业资金雄厚，知名度大，选择中间商时就有很大的自由度，甚至还可自建销售网点，实现产销合一；资金薄弱，无知名度的生产企业，则必须利用中间商分销。

（2）企业自身的销售能力和经验。如果企业自身有足够的销售力量和丰富经验，就可少用或不用中间商。否则，只有将销售工作全部或部分交给中间商。

（3）企业的产品组合。企业产品组合的宽度越大，则与顾客直接交易的能力越大；产品组合的深度越大，则使用独家专售或选择性代理商就越有利；产品组合的关联性越强，则越应使用性质相同或相似的市场营销渠道。

（4）企业的营销政策。企业现行的营销措施也会影响渠道的选择。例如，企业要求严控产品价格，或者要对终端购买者提供快速交货服务，或者要为消费者和用户提供售后服务等，就采取短的分销渠道。

## 4. 竞争因素

一般而言，生产企业应尽量避免和竞争者使用相同的分销渠道。但有时同类产品会采用与竞争者相同的分销渠道，以便让顾客进行质量、价格方面的比较。

## 5. 经济效益因素

一般来说，缩短渠道能减少环节、降低流通费用、提高经济效益。但对某些产品，只有延长渠道、增加环节才能拓展市场、扩大销售、提高市场占有率，从而提高经济效益。是缩短渠道还是延长渠道，企业必须视综合效益的大小进行决策。

## 6. 环境因素

渠道选择要考虑到环境因素的制约问题。例如，当经济萧条时，生产者会采用短的渠道并免除不必要的服务，使终端顾客能以低廉价格购买其产品，这是经济环境对渠道选择的影响。

## （二）分销渠道的选择策略

选择分销渠道的基本策略有以下几种。

**1. 直接渠道与间接渠道的选择**

这个问题实质上就是是否采用中间商的决策。中间商的介入能给生产商带来很大好处，但也会给生产企业带来一些问题，如流通费用增加会导致产品价格较高，中间商有时会为了自身利益而损害生产商利益等。所以企业在直接渠道和间接渠道的选择上，必须对产品、市场、控制渠道的能力、营销能力及财务状况等方面进行综合分析。

大多数生产资料产品技术复杂，价格高，需要安装和维修服务，宜采用直接渠道；大宗原材料用户购买量大，购买次数少，用户数量有限，宜采用直接渠道；生活用品中的一些易变质产品、时尚产品及价格昂贵的高档消费品，也可采用直接渠道。除此之外，大多数生活资料以及一部分应用面广、购买量小的生产资料则宜采用间接渠道。

**2. 分销渠道长度的选择**

越短的分销渠道，生产企业承担的销售任务就越多，信息传递就越快，销售就越及时，就越能有效地控制渠道。越长的分销渠道，中间商就承担越多的销售职能，信息传递就越慢，流通时间就越长，生产企业对渠道的控制就越弱。因此在长渠道和短渠道的选择问题上，应综合分析企业、产品、中间商及竞争者的特点。选择长渠道和短渠道应具备一定条件。

选择长渠道的条件如下：

（1）生产者与消费者的距离较远。

（2）消费者较分散。

（3）消费者每次购买量小，单价也较低的"便利品"。

（4）商品具有耐久性。

（5）标准化程度高的商品。

（6）售后、售中不需技术指导和服务的商品。

选择短渠道的条件如下：

（1）生产者与消费者距离很近。

（2）生产者自身资金雄厚并大量生产产品。

（3）消费者比较集中或购买者是大量购买。

（4）生产与需要有连续性、持久性、变化不大。

（5）消费者购买量小，单价高的商品。

（6）不易保存，易腐易毁商品。

（7）标准化程度低的商品。

（8）产品品种繁多，市场需求变化大的商品。

（9）新上市产品。

（10）售中与售后需要技术指导与服务的商品。

**3. 分销渠道宽度的选择**

在分销渠道宽度的决策上，一般有三种策略可供选择。

（1）密集分销策略。指生产商在同一地区，在同一渠道环节上通过尽可能多的中间商推销其产品。消费品中的日用品和工业品中的易耗品，通常采用该策略，使广大消费者和用户能随时随地购买这些产品。

（2）选择分销策略。指生产商在同一地区仅通过少数几个精心挑选的，最合适的中间商推销其产品。消费品中的选购品、特殊品和工业品中的零配件，尤宜采用此种策略。

（3）独家分销策略。指生产商在同一地区仅选择一家中间商推销其产品。通常双方签订独家经销合同，规定经销商不得经营竞争者的产品，以便控制经销商的业务范围。价格昂贵的商品和名牌商品有时会采用此种策略。

综上所述，生产企业在进行分销渠道选择时，首先考虑是否采用中间商，这是对直接渠道和间接渠道的选择；如果采用中间商，就要考虑选择哪些类型的中间商，这是对渠道长度的选择；中间商的类型确定后，最后还要考虑，对于这些不同类型的中间商各选择多少个，这是对渠道宽度的选择。通过上述三步，基本上就完成了分销渠道的设计确定工作。

良品铺子"线下线上"共发力，渠道布局保优争新

## 二、分销渠道管理策略

生产企业的管理人员在进行分销渠道设计后，还必须对中间商进行选择、激励与定期评估。

### 1. 选择具体的渠道成员

生产者要在众多的中间商中选择自己的渠道成员，一般来讲，要评估中间商经营时间的长短及其成长记录、清偿能力、合作态度和声望等。当中间商是销售代理商时，还必须评估其经营的其他产品大类的数量与性质、推销人员的素质与数量。当中间商打算授予某百货公司独家分销时，还必须评估商店的位置、未来发展潜力及经常光顾的顾客类型。

### 2. 激励渠道成员

生产者不仅要选择中间商，而且还要与中间商建立良好的关系，激励中间商使之尽职。一般而言，对中间商的激励应以交易关系融洽为基础。如果对中间商仍激励不足，生产者可考虑下列3条措施。

（1）提高生产者可得的毛利率，放宽信用条件或改变交易关系组合，使之更有利于中间商。

（2）采取人为方法激励中间商，使之付出更大努力，如可挑剔中间商或举办中间商销售竞赛等。

（3）建立战略合作伙伴关系。为了更好地培养中间商对企业的深厚感情，营造和谐的商业气氛，要有计划地和经营长久、思维新潮的中间商建立战略伙伴关系，通过定期举办联谊会、新品发布会、政策阐释会，会间通过新品测试、信息收集、联欢、礼品派送等形式增进双方友谊，使中间商心理上形成主人翁的感性意识，从而增强品牌忠诚度。

### 3. 评估渠道成员

生产者除了选择和激励渠道成员外，还必须定期评估他们的绩效。

（1）生产者与中间商应签订有关绩效标准与奖惩条件的契约。

（2）生产者还须定期发布销售配额，以确定目前的预期绩效。

（3）生产者可在一定时期内列出各中间商的销售额，并排出先后名次。

### 三、分销渠道改进策略

生产者在设计了一个良好的渠道系统后，不能放任其自由运行而不采取任何纠正措施。事实上，为适应市场变化，整个渠道系统或部分渠道系统必须随时加以修正和改进。

#### 1. 增加或减少某些市场营销渠道

如果生产者所使用的市场营销渠道不能有效地将产品送达某一地区或某类顾客，或者从经济效益角度出发，生产者可增加或减少某些市场营销渠道。

#### 2. 增加或减少某些渠道成员

在考虑渠道改进时，通常会涉及增加或减少某些中间商的问题。这时就必须考虑，增加或减少某些渠道成员后企业的利润会如何变化。

#### 3. 改进整个市场营销系统

对生产者而言，最困难的渠道变化决策是改进和修正整个市场营销系统。例如，汽车制造商打算用企业代理商取代销售代理商。这些决策不仅会改变渠道系统，还会改变生产者的市场营销组合。因此，通常由企业最高管理层决策。

# 任务四　物流管理策略

物流是社会经济的动脉，是保障生产过程连续进行的前提，是保证商流顺畅进行，最终实现消费的物质基础。为了保证产品适时、适地、适量地从生产者到达消费者或用户，满足其需求和欲望，必须对商品的仓储和运输等进行物流管理。企业制定正确的物流管理策略，对于企业降低成本费用、增强竞争实力、提供优质服务、促进和便于顾客购买、提高经济效益等都具有重要的意义。

## 一、物流的含义与特点

### 1. 物流的含义

物流一词源于英语的 Logistics，原意是军事后勤保障。第二次世界大战后，物流的概念被广泛运用于经济领域，成为一个跨学科、跨行业、涉及面广、多环节的综合性概念。根据美国物流管理协会的定义，物流是为满足消费者需求而进行的对原材料、中间库存、最终产品及相关信息从起始地到消费地的有效流动与存储的计划、实施与控制的过程。

传统物流一般是指商品在空间与时间上的位移，以解决商品生产与消费的地点差异与时间差异。进入 20 世纪 90 年代，传统物流向现代物流转变。现代物流包括运输的合理化、仓储自动化、包装标准化、装卸机械化、加工配送一体化、信息管理网络化等。现代物流被广泛认为是企业除降低物资消耗、提高劳动生产率外的重要利润源泉。

现代的物流观念可以从四个方面进行理解。

（1）物流只是实现物品物质实体的转移，而不发生物品所有权的转移。

（2）物流是一种满足社会需要的经济活动，反之则不属于物流范畴。

（3）物流包括空间位移、时间变动和形状、性质变动，从而创造物品时间和形态效用。

（4）有物品就有物流，因而物流具有普遍性特征。

### 2. 现代物流的特点

现代物流与传统物流相比，具有以下几个特点。

（1）现代物流是多种运输方式的集成，把传统运输方式下相互独立的海、陆、空的各个运输手段按照科学、合理的流程组织起来，从而使客户获得最佳的运输路线、最短的运输时间、最高的运输效率、最安全的运输保障和最低的运输成本，形成一种有效利用资源、保护环境的"绿色"服务体系。

我国快递包装绿色治理工作取得初步成效

（2）现代物流打破了运输环节独立于生产环节之外的分业界限，通过供应链的概念建立起对企业供产销全过程的计划和控制，从整体上完成最优化的生产体系设计和运营，在利用现代信息技术的基础上，实现了货物流、资金流和信息流的有机统一，降低了社会生产总成本，使供应商、厂商、销售商、物流服务商及最终消费者达到皆赢的战略目的。

（3）现代物流突破了运输服务的中心是运力的观点，强调了运输服务的宗旨是客户第一，客户的需求决定运输服务的内容和方式，在生产趋向小批量、多样化和消费者需求趋向多元化、个性化的情况下，物流服务需要发展专业化、个性化的项目。

（4）现代物流着眼于运输流程的管理和高科技信息情报的使用，使传统运输的"黑箱"作业变为公开和透明的，有利于适应生产的节奏和产品销售的计划。

（5）现代物流与电子商务日益紧密地结合在一起。随着互联网的普及，电子商务的应用呈现迅猛扩大之势。电子商务的推广，加快了世界经济的一体化，使国际物流在整个商务活动中占有举足轻重的地位。电子商务对物流的巨大需求，推动了物流的进一步发展，而物流也在促进电子商务的发展，因此可以说二者互相依存、共同发展。

（6）现代物流业正在全球范围内加速集中，并通过国际兼并与联盟，形成越来越多的物流"巨无霸"。当今世界正处于新一轮的产业升级和结构调整的大潮之中，国际物流业也在加速集中。这些兼并活动不仅拓宽了这些企业的物流服务领域，而且增强了市场竞争力。

## 二、物流的主要环节

现代物流主要包括以下环节：运输、储存、装卸搬运、包装、流通加工、配送、物流信息等。

### 1. 运输（Transportation）

运输是指用专用运输设备将物品从一地点向另一地点运送，其中包括集货、分配、搬运、中转、装入、卸下、分散等一系列操作。任务是使物资进行较长距离的空间移动。物流部门通过运输解决物资在生产地点和需要地点之间的空间距离问题，从而创造商品的空间效益，实现其使用价值，以满足社会需要。运输是物流最重要的一个功能。运输方式有铁路运输、公路运输、水路运输、航空运输、管道运输。

### 2. 储存（Storing）

储存物是在社会总生产过程中暂处于停滞状态的那部分物资。储存就是对物资的保管保养，克服产品的生产与消费在时间上的差异，创造物资的时间效用，以保证流通和生产的顺利进行。商品流通是一个由分散到集中，再由集中到分散的流通过程。为了保持不间断地销售商品，必须有一定量的周转储存。有些商品需要在流通领域内进行整理、组装和再加工，形成销售前的准备储存。由于某些商品在产销时间上的背离，还必须有一定的季节储存。仓储作为一种物流形态，为物流提供场所和时间，在储存期间可对储存商品进行检验、整理、分类、保管、保养和加工，然后进行集散、转换运输方式等各种作业。因此，储存在物流中具有重要作用，成为物流的一个主要环节。

### 3. 装卸搬运（Loading and Unloading）

装卸搬运是在同一地域范围内，以改变物资的存放状态和空间位置为主要内容的作业活动。任何商品，不管它处于什么状态，当要对它进行运输、储存、配送、包装或流通加工时，都需要进行装卸搬运作业。因此，装卸搬运是物流各环节的接合部，是连接储运的纽带，它贯穿于物流的全过程。装卸搬运作业的构成有堆放拆垛作业、分拣配货作业、搬运作业、移送作业等。

### 4. 包装（Packing）

包装是在流通过程中保护产品、方便储运、促进销售，按一定技术方法而采用的容器、材料及辅助物等手段的总体名称，以及为达到上述目的而采用的容器、材料和辅助物的过程中施加一定技术方法等的操作活动。它是包装物和包装活动、包装手段、包装作业的总称。现代包装已不仅有保护产品的作用，而且在物流中发挥着重要的作用。包装一般分为销售包装和运输包装。

### 5. 流通加工（Circulation Processing）

流通加工是指商品在从生产地到使用地的过程中，根据用户的要求，改变或部分改变商品的形态或包装形式的一种生产性辅助加工活动。目的是克服生产加工和用户对商品要求之间的差异，更有效地满足用户需要，从而促进销售、维护产品质量、提高生产和流通的经济效益。

### 6. 配送（Distribution）

配送是指在经济合理区域范围内，根据客户要求，对物品进行拣选、加工、包装、分割、组配等作业，并按时送达指定地点的物流活动。"配"包括货物的集中、分拣和组配，"送"是以各种不同的方式将货物送达到指定的地点或用户手中。在市场竞争中，将货物送达收货人的活动需要逐步降低成本、提高效率，以达到占领和扩大市场、增加企业利润的目的。对运输车辆合理配置，科学制订运输规划，确定运送路线，并且事先进行配货，配装的措施逐步完善，形成了现代的配送活动。配送的意义在于，完善了输送及整个物流系统；提高了末端物流的经济效益；可使企业实现低库存或零库存；可简化手续、方便用户；提高了供应保障程度。

### 7. 物流信息（Logistics Information）

物流信息是反映各种物流活动中有关知识、资料、图像、数据、文件等必要信息的总称。物流信息在物流活动中起着神经系统的作用，对物流活动进行有效的组织、控制、协调和管理。在物流活动中，按照作用不同，将物流信息分为订货信息、库存信息、生产（采购）指示信息、发货信息、物流管理信息等。

## 三、物流管理策略

按照美国物流管理协会的定义，物流管理是为满足顾客要求，有效率和有效益地对原材料、在制品和制成品从产地到消费地的流动与保管进行计划、执行和控制。物流管理过程，就是对物料的包装、装卸搬运、运输、储存、流通加工、物流信息等环节，根据它们之间客观存在的有机联系，进行综合、系统的管理，以取得全面的经济效益的过程。

### （一）物流的顾客服务标准

物流的顾客服务是指为支持企业的核心产品（或服务）而提供的服务。制造企业和商业企业的物流服务，就是用来支持其产品营销行动而向顾客提供的一种服务，是顾客对商品利用可能性的物流保障。

物流的顾客服务标准的三个方面如下。

### 1. 可得性

可得性是指当顾客需要存货时所拥有的库存能力。可得性可以通过各种方式实现，最普通的做法就是按预期的顾客订货进行存货储备。于是，仓库的数目、地点、储存政策等便成了物流管理的基本问题。存货储备计划通常是建立在需求预测基础上的，而特定产品的储备量还要结合其是否畅销、该产品对整个产品线的重要性、投资收益率以及商品本身的价值等因素考虑。

可得性应以三个物流绩效指标进行衡量：缺货频率（缺货将会发生的概率）、供应比率（衡量缺货的程度或影响大小）、订货完成率（衡量企业完成一个顾客所预订的全部存货时间的指标）。这三个衡量指标可能决定了一个企业满足特定顾客对存货需求的能力。

### 2. 作业完成

作业完成可以通过速度、一致性、灵活性、故障与恢复等方面来具体说明所期望的完成周期。

### 3. 可靠性

可靠性是指在物流活动中如何实现已计划的存货可得性和作业完成能力。可靠性体现在以下三个方面：①保有顾客所要求商品的足够存货量；②在顾客所要求的时间内传递商品的输送保障；③符合顾客所要求的商品质量保障。

## （二）物流成本控制

物流成本是物流活动中所消耗的物化劳动和活劳动的货币表现，即产品在实物运动过程中，如包装、运输、储存、流通加工、物流信息等各个环节所支出人力、物力和财力的总和。这是完成各种物流活动所需的全部费用。

物流管理的目标之一就是降低物流成本。物流成本控制是对从原材料供应开始直到商品送达消费者的各环节发生的费用进行计划和管理，压缩不必要的成本，以达到预期目的。

降低物流成本的主要方法：降低物流直接成本；完善物流途径；扩大运输量；优化库存。

## （三）第三方物流

物流企业是为各类客户从事各种后勤保障活动的经营者。当他们既不是物料、物品的所有者、销售者，也不是消费者、用户企业时，均可划归于第三方物流企业（经营者）。我国物流术语国家标准对第三方物流的定义是，由独立于物流服务供需对方之外且以物流服务为主营业务的组织提供物流服务的模式。

### 1. 第三方物流的特点

（1）关系合同化。第三方物流为客户提供的服务是以合同形式确定的，包括业务类别、业务量、时间、地点范围、价格、运输方式等内容都要在合同中体现。

（2）服务个性化。不同的物流消费者对第三方物流的服务有不同的要求，即使同一个物流消费者在不同情况下也会有不同的要求。第三方物流企业根据物流消费者的不同要求提供针对性强和个性化服务。

（3）功能专业化。第三方物流企业的核心功能就是提供专业化的物流服务。对于专门从事物流服务的企业，它的物流设计、物流操作过程、物流管理都是专业化的，物流设备与设施也都是标准化的。

（4）信息网络化。信息技术是第三方物流生存和发展的基础和保障，在物流服务过程中，信息技术发展实现了信息实时共享，促进了物流管理的科学化，大大提高了物流服务的效率。

### 2. 第三方物流的作用

凭借着信息优势、专业优势、规模优势、服务优势等，第三方物流企业能够创造出比供方和需方采用自我物流服务系统运作更快捷、更安全、更高服务水准，且成本相当或更低廉的物流服务。其作用表现在以下方面：

（1）提高运输服务水准。

（2）提高运输技术水平。

（3）实现物流全过程总费用的节约。

（4）实现物流过程的系统管理。

（5）可以促进运输经营观念和组织方式的变革。

## （四）物流系统价值工程

价值工程，又称为价值分析，指的是通过集体智慧和有组织的活动对产品或服务进行功能分析，使目标以最低的总成本（生命周期成本），可靠地实现产品或服务的必要功能，从而提高产品或服务的价值。

在物流系统进行价值工程活动的主要特点有以下几方面。

（1）价值工程的目的是提高研究对象的价值。努力在研究对象的功能与成本之间寻找最佳组合，提高其价值。

（2）价值工程的核心是功能分析。以用户的功能需求为出发点对物流系统规划、设计、建设和运行等阶段进行分析。

（3）价值工程的成本是生命周期成本。包括设计、生产、销售成本，以及使用成本，所以价值工程的应用要从顾客的需求方面建立自己的成本观念，而不能只考虑物流经营者的成本，在提供物流服务过程中还要考虑用户的购买和使用成本。

（4）价值工程是一种致力于提高系统价值的创造性活动，从用户的功能需求出发，并考虑到相应的成本，就可以打破传统的思维定式，促进新产品、新服务、新结构、新工艺、新技术、新材料、新方法的产生。所以，价值工程可以起到其他方法所不能起到的创新效果和作用。

## （五）第四方物流战略

第四方物流概念是由著名的管理咨询公司埃森哲公司首先提出的。它是指依靠业内最优秀的第三方物流供应商、技术供应商、管理咨询顾问和其他增值服务商，为客户提供独特的和广泛的供应链解决方案，这是任何一家公司所不能单独提供的。

第四方物流供应商是一个供应链的集成商，它通过提供包括再造、变革、实施和执行的供应链解决方案，利用其对整个供应链产生影响的能力，借助现代化的信息技术、供应链管理技术，对公司内部和具有互补性的服务供应商所拥有的不同资源、能力和技术进行整合和管理，提供一整套供应链解决方案，满足不同的公司所面临的广泛而复杂的需求。

在提供具体服务的过程中，第四方物流有三种模式可供选择。

（1）协助提高——第四方物流为第三方物流企业服务，协助第三方物流企业提高物流运作能力，一般是提供第三方物流企业缺乏的技术和战略技能等。

（2）方案集成——第四方物流为所有的物流需求方服务。

（3）行业革新——第四方物流为某一行业的企业提供服务。

### 思考与练习

1. 什么是分销渠道？简述分销渠道的类型。
2. 什么是中间商？简述中间商的种类。
3. 理想的中间商应具备哪些条件？
4. 影响分销渠道选择的因素有哪些？
5. 企业在分销渠道的选择上有哪些策略？
6. 什么叫物流、物流管理？
7. 物流管理策略有哪几种？

## 技能训练

### 分销渠道建设训练

**一、训练目标**

1. 认识分销渠道的类型和模式；
2. 熟悉分销渠道策略；
3. 掌握企业渠道建设设计的方法。

**二、训练内容**

1. 在本地城市选择并观察某一条街道，将街道商业店铺进行分类；
2. 在每类店铺中选择一两家进行访谈调查，了解其经营项目、上下游服务对象和业务开展情况、互联网使用情况等；
3. 汇总讨论分析：各店铺渠道建设现状、互联网对企业分销渠道建设的影响；
4. 完成一份对某店铺的渠道建设构建方案。

**三、训练步骤**

1. 教师说明实践目的、任务、进度和要求；
2. 将学生分组，选出小组长；
3. 各小组分别进行准备，制订计划，分工调研，完成一手资料的收集整理；
4. 组织讨论，结合训练内容完成小组报告；
5. 分小组课堂展示报告。

**四、训练评价**

1. 小组报告的完善、合理性；
2. 某店铺渠道建设的可行性；
3. 团队合作的默契性。

# 项目十一　促销策略

**学习目标**

1. 了解促销的含义、作用及促销组合策略。
2. 熟悉人员推销、宣传报道的基本内容。
3. 掌握广告策略、营销推广策略的方式方法。

**案例导入**

## 蕉下——防晒界的网红

作为防晒界的网红，蕉下这家成立于 2013 年的新品牌，借防晒产品"双层小黑伞"切入市场，陆续打造出小黑伞、胶囊伞等爆款，之后又将防晒服、面罩、袖套等推向市场。灼识咨询数据显示，以 2021 年总零售额及线上零售额计，蕉下为中国第一大防晒服饰品牌。以 2021 年防晒服饰行业市场规模前五名总零售额及线上零售额计算，蕉下分别拥有 5.0% 及 12.9% 的市场份额。能够从对手林立的市场脱颖而出，蕉下是如何做到的呢？

1. 大量广告及营销投入

2019 年至 2021 年，蕉下用于分销及销售的开支分别为 1.25 亿元、3.23 亿元、11.04亿元，这部分开支主要包括线上线下广告及营销开支、电商平台服务费、运输及物流开支、雇员福利开支等费用，其中广告及营销的开支分别为 3691.7 万元、1.19 亿元、5.86亿元，占同期总收入的比重分别为 9.6%、15.0% 及 24.4%。力度颇大的宣传推广，让蕉下的知名度大大提升，销量也随之增加。

2. 与网络平台良好合作

线上的确是蕉下突出重围的关键渠道。蕉下与天猫、京东等电商平台保持密切的合作，并与抖音等新兴的内容电商开展合作。

### 3. 合作KOL（关键意见领袖）逐年增多

2019年至2021年，与蕉下合作的KOL逐年增多，一路从274位上涨至597位。与KOL的合作确实也为蕉下带来了巨大的曝光量，以2021年的数据作为参考，蕉下合作的597位KOL在主流社交媒体平台上的粉丝数约14亿人，其中粉丝数超过百万的KOL多达199名。通过与他们的合作，蕉下收获了高达45亿次的浏览量。

2022年上半年，蕉下再度加大与KOL合作的力度，截至6月30日，蕉下合作的KOL数量飙升至1577位，是2021年年末的2.64倍。

其间，KOL分别为蕉下拿下1200万元、8060万元、2.16亿元、2.05亿元的收入，分别占到同期总收入的3.1%、10.2%、9%、9.3%。

### 4. 明星效应功不可没

早在主推小黑伞的阶段，蕉下便密集与一众女明星合作。杨幂、唐嫣、佟丽娅等一众艺人均在社交平台上晒过蕉下防晒伞。尤其是2017年，蕉下拿下迪丽热巴微博首条广告，旗下"洛荷"小黑伞2分钟内便直接售罄。

2019年起，蕉下开始在小红书等平台展开密集种草，与大量明星展开合作，多位种草类女艺人开始推广其防晒服、防晒帽等多元产品。2021年，蕉下更是进一步发力软种草，开始推广其多元配套产品。

直播带货领域，自2020年起，蕉下发力动作明显，与抖音、快手、淘宝领域的头部主播均有合作，且发力重点为包括服装、帽子、配饰及鞋履等在内的多个新品类。

蕉下凭借着铺天盖地的线上线下的广告促销活动，成功打造了属于自己的城市户外用品帝国。

（资料来源：根据蕉下2022年10月11日招股书整理）

从上述案例可以看出，成功的市场营销活动，不仅要开发适销对路的产品，制定有吸引力的价格，选择合适的分销渠道，而且要通过有效信息的传递和沟通，让顾客了解产品，激起顾客消费的欲望和兴趣，促使其形成购买行为。

促销策略是市场营销的四大策略之一。

# 任务一　促销与促销组合

## 一、促销的含义

促销即促进产品销售的简称。从市场营销的角度看，促销是企业通过人员和非人员的方式，沟通企业与消费者之间的信息，引发、刺激消费者的消费欲望和兴趣，使其产生购买行为的全部活动的总称。由此概念不难看出，促销的含义可以从以下几个方面来理解。

### 1. 促销的实质

促销的实质是一种沟通、激励活动。企业与消费者达成交易的基本条件是信息沟通。

一方面，企业作为产品的供应者，只有将其提供的有关产品的存在及其性能特征等信息传递给消费者，并采取有效的措施，帮助消费者认识产品所能带给他们的利益，激发其产生购买欲望，才能为消费者最终做出购买决定提供依据。另一方面，作为买方的消费者也需要把对产品的认识和需求动向反馈给企业，促使企业根据消费需求进行生产，使企业能够作出正确的营销决策。

### 2. 促销的目的

促销的目的是引发、刺激消费者产生购买行为。在消费者可支配收入既定的条件下，消费者是否产生购买行为主要取决于消费者的购买欲望，而消费者的购买欲望又与外界刺激诱导密不可分。促销针对这一特点，通过各种传播方式把产品等有关信息传递给消费者，以激发其购买欲望，使其产生购买行为。

### 3. 促销的方式

促销的方式有人员推销和非人员推销两类。人员推销亦称直接推销，是企业运用推销人员向消费者推销产品的一种促销活动。它主要适合于在消费者数量少、比较集中的情况下进行促销。非人员推销，又称间接推销，是企业通过一定的媒体传递产品的有关信息，以促使消费者产生购买欲望、发生购买行为的一系列促销活动。它适合于消费者数量多、比较分散的情况。通常企业在促销活动中将人员和非人员推销结合运用。

## 二、促销的作用

在现代市场营销观念中，促销有以下几个方面的作用。

### 1. 传递信息，收集情报

销售产品是市场营销活动的中心任务，信息传递是产品顺利销售的保证。信息传递有单向和双向之分。单向信息传递是指卖方发出信息使买方接收，它是间接促销的主要功能。双向信息传递是买卖双方互通信息，双方都是信息的发出者，它是直接促销的主要功能。在促销过程中，一方面，卖方（企业或中间商）向买方（中间商或消费者）介绍有关企业现状、产品特点、价格及服务方式和内容等信息，以此来引导消费者对产品产生需求欲望，并采取购买行为；另一方面，买方向卖方反馈产品价格、质量和服务的内容、方式是否满意等有关信息，促使生产者、经营者及时更新改进产品，更好地满足消费者需求。

### 2. 突出特点，引导需求

在市场竞争激烈的情况下，同类产品很多，并且有些产品差别小，消费者往往不易分辨。企业通过促销活动，宣传说明该企业产品有别于其他同类竞争产品之处，便于消费者了解该企业产品在哪些方面优于同类产品，使消费者乐于认购该企业产品，并能通过突出产品特点的信息，变潜在需求为现实需求。

### 3. 引导消费，增加需求

需求是有弹性的。有效的促销活动不仅能引导和刺激需求，而且在一定条件下可创造需求。当企业营销的某种产品处于低需求时，促销可以招徕更多的消费者，扩大需求；当需求处于潜伏状态时，促销可以起催化作用，实现需求；当需求波动时，促销可以起到导向作用，平衡需求；当需求衰退，销售量下降时，促销可以使需求得到一定程度的恢复。

### 4. 形成偏爱，稳定销售

在激烈的市场竞争中，企业产品的市场地位常不稳定，致使企业产品销售量此起彼伏、波动较大。企业运用适当的促销方式开展促销活动，可使较多消费者对企业的产品产生偏爱，进而稳定已经占领的市场，从而达到稳定销售的目的。

## 三、促销组合

如前所述，促销方式有人员推销和非人员推销两种。非人员推销可分为广告宣传、宣传报道和营业推广，如图 11-1 所示。由于各种促销方式各有其优点和缺点，在促销过程中企业常将多种促销方式同时并用。所谓促销组合，就是企业根据产品的特点和营销目标综合各种影响因素，对各种促销方式进行选择、编配和运用。促销组合是促销策略的前提。

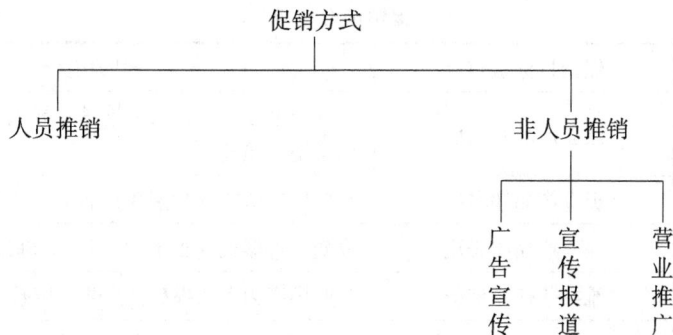

图 11-1　促销方式

### 1. 如何确定促销组合

（1）明确不同促销方式的优点和缺点。列表分析如表 11-1 所示。

表 11-1　　　　　　　　　　　　　　促销方式比较

| 促销方式 | | 优　点 | 缺　点 |
|---|---|---|---|
| 人员推销 | | 推销方法灵活，利于深谈，容易激发消费者兴趣，促成当时成交，反馈及时 | 费用高，触及面窄，人才难觅 |
| 非人员推销 | 广告宣传 | 触及面广，形象生动，多次运用 | 说服力较小，难以立即促成交易 |
| | 宣传报道 | 影响面广，能增进公众信任和了解，树立企业良好形象 | 涉及面广，有些活动企业无自主权 |
| | 营业推广 | 吸引力较大，能改变顾客购买习惯，促使当即购买 | 触及面窄，有时会因降价而引起消费者疑虑 |

（2）确定组合中每种促销方式的地位。

（3）安排组合中促销方式的顺序，以便合理分配促销费用，力求取得最大的经济效益。

**2. 决定促销组合的影响因素**

根据商品和市场的不同特点，决定采用哪些促销方式时应考虑以下几个影响因素。

（1）商品性质。不同性质的商品有不同的用途，消费者的购买要求和目的就不相同。例如，工业品和消费品在采用促销方式时就有不同的组合，一般来说，在工业品市场，因消费者购买批量大，市场相对集中，多以人员推销为主要形式；而消费品市场，因市场范围广，更多以广告为主要形式。

工业品在促销时，广告宣传作用虽不如人员推销的作用大，但也是一种不可忽视的促销方式。广告的信息传播范围广，可以扩大产品知名度。同样，人员推销在消费品促销过程中也起到很大作用，特别是与经销商和代理商打交道时，更需良好的人员推销技巧。

（2）产品所处市场生命周期。促销目标处于产品生命周期的不同阶段，应相应地选择、编配不同的促销组合，如表11-2所示。

表11-2　　　　　　　　　促销组合比较

| 产品生命周期 | 促销目标、重点 | 促销组合 |
|---|---|---|
| 投入期 | 建立产品知名度 | 各种介绍性广告，人员推销，导入CIS（企业形象识别系统）策略 |
| 成长期 | 提高产品知名度 | 改变广告形式（如形象广告），辅以宣传报道 |
| 成熟期 | 建立产品美誉度 | 改变广告形式（如形象广告），辅以营业推广 |
| 衰退期 | 维持信任，偏爱 | 营业推广为主，提醒性广告，降价 |
| 整个周期阶段 | 消除顾客不满意感 | 不断改变广告内容，利用公共关系 |

（3）市场性质。从市场地理范围看，若促销对象是小规模的本地市场，则多以人员推销为主；若对全国甚至国际市场进行促销，则多采用广告形式。从市场类型看，消费者市场因消费者多而分散，多数用广告宣传等非人员推销方式，而对用户较少、批量购买、成交额较大的生产者市场，则主要采用人员推销方式。此外，在有竞争者的市场条件下，制订促销组合还应考虑竞争者的促销形式，要有针对性地不断变换自己的促销组合。

（4）促销费用。企业开展促销，必然要支付一定的费用。企业能够用于促销活动的费用总是有限的，要做到效果好而费用省，企业确定的促销预算额应该是企业有能力负担的，并且是能够适应竞争需要的。

任何一种促销方式都有其固有的优点和缺点。因此，企业在考虑促销方式时，应注意扬长避短、优化组合，以期达到最佳促销效果。

## 四、促销策略的运用

促销策略，又称促销活动的总策略或基本策略，就是促销组合的运用策略，可分为推式策略和拉式策略。

（1）推式策略是企业运用人员推销和营业推广的方式，把产品推向目标市场，即从生产企业推向中间商，再由中间商推向消费者。推式策略一般适合于单位价值较高的产品，以及性能复杂、需要做示范的产品。

（2）拉式策略是企业运用非人员推销方式把顾客拉过来，使其对该企业产品发生兴趣，产生购买行为。拉式策略一般适合于单位价值较低的日常用品。

两种促销策略如图11-2所示。

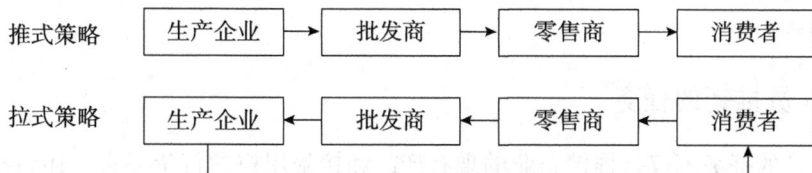

图11-2 两种促销策略

显然，若采用推式策略，人员推销作用最大；若采用拉式策略，广告作用更大一些。企业在促销过程中，究竟是实行推式策略还是拉式策略，要根据具体情况而定，一般来说，应当二者兼顾，各有侧重。

# 任务二 人员推销策略

## 一、人员推销的概念和特点

人员推销是企业运用推销人员直接向顾客推销产品的一种促销活动。这是一种最传统、最富有技巧性的促销方式。它在现代企业市场营销中占有相当重要的地位，特别是在争取顾客偏爱、建立购买信心方面效果比较显著。这是因为与其他促销方式相比人员推销有四个显著特点。

### 1. 信息传递双向性

一方面，推销人员通过向顾客介绍推销品的有关信息，如产品质量、功能、使用、安装、维修、技术服务、价格及同类产品竞争者的有关情况，达到招徕顾客、促进销售的目的；另一方面，推销人员与顾客接触能及时了解顾客对企业产品或推销员的评价，推销人员收集、反馈这些信息，为企业制定有效的营销策略提供依据。

### 2. 推销目的双重性

一方面，推销人员要施展各种推销技巧，目的是推销商品，完成良好的业绩；另一方面，向顾客提供的服务和产品是为帮助顾客解决问题，满足顾客需求。因此，推销人员只有做好顾客的参谋，才能有利于激发顾客的购买欲望，促成交易，使商品推销效果达到最大化。

### 3. 推销过程灵活性

推销人员与顾客直接见面，可以通过交谈与观察了解顾客，进而根据不同顾客的特点和反应，有针对性地调整自己的工作方法，以适应顾客，引导顾客购买，而且还可以及时发现、答复和解决顾客提出的问题，消除顾客的疑虑和不满意。

**4. 友谊及协作长期性**

推销人员和顾客直接见面可以"一回生，两回熟"，在买卖关系基础上，交流情感，增进了解，产生信赖，建立深厚的友谊，从而确立稳定的购销关系，促进商品销售。

人员推销在工业品和使用技术较为复杂的耐用消费品推销中尤为适用。但也有不足之处，如促销费用高，并且人才难觅，企业自己培训理想的胜任其职的专职推销人员也较困难，而且耗费大。

## 二、人员推销的任务

推销人员的任务不仅是推销企业的现有产品和接受用户的订货要求，还包括更多、更复杂的任务，具体如下。

**1. 寻找顾客**

推销人员不仅要提供商品，满足消费者重复购买的要求，更重要的是在市场中寻找机会，挖掘和发现潜在需求，创造新需求，寻找新顾客，开拓新市场。

**2. 传递信息**

推销人员只有及时将企业提供的商品和服务信息传递给顾客，为顾客提供资料，才能激发其产生购买欲望，作出购买决策。

**3. 推销商品**

推销人员要精于推销技巧，善于接近顾客，介绍商品，熟练解答各种疑问，有效分析顾客需求及其所期望的最大利益，从物质和精神上满足对方需求，刺激其实现购买行为。

**4. 提供服务**

推销人员应积极主动地为顾客提供售前、售中、售后服务，及时解决顾客在购买和使用商品过程中出现的问题。

**5. 收集情报**

推销人员应及时收集消费者的意见、要求，以及竞争对手的情况、市场上的各种新动向，主动反馈给企业，为企业改进产品及营销措施提供依据。

**6. 协调平衡**

推销人员要利用接触面广的有利条件，为产需双方穿针引线、调剂余缺，协商分配紧缺，积极为积压产品寻找销路。

## 三、推销人员的素质与培训

### （一）推销人员的素质

推销人员素质的高低，对实现推销目标、扩大销售、开拓市场具有举足轻重的作用。推销人员应具备以下素质。

### 1. 态度热忱，勇于进取

推销人员是企业的代表，有为企业推销产品的职责，同时，也有为顾客当好参谋的义务。因此，推销人员要具有高度的责任心和使命感，热爱本职工作，不辞辛苦，任劳任怨，敢于探索，积极进取，耐心服务。

### 2. 求知欲强，知识广博

广博的知识是推销工作的前提条件，高素质的推销员必须有较强的上进心和求知欲，乐于学习各种必备的知识：①企业知识，要熟悉企业的历史及现状，包括企业的规模及在同行中的地位，企业的经营特点等，还要了解企业发展方向；②产品知识，要熟悉产品的质量性能、用途、价格、使用知识、保养方法及该企业产品与竞争产品相比较的优缺点；③市场情况，顾客的购买动机和购买行为特点、顾客心理、竞争者的策略及目标市场所处的市场环境等；④法律常识；⑤推销礼仪，推销人员推销产品的同时也是在推销自己，这就要求推销人员要注意推销礼仪；⑥技术知识，有关产品的生产技术和设计知识，推销人员不是要成为企业产品的"专家"，但要成为企业产品的"行家"。

### 3. 为顾客着想，具有合作精神

推销人员要善于从顾客的角度考虑问题，能准确地了解顾客的有关情况，能为顾客着想，尽可能地解答顾客的疑难问题，并能恰当地选定推销对象，善于说服顾客，善于选择适当的洽谈时机，掌握良好的成交机会，善于把握被他人忽视或不易发现的推销机会，以宽宏的度量、宽容的精神赢得与顾客的通力合作。

## （二）推销人员的培训

推销人员推销的效果如何，关键在于推销人员的素质状况。精良的推销队伍来自教育培训。企业不仅要对未从事过推销的人员进行精选、培训，使其中品德端正、作风正派、工作责任心强的人员进入推销人员行列，对在岗的推销人员也要定期培训，以适应市场形势发展的需要。

培训要制订完整的计划。计划的制订要具有针对性，即根据继续培训、主管人员培训、新进人员培训等不同类型，确定不同的培训内容和培训方法。

完整的培训计划应包括以下内容。

### 1. 培训目标

培训目标包括挖掘推销人员的潜能；增加推销人员对企业的信任；训练推销人员的工作方法和技巧；改善推销人员的工作态度；提高推销人员的工作激情等。

### 2. 培训时间

培训时间可长可短，根据企业的实际需要确定。

### 3. 培训地点

培训地点可选择公司会议室、销售现场、酒店等。

### 4. 培训方式、方法

培训方式有岗前培训、在职培训、个别培训、小组培训、定期设班培训、自我训练等。培训方法有集体培训和个别培训两种。集体培训方法有专题讲座、模拟演示、分组讨论、岗位练兵、角色扮演等。个别培训方法有在职函授、业余进修、请有经验的推销人员"传、帮、带"、学习工作手册或其他书面资料等。

### 5. 培训师资

培训师资的选择应根据培训内容确定。最好是由既有推销理论又有销售经验的专家学者担任。

### 6. 培训内容

培训内容通常包括企业知识、产品知识、心理学知识、市场知识、法律知识、生产技术等。

# 任务三　广告策略

## 一、广告的概念和种类

随着商品经济的高度发展，广告成为传播经济信息和促进商品销售的重要手段。尤其是在信息化程度越来越高的现代化社会中，广告日益成为一种最有效、最常见的促销手段。它在传递信息、沟通产销、激发需求、指导消费、扩大销售、增加效益、美化生活、促进文明等方面，都起着其他促销方式无法比拟的作用。美国市场营销协会对广告的定义是：广告是由明确的发起者以公开付费的形式、以非人员的任何形式，对产品、服务或某项行动的意见和想法等的介绍和推广。

根据不同的划分标准，广告有不同的种类。

### 1. 根据广告的内容和目的划分

（1）商品广告，是针对商品销售开展的大众传播活动。商品广告按其目的不同可分为三种类型。一是通知广告。通知广告又可分为多种。例如，向市场介绍一种新问世的产品，向顾客说明某产品的用途，告诉顾客某种产品价格已发生变化，解释产品的使用方法，纠正顾客对产品的误解，减少顾客疑虑以及树立企业形象等。通知广告主要适用于产品生命周期的投入期，为了促使其初步需求的产生。二是劝说性广告。主要用于产品的成长期，这时期需求的特点是选择性需求，即顾客对某一种产品有需求，但还没有形成一种品牌偏好，可在不同品牌中进行选择。此时企业广告主要劝导顾客购买自己的产品，突出产品特色，介绍该产品优越于其他产品之处，促使顾客形成品牌偏好。三是提示性广告。主要用于产品成熟期或衰退期，目的是提醒消费者别忘了产品和购买产品的地点，提示消费者近期将会需要这种产品，使其产生惯性需求。

（2）企业广告，又称商誉广告。这类广告着重宣传、介绍企业名称、企业精神、企业概况（厂史、生产能力、服务项目等）有关企业信息，提高企业形象。

（3）公益广告，是用来宣传公益事业或公益道德的广告。它能实现企业自身与社会目标的融洽，有利于树立并强化企业形象。公益广告有广阔的发展前景。

**2. 根据广告传播的区域划分**

（1）全国性广告，是指采用信息传播能覆盖全国的媒体所做的广告。此类广告费用较高，只适合生产规模较大、服务范围较广的大企业。

（2）地方性广告，是指采用信息传播只能覆盖一定区域的媒体所做的广告。此类广告传播范围小，多适合于生产规模小、产品通用性差的企业和产品，路牌、霓虹灯广告也属于此类。

此外，还有一些分类，如按广告形式分，可分为文字广告和图画广告；按广告媒体不同，可分为报纸广告、杂志广告、广播广告、电视广告、互联网广告等。

## 二、广告设计的原则

工商企业的广告设计必须遵守以下原则。

**1. 真实性**

广告的生命在于真实。虚假、欺骗性的广告必然会丧失企业的信誉。广告的真实性体现在两方面。一方面，广告的内容要真实，包括：广告的语言文字要真实，不宜使用含糊、模棱两可的言辞；画面要真实，并且和语言文字统一起来；艺术手法修饰要得当，以免使广告内容与实际情况不相符合。另一方面，广告主与广告商品也必须是真实的。如果广告主根本不生产或经营广告中宣传的商品，甚至广告主也是虚构的单位，那么，广告肯定是虚构的、不真实的。企业必须依据真实性原则设计广告，这是一种商业道德和社会责任。

**2. 社会性**

广告是一种信息传递方式。在传播经济信息的同时，也传播了一定的思想意识，必然会潜移默化地影响社会文化、社会风气。从一定意义上说，广告不仅是一种促销形式，而且是一种具有鲜明思想性的社会意识形态。广告的社会性体现在，广告必须符合社会文化、思想道德的客观要求。具体来说，广告要遵循党和国家的有关方针、政策，不违背国家的法律、法令和制度，有利于倡导社会主义精神文明，有利于培养人民的高尚情操，严格遵循《中华人民共和国广告法》。

**3. 针对性**

广告的内容和形式要富有针对性，即对不同的商品、不同的目标市场要有不同的内容，采取不同的表现手法。由于各个消费者群体都有自己的喜好、厌恶和风俗习惯，为适应不同消费者群体的不同特点和要求，广告要根据不同的广告对象来确定广告的内容，采用与之相适应的形式。

**4. 感召力**

广告是否具有感召力，最关键的因素是诉求主题。广告的重要原则之一，就是广告的诉求点必须与产品的优势点、目标顾客购买产品的关注点一致。不难想象，产品有很多属性，有的是实体方面的（如性能、形状、成分、构造等），也有的是精神感受方面的（如豪华、朴素、时髦、典雅等），但目标顾客对产品各种属性的重视程度却是不尽相同的。

这就要求企业在从事广告宣传时，应突出宣传目标顾客最重视的产品属性或购买该种产品的主要关注点，否则，就难以激发顾客的购买欲望。

### 5. 简明性

广告不应给消费者带来太大的视觉与听觉上的辨识压力。简短、清晰地强调品牌个性是品牌广告设计的客观要求。例如，宝洁公司的海飞丝宣传的是"头屑去无踪，秀发更出众"，潘婷的是"拥有健康，当然亮泽"。显然，注重了简明性的广告，使广告接受者能够在较短的时间里理解广告的传播意图，了解品牌个性，有利于提高广告的传播效果。

### 6. 艺术性

广告把真实性、思想性、针对性寓于艺术性之中。广告利用科学技术，吸收文学、戏剧、音乐、美术等各艺术门类的特点，把真实的，富有思想性、针对性的广告内容通过完善的艺术形式表现出来。只有这样，才能使广告像优美的诗歌，像美丽的图画，成为精美的艺术作品，给人以很高的艺术享受，使人受到感染，增强广告的效果。这就要求广告设计要构思新颖，语言生动、有趣、诙谐；图案美观大方，色彩鲜艳和谐；广告形式要不断创新。

胶液广告

## 三、广告媒体的种类与选择

### 1. 广告媒体的种类

广告媒体的种类很多，主要包括报纸、电视、广播、杂志、户外广告、互联网、橱窗、车船样品、霓虹灯等，其中常用的报纸、杂志、广播和电视，被称为"四大广告媒体"。为了实现广告的接触度、频率和效果等目标，必须选择最适当的媒体种类，而不同类型的媒体又有不同的特性，各主要媒体的特点如表11-3所示。

表11-3 媒体特点比较

| 广告媒体 | 优越性 | 局限性 |
|---|---|---|
| 报纸 | 宣传面广，读者较多<br>传播迅速<br>简便灵活，制作方便<br>便于剪贴存查<br>费用低廉<br>可借助报纸本身的威信 | 广告时效短，重复性差<br>登载内容庞杂，易分散观众对广告的注意力<br>单调呆板，不够精美 |
| 杂志 | 专业性强，针对性强<br>发行量大，宣传面广<br>可反复阅读、反复查看<br>读者一般文化层次高，利于接受开拓性广告<br>印刷精美，引人注意 | 发行周期长，广告时效性差<br>篇幅小，广告受限制<br>专业性强的杂志读者较少，传播不广泛 |

| 广告媒体 | 优越性 | 局限性 |
|---|---|---|
| 电视 | 形象生动逼真，感染力强<br>收视率高，深入千家万户<br>表现手法灵活多样，艺术性强<br>可重复播放 | 时间性强，不易存查<br>制作复杂，费用较大<br>播放节目繁多，易分散观众对广告的注意力 |
| 广播 | 制作简便，传播快，费用低<br>覆盖面广<br>通俗易懂<br>灵活多样，生动活泼 | 有声无形，印象不深<br>转瞬即逝，难以记忆保存<br>时间短促，听众注意力不够集中 |
| 网络 | 可以根据更精细的个人差别对顾客进行分类，分别传递不同的广告信息<br>网络广告是互动的<br>利用先进的虚拟现实界面设计，顾客有身临其境的感觉<br>信息传递量大，更新速度快 | 顾客是有限的<br>不一定适合所有产品，高新技术产品的广告效果较好<br>由于网民的主动性，如何吸引关注是网络广告必须考虑的 |

　　广告媒体并非一成不变，随着科学技术的发展和进步，新的媒体越来越多。

　　植入式广告是指把产品中具有代表性的视听品牌符号融入影视或舞台作品的一种广告，它能给观众留下深刻的印象，以达到营销目的。植入式广告随着电影、电视、游戏等的发展而兴起，企业可以在影视剧情、游戏中刻意插入产品或标志，达到潜移默化的宣传效果。由于受众对广告有天生的抵触心理，把广告融入这些娱乐内容的做法往往比硬性推销效果好得多。

星巴克的高科技
促销方式

### 2. 广告媒体的选择

　　在选择广告媒体种类时，除应了解各类媒体的主要优缺点外，还应考虑以下几方面因素。

　　（1）企业及产品的特性。服务对象和市场范围不同的企业对所选择的媒体应当有区别；经营不同性质的产品，对媒体要求亦应有异。对于一般生活用品，如需要展示有色泽或式样要求的商品，应选择电视、印刷品作媒体，以增加美感和吸引力；对工业品，如技术性较强的商品，宜选择报纸和专业性杂志，必要时亦可直接用样品展示。

　　（2）消费者接触媒体的习惯。一般认为，能使广告信息传到目标市场而不造成浪费的媒体是最有效的媒体，企业必须研究目标市场的消费者经常接触什么样的广告媒体。例如，儿童用品宜选电视作媒体；妇女用品宜登在妇女杂志或电视上，也可在妇女商店布置橱窗或展销。

（3）媒体的传播范围和影响力。选择时应考虑其传播信息的广度，还要考虑其影响的深度。

（4）媒体的成本。既要使广告达到理想的效果，又要考虑企业的经济承受能力，一般要对媒体的相对价值进行估算。例如，若将电视作广告媒体，需支付 200 万元，预计目标市场观看者 200 万人，则为每个人支付的广告费是 1 元；若选用报纸作广告媒体，费用为 100 万元，预计目标市场阅读者 50 万人，则为每个人支付的广告费为 2 元。经比较，应选用电视作为广告媒体。

总之，以上各因素在具体运用时可权衡利弊综合考虑，尽可能选择使用效果好、费用低的广告媒体。

## 四、广告效果的测定

广告效果，指广告接受者的反应情况。由于广告接受者的反应是多方面的，于是就形成了不同类别的广告效果。我们从促销效果和广告本身效果两个方面测定广告效果。

### 1. 广告促销效果的测定

广告促销效果，也称广告的直接经济效果，它反映广告费用与商品销售量（额）之间的比例关系。广告促销效果的测定，是以商品销售量（额）增减幅度作为衡量标准的。测定方法很多，主要有以下几种。

（1）广告费占销率法。这种方法可以测定计划期内广告费对产品销售量（额）的影响。广告费占销率越小，表明广告促销效果越好；反之则越差。其公式为：

$$广告费占销率 = ［广告费/销售量（额）］×100\%$$

（2）广告费增销率法。这种方法可以测定计划期内广告费增减对广告商品销售量（额）的影响。广告费增销率越大，表明广告促销效果越好；反之则越差。其公式为：

$$广告费增销率 = ［销售量（额）增长率/广告费增长率］×100\%$$

（3）单位广告费促销量（额）法。此种方法可以测定单位广告费促销商品的数量或金额。单位广告费促销量（额）越大，表明广告效果越好；反之则越差。其公式为：

$$单位广告费促销量（额）= 销售量（额）/广告费$$

（4）单位广告费增销量（额）法。此种方法可以测定单位广告费对商品销售的增益程度。单位广告费增销量（额）越大，表明广告效果越好；反之则越差。其公式为：

$$单位广告费增销量（额）= ［报告期销售量（额）－基期销售量（额）］/广告费$$

（5）弹性系数测定法。这种方法通过销售量（额）变动率与广告费用投入量变动率之比来测定广告促销效果。其公式为：

$$E = （\Delta S/S）/（\Delta A/A）$$

式中，$S$——销售量（额）；$\Delta S$——增加广告费用后的销售增加量（额）；$A$——广告费用原支出额；$\Delta A$——增加的广告费用支出额；$E$——弹性系数，即广告效果，$E$ 值越大，表明广告的促销效果越好。

影响产品销售的因素很多，广告只是其中因素之一，单纯以销售量（额）的增减来衡量广告效果是不够全面的。也就是说，上述测定方法只能作为衡量广告在计划期内的经济效果。当广告促销效果不理想时，也不应轻易否定广告，而应从其他各方面考虑分析。

**2. 广告本身效果的测定**

广告本身效果不是以产品销售数量的多少为衡量标准，而主要是以广告对目标市场消费者所引起心理效应的大小为标准，包括对商品信息的注意、兴趣、情绪、记忆、理解、动机等心理反应。因此，对广告本身效果的测定，应主要测定知名度、注意度、理解度、记忆度、视听度、购买动机等项目。常用的测定方法有以下几种：

（1）价值序列法。它是一种事前测定法。具体做法是，邀请若干专家、消费者对事先拟订的几则关于同一商品的广告进行评价，然后排序，依次排出第一位、第二位、第三位……排在首位的，表明其效果最佳，应选其作为可传播的广告。

（2）配对法。它也是一种事前测定法。做法是，将针对同一商品设计的两则不同的商品广告配对，请专家、消费者进行评定，选出其中一例。评定内容包括广告作品的标题、正文、插图、标语、布局等。

（3）评分法。此法既适合事前测定，又适合事后测定。做法是，将广告各要素列成表，请专家、消费者逐项评分，得分越高的，表明广告自身效果越好。

（4）访查法。这是一种主要适合于事后测定广告效果的方法。主要做法是通过电话、直接走访等方式征集广告接受者对广告的评价意见，以评价广告优劣。

# 任务四　营业推广策略

## 一、营业推广的概念和特点

### 1. 营业推广的概念

营业推广又称销售促进。它是指企业为了促使目标市场的顾客尽快、大量、重复购买其经营的产品而采取的一系列鼓励性促销措施，它适用于一定时期、一定条件下的短期特殊推销。营业推广是构成促销组合的一个重要组成部分，也是一种行之有效的辅助性促销方法。

### 2. 营业推广的特点

营业推广的目的是在短期内迅速刺激消费者的需求，使销售取得立竿见影的效果，它具有以下特点。

（1）刺激需求效果显著。为了实现一时一事的成功推销，营业推广攻势强烈，似乎以"机不可失，时不再来"的较强吸引力，给顾客提供了一个特殊的购买机会，打消了顾客购买某一种商品的惰性，因此能花费较小的费用，在局部市场取得较大收益。

（2）营业推广是一种辅助性促销方法。营业推广虽能在短期内取得明显效果，但由于多数营业推广方式是非正规性和非经常性的，一般不能单独使用，常常是配合广告宣传、人员推销、宣传报道等常规性促销方式使用的。

（3）营业推广有两面性。由于企业运用营业推广力图短期内实现销售目的，所以许多的营业推广方式一方面表现出迫使顾客产生"过了这个村，就没有这个店"的紧迫感，另一方面也表现出卖者有急于抛售商品的意图。若频繁使用或使用不当，往往会引起顾客对产品质量、价格等产生怀疑，有损企业或商品的形象，导致不良的促销结果。因此，营业推广只适用于一定时期、一定商品，而且推广手法需审慎选择，注意选择适当的方式方法。

## 二、营业推广的形式

营业推广的形式可归纳为三类：第一类是直接鼓励消费者和用户购买和重复购买；第二类是鼓励中间商大量进货代销，加速贷款回笼；第三类是鼓励推销人员努力开拓市场扩大销售。企业可以根据营销目标、实力及目标市场环境来确定适当的营业推广方式。营业推广主要有以下形式，如图11-3所示。

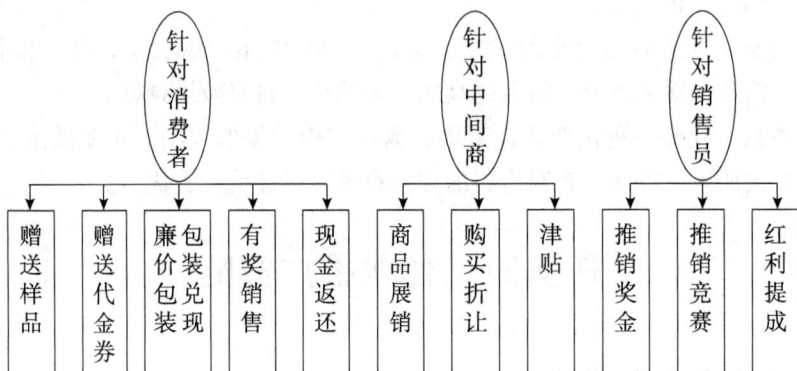

图11-3 营业推广形式

（1）赠送样品。它是让消费者免费试用、试看、试听产品，以使消费者了解产品、产生兴趣，从而引起购买欲望、发生认购的一种方法。另外为获取消费者对产品的反应，可以有选择地赠送，也可附在其他商品中赠送。

（2）赠送代金券。代金券是送给消费者的一种购货券，顾客可按优惠价格购买某种商品。代金券可以邮寄，也可附在商品和广告中赠送，还可向购买商品达到一定数量或金额的顾客赠送。

（3）廉价包装和包装兑现。廉价包装主要是吸引"经济型"顾客，可以将小包装换为大包装，还可用多用途包装、系列包装。包装兑现是采用商品包装来兑现现金或实物，如收集若干某种饮料的瓶盖可兑换一定数量的现金或实物，借以鼓励消费者重复购买，也体现绿色营销观念。

（4）有奖销售。它是采用发奖券或号码中奖的方法，使顾客在购买时不仅得到商品，而且有额外的收获，主要是利用顾客的侥幸心理。这是工商企业，特别是零售企业常用的一种营业推广方式。

（5）现金返还。只要消费者购买了规定的产品，可立即在购买处获得现金返还。现金返还的形式有定额返还、比率返还、差额返还、与抽奖结合的现金返还等。促销活动的组织者应该根据各等级的返还比例来预算返还金额数。现金准备要充分，以免失信于消费者，引起不必要的纠纷。

（6）商品展销。商品展销会、交易会、订货会是不定时或定时、不定点或定点举行的应用广泛的营业推广形式，参展能显示企业自身的经济实力和贸易水平，因此是难得的营业推广机会和有效的促销方式。

（7）购买折让。为刺激、鼓励中间商大批量购买产品，企业会给予第一次购买的中间商和购买数量较多的中间商一定折扣。

（8）津贴。企业向中间商免费或低价提供陈列商品，支付一定比例的广告费用和一定比例的运费等补贴或津贴，以巩固和促进与中间商的长期合作。

（9）推销奖金。企业对经销产品有突出成绩的中间商给予的奖励。奖励可以是现金，也可以是免费赠送附有企业名字的特别广告赠品，如钢笔、日历、文化衫、领带等。

（10）推销竞赛。为刺激和鼓励中间商或企业的推销人员努力推销，确定一些推销奖励办法对业绩优良者进行鼓励，奖励方式可以是现金也可是物品，还可以提供旅游机会等。

（11）红利提成。为鼓励推销人员积极推销，可按业绩提成，也可按利润提成。另外，还可以奖励其股份，以增强其工作积极主动性。

## 三、营业推广应考虑的因素

营业推广是一种促销效果比较显著的方式，但使用不当，不仅达不到目的，反而会影响产品销售，甚至损害企业形象。因此，企业在运用营业推广的促销方式时应主要考虑以下因素。

（1）选择目标对象。由于消费者、中间商、企事业单位有各自不同的购买特点，因此在选择营业推广的方式时，应根据目标市场和整体策略来确定推广目标和对象，在企业能力所及的情况下，确定促销规模和程度，如在教师节时，选择教师及学生作为营业推广的对象。

（2）确定合理期限。营业推广时间，既不能过长，也不宜过短。因为时间过长，消费者会认为这只是一种长期降价，会习以为常，失去兴趣；时间过短，一些潜在买主也许恰好此阶段没采购，没有达到最佳促销效果。因此，一般应给消费者"欲购从速"的吸引力，又要避免"草率从事"。

（3）切忌弄虚作假。营业推广这种促销方式本身就有贬低产品质量之意，企业再弄虚作假，无疑是自毁商誉。在市场竞争日益激烈的背景下，企业商业信誉是十分重要的竞争优势，企业没有理由自毁商誉。然而在实践中这样的案例还是很多的，应引起企业足够的重视，弄虚作假是营业推广中的最大禁忌。

（4）禁忌恶俗促销。恶俗促销即与现行社会及他人的风俗习惯、道德观念相背而行，突破道德底线、诱惑人们行为违背自身意愿，冲击社会公序良俗的促销方式。

（5）注重推广中后期宣传。开展营业推广活动的企业比较注重推广前期的宣传，这非常必要。在此还需提及的是不应忽视推广中后期宣传。在营业推广活动的中后期，面临的十分重要的宣传内容是营业推广中的企业兑现行为。这是消费者验证企业推广行为是否具有可信性的重要信息源。所以，令消费者感到可信的企业兑现行为，一方面有利于唤起消费者的购买欲望，另一方面可以换来社会公众对企业良好的口碑效应，强化企业的良好形象。

此外，应注意确定合理的推广预算，科学测算营业推广活动的投入产出比。

# 任务五　宣传报道

宣传报道作为促销方式之一，在刺激消费、增加销售、改善形象、提高知名度等方面都有十分重要的意义。

## 一、宣传报道的含义和作用

### 1. 宣传报道的含义

宣传报道是指企业以非付费方式，通过各种大众传播媒体来宣传企业及其产品，以达到促进销售的目的。

可以这样理解宣传报道：

（1）企业无须为占用报刊版面、播映时间而付费。

（2）企业只要围绕一个可销售的实体（品牌、产品人物、场所、思想、主意、活动、组织等）制造事件和新闻，撰写有价值的新闻报道，由第三方介绍给广大公众，企业无须出资就能达到宣传产品的目的。

### 2. 宣传报道的作用

宣传报道作为一种重要促销手段，有以下几个重要作用：

（1）卖主可利用宣传报道来宣传介绍新产品、新品牌，从而打开市场销路。

（2）当某种产品市场销售量下降时，卖主可利用宣传报道来恢复消费者对这种新产品的兴趣，以刺激消费，增加销售量。

（3）知名度较低的企业可利用宣传报道来引起人们注意，提高知名度、美誉度。

（4）公众形象欠佳的企业和被公众误解的企业可利用宣传报道来改善企业形象。

### 3. 宣传报道的特性

宣传报道与其他促销手段相比，具有许多优势，这是由宣传报道的特性决定的。

（1）高度真实性。由于新闻报道出自第三方记者，所以，消费者认为其有较强的客观性和真实性。

（2）没有防御性。对企业广告或推销人员心存戒备的消费者一般不会对宣传报道反感，因为这是一种新闻活动，消费者在心理上不必担心上当受骗。

（3）富有趣味性。宣传是把企业及其产品呈现在公众面前，使其产生潜在作用，远比广告人员推销的影响效果更好。

实践中多数企业并没有完全意识到宣传报道的这些特性。因此，对宣传报道还不像对广告那样重视。其实，一个企业或一种产品由于具有新闻价值而被宣传报道，其效果往往比花钱做广告更好。

## 二、宣传报道决策

### 1. 确定宣传报道的目标

宣传报道目标可以有许多，如改善企业形象、提高产品知名度、扩大销售范围、增加市场份额等。企业应针对某一时期的具体情况确定宣传报道的不同目标。

### 2. 选择宣传报道的内容和方法

宣传报道的目标被确定后，可供选择的宣传方式有以下几种。

（1）提供实证或间接证明。

（2）对产品性能、成分进行科学论证，如聘请著名专家或权威机构对产品进行鉴定或推荐等。

（3）宣传产品特色或经营特色，如介绍有关历史典故、民间传说等。

（4）举行报告会、纪念会、发布会、赞助活动或主办比赛、开展义卖等。

### 3. 评价宣传报道的效果

评价宣传报道的效果最大的难题是宣传报道往往都同其他促销方式配合使用，很难分辨清楚宣传究竟起了多大作用，但如果在使用其他促销手段前开展宣传，则评价其效果就容易多了，一般企业可以根据宣传报道展露次数、顾客知晓—理解—态度的改变以及销售变化来测定宣传的效果。

### 思考与练习

1. 为什么说促销的实质是信息传递？
2. 何谓促销组合？影响促销组合的因素有哪些？
3. 人员推销有什么特点？
4. 试述主要广告媒体的特点。
5. 什么叫营业推广？营业推广的方式有哪些？
6. 什么叫宣传报道？宣传报道有哪些特性？

### 技能训练

#### 空调促销策划

**一、训练目标**

1. 了解促销的基本概念及构成、促销组合的特点及作用、促销的常用方法；

2. 通过概念讲解和案例分析掌握促销的基本概念和常用方法。

二、训练内容

1. 促销的概念。

2. 常见促销组合的构成。

3. 常见促销的方法。

4. 请参阅近来各大媒体关于空调促销大战的报道，考虑若你作为空调企业的营销人员，在激烈的市场竞争中应如何促销？

5. 某公司促销方式的选取和调整。

某公司推出一种空调新产品，拟订半年内获取在某地市场20%的市场占有率。该空调第一次购买率达50%，再购率达29%。该公司决定增加更多的购买者以提高购买率，企业面临的产品及市场状况如下。

（1）新产品知名度不高；

（2）市场以同类竞争产品为主；

（3）企业以服务产品为主；

（4）另增加投资预算可能性小；

（5）销售力量有限。

请你策划如何采取促销工具及促销组合并说明理由。

三、训练评价（见表11-4）

表11-4　　　　　　　　　　　训练评价

| 评价内容 | 评价标准 | | 评价权重 | 小计（分） |
|---|---|---|---|---|
| 空调促销策划总结 | 内容 | 完整性 | 10 | 60 |
| | | 可行性 | 10 | |
| | | 创新性 | 20 | |
| | 格式 | 规范性 | 20 | |
| PPT展示环节 | 内容 | 条理性 | 10 | 40 |
| | | 准备性 | 10 | |
| | | 创新性 | 10 | |
| | 现场表现 | 语言流利 | 5 | |
| | | 表现自如 | 5 | |
| 合计 | | | | 100 |

# 项目十二　政治权力与企业公关

## 学习目标

1. 了解政治权力与企业公关的含义。
2. 熟悉政治权力与企业公关原理。
3. 掌握政治权力与企业公关的方法。

## 案例导入

### 民营企业对高质量共建"一带一路"越发重要

习近平总书记2021年4月在广西考察时指出，我们鼓励民营企业发展，党和国家在民营企业遇到困难的时候给予支持、遇到困惑的时候给予指导，就是希望民营企业放心大胆发展。

我国民营企业积极响应中央号召，坚持以市场为导向，以项目为载体，积极参与国际竞争和全球资源配置，已经成为推动共建"一带一路"走深走实的生力军。在国际贸易受挫的大背景下，民营企业迎难而上、奋发有为，发挥自身独特优势，推动共建"一带一路"高质量发展。

在中国企业中，民营企业数量所占的比重为90%。根据全国工商联发布的《中国民营企业500强调研分析报告》，2014年，在"一带一路"倡议提出初期，中国民营企业500强中参与"一带一路"建设的企业数量为65家，至2019年，这一数据增长了近两倍，上升为191家。

疫情以来，国外智库预测中国民营企业对"一带一路"的参与度将得到显著提高。世界经济论坛预测，由于疫情造成的相关金融疲软，中国民营金融机构将会发挥更大的作用。

事实证明，疫情期间民营企业在经济复苏和"一带一路"建设中发挥了重大作用。得益于跨境电子商务的蓬勃发展，民营企业在疫情期间对海外市场进行有效维护和拓展。民营企业作为我国对外贸易的重要主体，对于抵消疫情对经济的冲击起到了重要作用。

国内疫情得到有效控制后，民营企业在国际贸易中彰显出更大活力。2021年4月13日，海关总署发布2021年第一季度进出口情况，我国民营企业成为拉动外贸增长的最主要力量，进出口增速比同期我国外贸整体增速高13.5个百分点。

此外，与"一带一路"沿线国家贸易更为密切，我国对"一带一路"沿线国家进出口2.5万亿元，增长21.4%，其中对越南、印度尼西亚、波兰等进出口均实现了较快增长。民营企业显示出的巨大经济活力，为其在"走出去"的过程中与"一带一路"沿线国家密切贸易联系奠定了充足物质基础。

一是进一步发掘和弘扬企业家精神。

企业家精神是企业生存和发展的重要源泉和灵魂所在。企业家精神可以被视为创新、冒险、诚信、敬业、责任感等精神品质的集合。随着民营企业成为国际舞台上日益活跃的行为主体，企业家精神越来越侧重于创新和企业社会责任这两个内核。

民营企业发挥了创新的主体作用，重视产品、制度、技术和理念的创新。同时，企业家精神的发挥要注重履行社会责任和实现可持续发展目标，融入东道国的可持续发展政策，将企业发展与保护生态环境、增加社会福祉等可持续发展目标相结合，积极履行企业社会责任，协助当地抗击疫情，为保护"一带一路"沿线国家人民的生命健康作出贡献。

二是注重软实力建设和品牌战略实施。

在全球化的今天，企业和企业家越发成为传递软实力的重要主体。民营企业在"走出去"的过程中成为促进民心相通、推动民间外交的重要力量。

提升中国民营企业品牌影响力和软实力，打造有内核、有竞争力的企业，有利于提高中国产品的可信赖度和美誉度，吸引更多的国家和地区参与到"一带一路"合作中来。

在"一带一路"建设中，企业在保障经济利益、输出产品和技术的同时，应做到企业品牌的打造和提升，重视人文交流和对当地社区的融入，注重企业海外形象塑造，讲好"一带一路"和中国企业的故事，逐步形成国际化的品牌效应。

三是积极参与数字丝绸之路和健康丝绸之路建设。

数字化和智能化是未来企业发展的一大趋势，疫情使得数字经济发展迎来重要机遇。疫情加速了全球经济的数字化转型，促进了数字化解决方案、工具和服务的使用。

在人员、物资流动受限的疫情期间，我国许多民营企业通过"云会议""云签约"等形式保障了海外项目的顺利推进。一些中国民营科技公司积极竞购海外市场份额，其利用人工智能识别和监测病毒携带者的经验技术也在泰国等"一带一路"沿线国家中得到广泛传播和应用，体现出民营科技公司通过技术传播积极打造"智慧经济"的良好势头。

疫情逐步得到控制之后，民营企业应抓住这一契机，注重以5G、人工智能、工业互联网、物联网为代表的新型基础设施建设和项目合作，深度挖掘与转化"一带一路"数据资源。同时，抓住公共卫生外交的窗口期，加大"一带一路"框架下健康领域的合作，适时成立"一带一路"公共卫生援助基金，加强公共卫生领域人才培养与合作机制建设，推动全球公共卫生治理。

（资料来源：孙夏媛，赵磊，《民营企业如何高质量参与共建"一带一路"》，《学习时报》，有删改）

从上述案例可以看出，中国民营企业与"一带一路"沿线国家有着密切的贸易联系，积极参与国际竞争和全球资源配置，取得了营销活动的巨大成功。20 世纪 80 年代以来，贸易保护主义盛行，特别是西方发达国家日益增长的贸易保护主义和政府干预的威胁和影响，使企业面临着高额的关税和形形色色的非关税壁垒。而在未来很长的时间里贸易保护仍然是多国贸易政策的支撑点，一些发达国家由于竞争的激烈会不断实施贸易保护；保护的手段时而透明、极端化（关税等手段），时而隐蔽化（各种非关税壁垒）；新的保护手段不断应势而生（各种技术和绿色壁垒）；整体保护增强（更多贸易组织会不断出现）。

如果企业仅仅采用"4P"（产品、价格、渠道、促销 4 大营销组织策略）理论，消极适应企业的外部环境，显然已不能奏效。1984 年，美国著名的市场营销学家菲利普·科特勒首次提出了大市场营销理论。大市场营销理论认为：要打入被国际上新贸易保护主义以及国内的地方保护主义封闭或保护的市场，首先应该应用"政治权力"策略，必须得到有影响力的政府部门和立法机构的支持，采取政治上的技能和策略打入市场；其次，利用"公共关系"策略，即利用各种传播媒介与目标市场的广大公众搞好关系，以树立该企业及该企业产品的良好形象。

菲利普·科特勒的大市场营销理论突破了市场营销环境是不可控制因素的传统看法，认为企业不应只是消极被动地去适应、服从外部环境，而应该积极主动地去改变环境，通过"政治权力"和"公共关系"扫清流通道路上的障碍，变封闭性市场为开放性市场。

# 任务一　政治权力

政治权力是指在特定的力量对比关系中，政治权力主体依靠一定的政治强制力，为了实现和维护自身的利益或原则，在政治运行过程中体现出的对一定政治客体的制约能力和支配能力。

借助政治权力开展营销，主要基于以下原因：包括政府在内的各种权力组织对营销活动的影响长期存在；在国际市场中，政治权力对营销活动的影响作用更为显著，因为企业要开拓国际市场首先面临着国际上的各种权力屏障；各国政府都对企业有着巨大影响，而实践中企业也一直在寻求政府权力的支持。

政治权力是经济社会客观存在的、企业不可控制的因素。

## 一、政治权力对企业营销的影响

政治权力对企业营销的影响可以从以下三个方面进行分析和理解。

### 1. 政府间接干预企业营销活动

政府通过立法、市场活动限制、参与买卖活动，安排产品配额制，确定关税及各种非关税壁垒等，对市场营销进行干预。政府政策包括政治、财政、环保、经济调控以及法律活动，这些都会间接影响企业在特定市场从事的行为。

美国《芯片法案》

### 2. 各权力阶层影响企业营销活动

处于某种权力位置的团体或个人，出于其自身利益和相关集团利益的考虑，或者由于认识上的偏差，会利用其自身的地位和权力实行消费倾向诱导，造成对某些产品的偏爱，而对某些产品歧视。这里可应用或借助的直接权力包括法定权力、专家权力、信仰权力、参照权力、奖惩权力、形象权力等。

### 3. 政府与企业之间密切互动，影响和控制营销活动

西方企业与政府之间的互动影响营销活动是非常清楚的事实。一方面，西方企业通过捐款、资助政党及候选人的选举，寻找政界"代言人"，并积极游说以影响政府制定有利于企业或本行业的政策，甚至凭着与政府高级官员的特殊关系或特别政治背景来为企业争取更多利益、为企业产品行销提供"特别通行证"等，以此提高竞争优势。另一方面，各级政府机构为提高执政期的"亲善力"和"号召力"，都分别聘请企业界人士资政，甚至国家首脑出访，亦往往伴随着大批企业家以及大量订单等。

权力营销，就是探讨政治权力对营销活动影响的规律，求得有影响力的政府部门和立法机构的支持，采取政治上的技能和策略开展营销活动。

权力营销是大营销中的新"P"之一，在一定条件下，其威力尤为强大。现代企业进行权力营销时，一方面要直接利用权力开展营销活动，另一方面要利用政治环境，变不可控因素为可控因素来开展营销活动。

在这里必须加以说明的是，权力营销作为一种经营手段，与滥用职权、贪污腐败是两码事；而且仅靠权力这么一种策略，也未必就能够让企业进入一个市场并巩固其在市场中的地位，即还必须结合产品、价格、分销和促销组合策略才可能成功。

## 二、开展权力营销的对策

政策、法律是政府权力运用的结果，也是企业营销环境的一个不可控因素。传统观念认为，企业只能在政策、法律允许的范围内开展营销活动，被动地服从政策、法律的要求。但现代观念认为，企业在一定程度上不仅能够主动地服从政策、法律的要求，也能对政策、法律环境予以主动的利用和影响。

现代企业主动运用政治权力营销的对策主要有以下几个方面：

（1）企业领导者要走出对政治权力营销理解的误区，扭转发挥权力在营销活动中的作用是"以权谋私"的偏见；探讨目标市场中的权力结构，寻找可借助权力的机会，开展营销活动。

（2）研究权力自身的规律，探讨正确有效发挥各种权力在营销作

德国总理朔尔茨访华
随行名单有玄机

用中的方式。分析目标市场环境中的权力结构，判断结构中的关键人物，制定相应的策略；适当补偿反对者，通过补偿反对者所遭受的损失，使它们保持中立；积极争取中立者，把中立者转变为同盟者；紧紧联盟支持者，使分散的个别力量变为集合在一起的力量。

（3）针对当地社会发展中的最关键问题，提供必要的资金或支持，往往可以产生强烈的正面冲击力，使企业处于主动地位。

（4）通盘考虑目标市场国各权力团体的利益，避免出现新的对立面。

（5）充分开展公关活动，利用当地各种大众媒介，在目标市场环境中树立良好的社会形象。

# 任务二　企业公关

## 一、企业公关的概念与特点

"公共关系"一词源于美国，其英文缩写为 PR（Public Relations），简称公关。

企业公关是指企业为了协调与公众之间的利益关系、树立自己良好形象、营造优良的营销环境与舆论氛围而采取的一系列有计划、有目标的持续活动。

企业公关既是一种社会关系活动，实现企业与各方面公众的相互理解，企业形象是企业公关的核心；也是一种促销活动，能够引起关注、激发兴趣、建立信任，最终目的是促进商品销售，提高企业市场竞争力。在日趋激烈的市场竞争中，一旦企业建立了良好的形象，就拥有良好的企业信誉，从而使企业在竞争中占据有利地位。

从企业公关的概念可以看出，企业公关具有以下几个特点。

### 1. 企业公关是一项持续性活动

企业通过持久而有计划的努力，运用传播手段与公众进行交流沟通，树立良好的企业社会形象和声誉，从而获得公众的理解、信任、支持，提高企业与公众之间的利益协调程度。良好的企业社会形象和声誉，也能为企业的生产经营带来长期的促进效应。

### 2. 企业公关对象多样

人员推销、广告、营销推广等各种促销的对象主要针对消费者、中间商、供应商、竞争者等外部公众，而企业公关的对象既包括外部公众，也包括企业内部公众，既包括现实公众，也包括网络公众，从而建立内外和谐的营销氛围。

### 3. 企业公关是一种间接促销措施

企业公关与其他促销形式相比，不是直接进行产品销售，而是运用各种公关工具如新闻媒介、公开发行物、活动赞助、制造事件及相关视觉形象等注重提升企业形象，让消费者对企业产生信任和感到满意，从而对其产品也予以信任，间接达到产品销售的目的。

### 4. 企业公关追求共赢

企业与各种社会组织之所以能够建立一种长期的互助合作关系，就是各方都遵循"真诚合作、平等互利、共同发展"的基本原则，在合作过程中，能够满足各方的不同需求，实现互利共赢。

**5. 企业公关具有戏剧性**

经过特别策划的企业公关事件具有戏剧性，容易成为公众关注的焦点。

## 二、企业公关的重要作用

公共关系是一门"内求团结，外求发展"的经营管理艺术，是围绕着"塑造形象，优化环境"的总体目标而展开的传播沟通活动，是一项与企业生存和发展息息相关的职能。其重要作用主要表现在以下几个方面。

**1. 建立与顾客的良好关系**

企业与市场的关系，最主要、最根本地表现在企业与顾客的关系相处得如何，建立与顾客的良好关系是促进企业产品销售的重要条件。企业可以通过举办或赞助各种活动，如新闻发布会、社会公益活动、文化娱乐活动等，以形成企业与顾客之间和谐的氛围。企业也可以通过举行各种服务与教育活动，提供各种咨询服务，进行有关产品使用与维护知识的普及教育等，以减少顾客对企业的抱怨，不断地改进企业的营销工作，更好地满足顾客的需求。通过这些公关活动的开展，将会为扩大企业产品的销量起到重要的促进作用。

**2. 激发顾客对企业与企业产品的兴趣**

企业要通过各种有效的传播手段和服务项目向顾客宣传，引起顾客对企业的兴趣，争取顾客的支持和信任。顾客一旦对一种产品的兴趣降低，该种产品销售量必然要下降。企业的营销部门通过随时了解顾客对同类产品消费兴趣的变化情况，同时针对顾客的消费兴趣变化开展公关活动，以树立该企业及产品能够随时满足顾客消费需求的形象。

**3. 协助对企业或产品的重新定位**

每个企业以及它的产品在消费者心目中都有一定的形象，这种形象一旦形成，要想通过其他的促销方式改变比较困难，但公关在这方面可以发挥较大的作用。

**4. 创造有利于企业产品销售的外部环境**

外部环境对企业来说虽然是不可控制的、多变的，但企业可以通过公关活动的开展，树立良好形象，尽量避免外部环境条件向着不利于企业产品销售方向变化；强调长远利益而不只是追求近期经济效益，以对营销起到积极的推动作用；推动政府在制定行政法规的过程中充分听取企业和行业协会、商会的意见；与有关社会团体或机构建立良好的关系，使其及时对企业的各种活动进行新闻宣传，对企业的产品进行推广；与竞争者协调关系，避免竞争者采取对抗措施进行生死搏杀等。

**5. 有利于企业被看作"社会的事业"**

总结现代企业成功的经验，其中重要的一条，就是企业使命社会化。即一个企业的事业如果被社会看作是企业自己的事，这个企业就很难被社会关心，企业经营很难取得较大成功。相反，如果企业的事业被看作是"社会的事业"，社会就会主动关心和帮助这个企业。而企业是不是被社会所认可和接受，除了在于企业对社会的贡献外，还要看企业被社会理解的程度和企业理解社会公众的程度。通过公关活动，可以使企业与社会相互理解成为双方自觉的行为，企业也就有可能取得成功。

### 三、企业公关原则

企业公关过程中应遵循以下原则。

**1. 真实可信原则**

企业要在社会公众心目中树立良好的形象，必须遵循真实可信原则，企业开展各种公关活动如新闻发布会、记者招待会、展览会、周年庆、联谊活动、网络推广等必须实事求是，以事实为依据，从而形成有力的社会舆论，创造良好的营销环境，获得社会公众信任。

**2. 互利互惠原则**

企业公关不仅要考虑企业的利益，还要考虑社会公众利益，产品的质量是企业的生命，也是树立企业良好形象的关键。在坚持社会公众利益与企业利益相统一的同时，要始终把社会公众利益放在首位，这最终有利于企业利益。

**3. 调查研究原则**

企业公关必须重视调查研究，了解内部与外部信息，根据调查结果和丰富的实战经验，确定企业现在的形象与定位、市场需求、市场竞争、外部机会与威胁、内部优势与劣势等情况，精心策划，制定出科学合理的企业公关策略，并规范实施和严格评估。

**4. 全员参与原则**

企业公关不仅是公关部员工的工作，企业的全体员工都要有公关意识，都要能按照企业公关的要求，把日常工作与企业良好形象的树立密切联系。全员参与是企业开展公关工作取得成功的保证。

**5. 承担社会责任原则**

企业公关活动必须以承担社会责任为前提，注重社会整体效益，向社会开放自我，具有清醒的社会责任感，这样社会就会主动关心和帮助这个企业。

华为助力海南
长臂猿保护

### 四、企业公关要素

#### （一）公关主体

公关主体指各类社会组织，即执行一定社会职能、实现特定的社会目标、构成一个独立单位的社会群体。在市场营销过程中的公关主体就是企业。企业的直接目标就是盈利，首先要与其所有者、管理者以及对其经营成败存在决定性意义的顾客建立良好关系。

#### （二）公关对象

公关对象即一个企业所面临的公共的、社会的关系。任何一个企业要生存和发展，就必须科学地分析和处理各种社会关系，为企业的发展创造最佳的社会关系环境。公关对象的重要作用体现在四个方面：①公关对象是企业公关活动的重要组成部分；②公关对象是确立公关目标的依据；③公关对象是有效组织公关活动的前提；④公关对象是提高企业公关效果的保证。

企业的公关对象主要有以下几方面。

### 1. 顾客

在市场经济条件下，满足顾客的需求是企业一切活动的出发点。因此，企业首先应使顾客（包括外部顾客、内部顾客和网络顾客）对该企业产生良好的印象，以良好的企业形象和声誉吸引顾客。为了建立与顾客的良好关系，企业应始终坚持为顾客提供满意的服务的观念，与顾客进行有效的沟通，特别是要注意处理与顾客的纠纷，因为顾客的满意就是最好的广告。

### 2. 中间商

企业产品的销售通常是通过中间商进行的，因此，与中间商关系的好坏，是决定企业产品销售量高低的重要环节。企业应迅速、准时地给中间商提供品质优良、价格合理、设计新颖、适销对路的产品，为中间商提供各种销售便利和服务。

### 3. 供应商

为了保证企业产品的正常生产，需要有充分的原材料、零部件、工具、能源等供应，也就是说，必须与供应商建立和维持良好的关系。

### 4. 社区

社区是企业的所在地，企业要与所在地的其他企业、机关、学校、医院、公益事业单位、居民等发生各种各样的联系。社区关系的好坏，影响着企业的生产与经营活动。企业应与社区包括虚拟社区携手，共同繁荣社区的地方经济，与社区共建精神文明，以获取社区的理解与支持。

### 5. 政府

企业要生存和发展，离不开政府的支持和帮助。政府的各个职能部门所制定的政策、法规会直接或间接地影响企业。因此，企业必须经常与政府有关部门进行沟通，及时了解有关的政策、法规及计划，并使之能尽量有利于企业的发展。

### 6. 媒介

媒介是企业最特殊的一种公关对象，企业的公关活动通常要借助媒介工具来进行，通过媒介向外发布，以扩大活动的影响。因此，企业的公关部门要与媒介保持密切的关系，最好能与媒介

华为亚太最大规模的区域"未来种子"开幕十六国青年齐聚跨文化科技之旅

工作人员建立良好的私人关系。企业特别要慎重对媒介的批评报道，既不应盲目接受，也不能拒不接受，而是要采取冷静的态度进行设想和分析，以求重新树立企业的形象和信誉。

此外，企业不能忽略与竞争对手的关系协调。

### （三）公关传播

公关传播是指企业与公关对象之间交换与传递新闻、事实、意见、感情的信息过程。

当企业明确了公关目标，确定了目标公众，有了公关活动的设想后，便要考虑如何运用媒介尤其是网络媒介把目标和设想付诸实施。媒介即传播，它是连接企业和公众的桥梁，是完成沟通的工具，也是实现公关目标的手段。

公关传播可以分为自觉传播和自发传播两种。企业公关传播以自觉传播为主。由于是企业主动、有意识、有计划地开展各种信息传播活动，因此这种自觉传播活动比自发传播活动要高效得多。为了做好自觉传播，企业必须对媒介进行有效的运用，以提高传播效果。

## 五、企业公关谋略

（1）通过一定的公关活动，保持企业领导与员工的沟通和交流，增强员工的向心力、凝聚力和归属感，充分调动员工的积极性、主动性和创造性。

（2）通过公关活动，提高投资者对企业的信心和兴趣，以便吸引更多的投资者和支持者，推动企业发展壮大。

（3）赞助社会公益事业，通过赞助和参与文体娱乐活动，如赞助运动会、捐助希望工程、扶贫、救灾等，充分表达企业对社会的一份责任和一片爱心，让公众了解企业关心社会、造福社会的行动和贡献，以赢得社会公众对企业的好感与支持，获得商业上的优势。

（4）加强与新闻界的沟通，改善与媒介包括网络媒介的关系。良好的媒介关系能够增加媒体的报道和进行友好的正面的公共宣传，向社会各界传播企业的相关信息，宣传、推介企业对社会的贡献，从而形成有利于提高企业形象的社会舆论导向。新闻媒介传播是一种免费广告，具有客观性和真实性，所产生的影响远远高于单纯的商业广告。同时良好的媒介关系还可能阻止负面的报道。

"社会+经济+环境"
多方共益的可持续项目

（5）企业面临困难或企业的意图受到误解或受到公众批评时，通过各种公关活动，以联络感情来争取公众的同情与支持，以便创造有利的环境和氛围，帮助企业渡过难关，并增强企业抗风险的能力。设法同社会公众沟通，让他们了解该企业的性质和存在的意义，尽快消除误解，恢复公众对企业的信任。

（6）利用企业扩展、纪念庆贺、领导层人事变动、新技术开发等时机，通过招待会、宴会等形式的公关活动，让更多的公众（包括经销商、消费者）了解企业的信誉、产品，巩固企业形象，提高知名度和美誉度。

（7）通过消费咨询、免费维修等形式，使社会公众获得服务性的实惠，增加社会各界对企业信誉的深刻体验，从而提升企业形象。

（8）当企业出现严重事故或产品造成不良后果时，立即向新闻界、有关家属、政府有关部门解释事故原因和处理方法，让他们了解到企业所做出的努力和承担责任的诚意，重树企业良好形象。

（9）以适当的方式让政府有关部门和有关人士，甚至国家领导人了解企业的性质、存在的意义、发展的前景，协调同政府部门之间的关系，获得其有力的支持。

（10）通过征询热线、问卷调查、民意测验等形式，吸引社会各界参与企业发展的讨论。这样既可以了解社会各界对企业形象的认识程度，以利于进一步改善企业形象，又可以在征询过程中达到与社会各界密切联系、沟通信息的目的。

（11）企业通过公关活动，在社会公众中普及与本企业产品有关的正确的消费方式、生活方式等，既为本企业产品的推销创造一个良好的环境，也为全社会形成健康的消费习惯作出贡献。

（12）企业通过网络媒介进行公关，例如，利用企业网页，树立企业形象；利用网络新闻公告，拓展企业公关业务；通过网络舆论，创造良好的社会舆论氛围；借助网络，为舆论的传播提供便利的途径，使得公众各方面的意见与企业及时、广泛、深入地进行交换。

（13）企业开展电子商务，使企业公关职能与销售管理职能紧密结合，寻求与 ERP（企业资源规划）、CRM（客户关系管理）的相互联结，力求取得最佳的公关效果。

可口可乐馆
"快乐工坊"

## 六、企业公关步骤

企业公关活动是围绕企业形象进行信息收集、传播沟通、咨询建议和协调引导的综合性、连续性的活动，作为一个完整的工作流程，企业公关活动一般分以下几个步骤进行。

### 1. 做好企业公关调研

企业公关调研是企业公关活动的起点，是做好公关活动的基础。企业进行公关调研的目的在于了解社会公众的意见，及时把握舆论导向，并将这些意见反映给领导层，使企业的公关决策科学化，有利于企业准确地进行形象定位，塑造良好的企业形象。企业公关要做到有的放矢，必须做好以下三项工作：审核已收集的公关资料，分析企业公关现状；明确企业公关存在的主要问题及原因；了解企业形象的选择与规划。

### 2. 确定企业公关活动的目标

企业一旦确定需要开展公关活动，在公关调研的基础上，要根据企业营销的总目标和社会公众对企业的了解和意见，建立本次公关活动目标，使活动的各个方面都能围绕公关目标而高效、有序地进行。企业在确定目标时，一般应以企业的总体目标为基础，从建立企业或产品的知名度、树立企业形象、迅速扩大市场、刺激产品销售等方面考虑。

一般来说，企业公关目标主要有以下几类。

（1）新产品、新技术研发过程，要让公众有足够的了解。

（2）开辟新市场之前，应对新市场所在地的公众宣传企业的形象和声誉。

（3）调整产业结构，要树立企业新形象，使之与新产业、新产品相适应。

（4）企业的产品在社会上造成不良影响时，要及时进行公关活动以挽回影响。

（5）创造一个良好的消费环境，在公众中普及同本企业有关的产品消费方式等。

### 3. 选择公关对象

根据企业公关调研结果及据此确定的公关目标选择适当的公关对象，是保证实现企业的公关目标的重要条件。不同的公关目标决定了公关传播对象的侧重点的不同。对于公关对象的选择要注意两点：一是侧重点是相对的。企业在针对某类公关对象进行公关活动时不能忽视了与其他公众的有效沟通。二是在某些时候（如企业出现某些危机时），企业必须加强与各类公关对象的沟通，以赢得社会各方面的理解和支持。

### 4. 制定公关方案

制定公关方案主要要解决以下六个问题：①做什么？明确公关活动项目。②怎么做？明确公关活动策略。③谁来做？明确公关活动主体。④什么时候做？明确公关活动时机。⑤通过什么方式做？可供企业选择的公关方式包括战略性公关（建设性公关、维系性公关、进攻性公关、防御性公关、矫正性公关等）和战术性公关（宣传性公关、交际性公关、服务性公关、社会性公关、征询性公关等）两大类。⑥费用是多少？明确公关活动的基本费用（人工费、办公经费、器材费）和活动费用（招待费、庆典活动、广告、交际应酬等）。

### 5. 实施公关方案

企业公关活动能否达到预期的效果，不仅要根据目标、公关对象制定出好的行动方案，还需要充分的实施准备来保障。为了保证公关方案实施的有效性，企业要结合自身特点慎重选择公关工具、公关策略等。企业可以利用一些特殊事件或突发事件来实施公关方案，或者创造某些条件使平淡无奇的事情变得富有新闻性，以此增加公关活动的效果。

实施公关方案，需要做好以下工作。

（1）做好实施公关前的准备。包括公关实施人员的培训、公关实施的资源配备等。

（2）消除公关障碍，提高公关效率。公关活动中存在许多障碍，如语言、风俗习惯、观念和信仰的差异及公关传播时机不当等，消除这些障碍，是提高公关效果的重要条件。

（3）加强公关实施的控制。公关实施中的控制主要是对人力、物力、财力、时机、进程、质量、阶段性目标以及突发事件等方面的控制。公关实施中的控制一般由制订控制标准、衡量实际绩效、将实际绩效与既定标准进行比较和采取纠偏措施四个环节组成。

### 6. 评价公关效果

由于公关活动的间接促销性特征，其效果不是立竿见影的，所以评价公关效果的难度较大。评价公关效果的内容包括公关程序、专项公关活动、公关状态的评价等。比较常用的评价方法有：看公关活动在新闻媒介上的展露次数；顾客对公关信息的印象调查；在公关活动后，消费者对企业或品牌的知名度、理解度及态度偏好方面的变化情况，以及观察实际的销售额与利润额的变化等。有些公关活动的成效，可以进行数量统计，如理解程度、抱怨者数量、传媒宣传次数、赞助规模与次数等。通过对这些进行分析判断，可以对企业的公关关系活动及效果作出较客观、准确的衡量与评价，并就未来的公关活动提出建议。

✏️ **思考与练习**

1. 政治权力如何影响企业的市场营销？
2. 企业权力营销的对策有哪些？
3. 企业公关的重要意义有哪些？
4. 企业如何开展公关营销？

## 技能训练

### 企业公关人员能力训练

**一、训练目标**

1. 培养公关人员的公关能力；
2. 学会应对突发事件的能力；
3. 学会制定公关方案。

**二、训练准备**

1. 授课教师根据学生人数进行分组；
2. 各组收集当地企业危机事件案例；
3. 根据某突发事件制定公关方案；
4. 每组要准备危机公关方案展示PPT，不少于10页。

**三、训练内容**

1. 收集当地企业公关危机事件；
2. 分析企业危机原因；
3. 提出处理企业危机的公关对策；
4. 写出企业应对危机的公关方案。

**四、训练流程**

分组→开展讨论→展现PPT→教师点评。

**五、训练操作要点**

1. 知识点：企业公关的相关知识；
2. 能力点：公关策划能力、活动组织能力、语言表达能力；
3. 控制点：时间及课堂氛围；
4. 考核点：选择企业的可靠性、公关方案的可行性、学生讨论的参与性。

# 项目十三　市场营销管理

## 案例导入

### 武汉科诺生物科技股份有限公司的营销控制

武汉科诺生物科技股份有限公司是一家高科技企业，主要从事生物农药等的研发、生产、销售和推广工作，目前主要有三大类产品，广泛应用于农业、畜牧业、水产养殖、污水处理等领域。公司产品包含10大系列30多种产品，行销中国、日本、美国、比利时、泰国、韩国、朝鲜、越南、印度尼西亚以及西班牙等多个国家。公司秉承"科诺生物，真诚为农"的营销理念，目标是发展成为一个以发酵技术为核心竞争力的全球农用微生物制造基地。

科诺员工中销售人员占比很大，这些销售人员分布在全国各市场片区。这充分体现了营销工作在公司的重要地位，同时反映了营销工作的成败直接影响公司的生存和发展。目前，该公司的营销管理工作主要有四个特点：一是不少产品已经进入产品生命周期的成长期，因此开拓市场和实现销售额最大化是公司的首要目标。二是公司主要产品是生物农药，属于有形产品，销售业绩目标的可量化程度较高。三是销售区域分布广，销售过程透明度不高，公司总部对各片区销售人员行为的可控性较低。因此，销售人员可能"粉饰"销售业绩，通过牺牲公司长期发展来获取个人短期利益。四是生物农药产品直接面对的是农村市场，销售人员主要与农民消费者打交道，大多数销售人员是公司在当地市场直接招聘的，因此综合素质不高。为此，该公司在市场部设置了督办部，设计了一种"双回路"的营销控制模式。事实证明，这种营销控制模式对公司早期的快速成长以及规范销售人员的行为发挥了重要作用。"双回路"营销控制模式主要强调用工作计划与督办落实"两条腿"走路。一方面，它要求销售人员制订详细的工作计划，包括具体的销售业绩目标。另一方面，它要求督办人员不定期地到市场一线检查工作计划的完成情况，并及时反馈检查的结果，督办人员的工作目的不是"挑刺"或找出销售人员工作中的不规范行为，而是帮助销售人员解决工作中的实际困难，及时纠偏，从而确保其顺利实现销售目标。同时，营销控制紧紧围绕团队控制和文化控制展开。例如，该公司的标识是一个红黑相间的向上箭头，这意味着公司积极向上和个性鲜明的企业形象，同时象征着公司蒸蒸日上和不断向前发展的趋势。标识的外观造型是"K"的变体，像鼠标的箭头，意为公司将始终以高科技武装自己。标识中的英文"KERNEL"的意思是"核心""精髓"，表明公司决心成为农药行业的主导、龙头和核心。此外，公司提出"科诺农药，一诺千金"的口号，奉行"只有真情奉献才能真心理解，只有乐于谦让才能从容进取，只有淡泊所得才能大有作为"，突出以"树立全员市场意识、树立全员科技意识、树立全员质量意识、树立全员成本意识、树立全员安全意识、树立全员规范管理意识"为主体的科诺意识。

由此可见，该公司的这种营销控制模式实际上把结果控制、过程控制、他人控制以及团队控制与文化控制等几种类型的营销控制有机地结合起来。每种类型营销控制中设计和运用的具体方法和流程是相互联系、相互支撑的。因此，这种整合营销控制模式能够较好地弥补单一营销控制模式的诸多不足，很好地发挥了"1+1>2"的作用。

（资料来源：王永贵，《市场营销》，中国人民大学出版社，有删改）

从上述案例可以看出，面对市场的不断变化、消费者需求的不断更新、竞争对手的不断涌现，市场相对饱和，任何一个企业都必须适应市场营销环境的变化，做好市场营销的组织、营销计划以及营销控制工作，这些都属于市场营销管理研究的内容。市场营销管理是指为了实现企业的营销目标，创造、建立和保持与目标市场之间的互利交换关系而进行分析、计划、执行和控制的过程。为了有效地开展营销管理活动，必须具备四个方面的条件：一是要有准确具体的营销决策前提条件；二是在良好条件的前提下，制订有效的营销计划；三是根据营销计划有效地从事营销活动；四是善于分析营销业绩，完善有助于今后营销活动的管理行为。

市场营销管理必须依托一定的机构或部门——市场营销组织进行。市场营销计划是关于某个产品或具体品牌如何进行市场营销的安排和要求。制订、执行市场营销计划，评估和控制市场营销活动，是市场营销组织的重要任务。

# 任务一　市场营销组织

## 一、营销部门的演进过程

企业内营销部门的构成是随着企业规模和营销业务量及范围的不断扩大经长期演进而来的。同时，企业经营观念的转变对营销部门的设置及在企业中地位的提高也起了不可低估的作用。在长期的演进过程中，营销部门大体经历了五种典型形式。

### 1. 单纯的推销部门

当企业规模很小时，销售职能多由企业主本人或雇用一两位推销员承担，还谈不上什么职能部门。因为此时的销售是否顺畅关系到企业能否生存，加上客户关系往往是企业除技术诀窍外最重要的资源（甚至是头号资源），所以企业主通常会亲自主持或从事销售工作。

随着企业规模的不断扩大，业务量的不断增加，企业成立销售部门，任命一位销售主管负责管理推销人员，并兼管如市场调研、广告促销等其他营销功能。销售部门的主要任务，就是销售企业生产出来的产品。产品的生产、库存管理等完全由生产部门决定，销售部门对产品的种类、规格、产量等问题几乎没有发言权。

### 2. 具有辅助性职能的推销部门

随着社会的发展，企业生产能力有很大提高，市场竞争有所加剧，产品销售出现困难，企业开始把精力放在推销上，开始使用促销手段，如广告宣传、市场调查、人员推销等，并对这些职能进行管理。为了把销售工作做得更好，企业扩大推销部门规模，雇用大量推销员专门负责推销工作。由于各地区都要分派推销人员，推销费用加大，单纯的推销部门已经不能适应企业发展，企业不得不在内部设立营销主任，负责对销售以外的其他营销工作的管理。复杂的销售部门兼有营销的职能。

当然，现实中处于这一阶段的许多企业的销售部门，虽兼有一些营销职能，但工作的重心是销售以及与销售最为密切的售后服务等。

### 3. 独立的市场营销部门

为了不断满足社会的需要，企业要面向市场，组织营销工作，为此出现了专门的营销部门。市场营销成为一个相对独立的职能，专门研究市场、广告宣传、产品计划、新产品开发、促销和顾客服务等，其作用是使产品更适合市场需要。原来的推销部门则主要负责产品销售。

在实际的运行过程中，这两个职能及其部门常出现工作脱节，有时很难互相配合，因此，协调解决营销过程中可能发生的矛盾，成为企业负责人的一项非常重要的工作。

### 4. 现代市场营销部门

为了统一管理、协调营销和推销活动，企业成立市场营销与销售部门，由市场营销副总经理全面负责。按市场分工，营销部门以长期目标为导向，计划和制定市场营销战略，实施市场营销组合，满足顾客对产品和服务的长期需要；销售部门则以短期目标为导向，完成每年的销售任务。

**5. 现代市场营销企业**

仅仅有了现代市场营销部门的企业，还不是现代市场营销企业。成为现代市场营销企业的关键在于企业所有的管理者和每一位员工对待市场营销职能的态度。只有所有的管理人员和每一位员工都认识到，企业一切部门和每一个人的工作都是"为顾客服务"，"市场营销"不仅是一个职能、一个部门的称谓，而且是一个企业的经营哲学，从而实施"全员营销"，这个企业才算是一个真正的现代市场营销企业。

## 二、现代企业的市场营销部门的组织形式

现代企业的市场营销部门有各种组织形式，不同的企业或同一个企业的不同发展时期建立的市场营销组织都不尽相同。一般来说，现代市场营销组织形式可以分为职能管理型组织、区域管理型组织、产品管理型组织、市场管理型组织、产品/市场管理型组织和事业部组织等几种类型。

**1. 职能管理型组织**

职能管理型组织是最常见的市场营销组织形式。它在市场营销副总经理的领导下，集合各种市场营销专业人员，如广告和促销人员、推销人员、市场营销调研人员、新产品开发人员、顾客服务人员、市场营销策划人员、储运管理人员等组成。市场营销副总经理负责协调各个市场营销职能部门、人员之间的关系。

**2. 区域管理型组织**

企业的业务涉及全国甚至全球范围时，可以按照地理区域组织管理销售人员。例如，在国内市场上，销售部门设有华东、华南、华北、西北、西南、东北等大区市场经理；再按省、自治区、直辖市设置区域市场经理；往下还可以设置若干地区甚至若干县域市场经理和销售代表。从全国市场经理依次到地区市场经理，所管辖的下属人员的数目即"管理幅度"逐级增加。当然，如果销售任务艰巨、复杂，销售人员的工资成本太高，他们的工作成效又对利润影响重大，管理幅度可以适当缩小。

**3. 产品管理型组织**

一个企业生产多种产品或拥有多个品牌，往往按产品或品牌建立市场营销组织。通常是在一名总产品（品牌）经理的领导下，按产品种类（品牌）各分设一名经理，再按产品具体品种各设一名经理。在一个企业，如果经营的各种产品差别很大，产品的品种又很多，超过了职能管理型组织所能控制的范围，就适合于建立产品（品牌）管理型组织。产品经理的作用就在于制订产品（品牌）计划，监督计划实施，检查执行结果并采取必要的调整措施，以及为自己负责的产品（品牌）制定长期的竞争战略和政策。

**4. 市场管理型组织**

如果市场能够按照顾客特有的购买习惯和偏好细分，也可以建立市场管理型组织。它同产品（品牌）管理型组织相似，由一个总市场经理管理若干个细分市场经理。各个市场

经理负责制订和执行自己所辖市场的年度销售利润计划和长期销售利润计划。

**5. 产品/市场管理型组织（又称为混合型市场营销组织）**

面向不同市场、生产多种产品的企业，在确定市场营销组织结构时经常面临的困局是，采用产品管理型还是市场管理型；能否吸收两种组织形式的优点，摒弃它们的不足之处。因此产品/市场管理型组织便产生了，即在一个企业既按产品建立营销组织，又按市场建立营销组织。

在混合型市场营销组织中，市场部门注重于巩固、扩展已占领的市场，并发现本企业产品可能进入的其他潜在市场，因而比较关心长期的市场需求。产品部门则着重于将本部门负责的产品销售出去，并实现该产品应达到的利润目标，因而较关心短期的效益。两者协调配合得好，可能取得相辅相成的效果；如果协调不好，可能在责权划分上有重叠、交叉和含混不清之处，带来许多矛盾和冲突。

**6. 事业部组织**

从事多元化经营的大公司发展到一定规模后，有时为规模较大的产品类别设立独立的事业部，这些事业部各设有自己独立的职能部门，由此产生了营销职能如何在公司总部与各事业部之间分工的问题。企业通常从以下几种模式中选取一种：

（1）公司总部不设营销部门，营销职能完全由事业部自己负责。

（2）公司总部设有一规模很小的营销部门，只担负极少的营销职能，如为最高管理部门进行总体市场机会评估；应事业部之邀提供咨询帮助等。

（3）公司总部设有一较大规模的营销部门，为事业部提供各种营销服务，如组织全公司的广告、公关活动；提供市场研究、推广、政策咨询、人员培训等服务。

（4）公司一级机构设有强大的营销部门，直接参与各事业部的营销规划及实际业务工作，甚至部分地控制它们的销售经营活动。

## 三、市场营销组织的建立

在市场竞争越来越激烈的情况下，企业规模不断扩张，消费者需求差异化越来越突出，企业为了能根据外部环境的特点，最有效、最经济、最科学地组织和利用企业的各种资源，满足市场的需要，实现产品和服务的最大价值，通常需要建立并加强市场营销组织。

### （一）建立营销组织的一般原则

企业应该在以顾客为中心的经营思想指导下，建立相应的营销组织。建立营销组织一般应遵循以下原则。

**1. 整体协调和主导性原则**

（1）设置的市场营销机构能够对企业与外部环境，尤其是与市场、顾客之间关系的协调发挥积极作用。

（2）设置的市场营销机构能够与企业内部的其他机构相互协调，并能协调各个部门之间的关系。

（3）市场营销部门内部的人员结构以及层次设置，也要相互协调，以充分发挥市场营销机构自身的整体效应。

### 2. 精简以及适当的管理跨度与层次原则

"精简"包含两方面意思：一是因事设职，因职设人，人员精干；二是内部层次不宜过多。

管理跨度，又称为管理宽度或管理幅度，指领导者能够直接有效指挥的部门或员工的数量；管理层次又称管理梯度，指一个组织下属不同等级的数目。

### 3. 有效性原则

效率是指一个组织在一定时间内可以完成的工作量。市场营销部门要有与完成自身任务相一致的权力。市场营销组织要有畅通的内部沟通和外部信息渠道，善于用人，各司其职。

营销组织的有效性原则表现在企业的营销组织结构必须与企业的规模和企业的管理任务相适应。在较小的企业里，一个人可能要兼管市场调研、产品推销、广告宣传等多种营销工作，而在大中型企业，这些工作可能需要由若干个人甚至若干个部门共同来完成的。企业的营销组织可以有多种不同形式，并根据客观需要随时调整。

## （二）影响营销组织建立的因素

### 1. 企业规模

企业规模越大，组织越复杂，企业就越需要较多的各类市场营销专职人员、专职部门以及较多的管理层次。

### 2. 市场

市场由几个较大的细分市场组成，企业需要为每个细分市场任命一位市场经理；市场地理位置分散，需按地区设置营销组织；市场规模大、范围广，就需要庞大的营销组织、众多的专职人员和部门。

### 3. 经营的产品

产业市场推销部门庞大，而广告部门却较小，产品类型多的企业，相应地就需要设置产品经理。直接面对消费者市场的企业，广告部门较庞大，推销部门则较简单。

### 4. 企业类型

服务行业如银行、商场的营销重点之一是顾客调查；原材料行业的营销重点之一则在于产品的储存和运输。

## 四、知识经济下营销组织结构新变化

伴随着科学技术的飞速发展，企业的营销生态环境发生了根本性的变化，必然要求企业的营销组织结构通过变化与之相匹配。

### 1. 网络化

随着信息技术的飞速发展，信息的传递不必再遵循自上而下或自下而上的等级阶层，就可实现部门与部门、人与人之间直接的信息交流。企业内部的这种无差别、无层次的复杂的信息交流方式，极大地刺激了企业中信息的载体和运用主体组织的网络化发展。

营销组织结构网络化主要表现为企业内部结构网络化和企业间结构网络化。企业内部结构网络化是指在企业内部打破部门界限，各部门及成员以网络形式相互连接，使信息和知识在企业内快速传播，实现最大限度的资源共享。企业间结构网络化包括纵向网络和横向网络，纵向网络指由行业中处于价值链不同环节的企业共同组成的网络型组织，如供应商、生产商、经销商等上下游企业之间组成的网络，这种网络关系打破了传统企业间明确的组织界限，大大提高了资源的利用效率及对市场的响应速度。横向网络指由处于不同行业的企业所组成的网络。这些企业之间发生着业务往来，在一定程度上相互依存。

营销组织的网络化使传统的层次性组织和灵活机动的计划小组并存，使各种资源的流向更趋于合理化，通过网络凝缩时间和空间，加速企业全方位运转，提高企业组织的效率和绩效。同时，营销组织也借此与客户方便地实现双向沟通。

### 2. 扁平化

营销组织结构的扁平化，就是通过减少管理层次、裁减冗余人员来建立一种紧凑的扁平组织结构，使组织变得灵活、敏捷，提高组织效率和效能。

扁平化组织结构的优势主要体现在以下几个方面。

（1）信息流通畅，使决策周期缩短。组织结构的扁平化，可以降低信息的失真度，增强上下级的直接联系，信息沟通与决策的方式和效率均可得到改观。

（2）创造性、灵活性加强，致使士气和生产效率提高，员工工作积极性增强。

（3）可以降低成本。管理层次和职工人数的减少、工作效率的提高，必然会带来产品成本的降低，从而使公司的整体运营成本降低，市场竞争优势增强。

（4）有助于增强组织的反应能力和协调能力。企业的所有部门及人员可更直接地面对市场，减少了决策与行动之间的时滞现象，增强了对市场和竞争动态变化的反应能力，从而使组织能力变得更柔性、更灵敏。

### 3. 无边界化

无边界化是指企业各部门间的界限模糊化，目的在于使各种边界更易于渗透，打破部门之间的沟通障碍，有利于信息的传送。在具体的模式上，现在比较有代表性的无边界模式是团队组织。团队组织指的是职工打破原有的部门边界，绕开中间各管理层，组合起来直接面对顾客以及对公司总体目标负责的以群体和协作优势赢得竞争优势的企业组织形式。团队组织一般可以分为两类：一类是"专案团队"，成员主要来自公司各单位的专业人员，其使命是为解决某一特定问题而组织起来，问题解决后即宣告解散；另一类是"工作团队"，工作团队一般是长期性的，常从事日常性的公司业务工作。

### 4. 虚拟化

营销组织结构的虚拟化是指用网络技术把人、资金、知识或构想网罗在一个无形（相对于实物形态的统一的办公大厦、固定资产和固定的人员等）的组织内，以实现一定的组织目标的过程。虚拟化的企业组织通过网络技术把实现企业目标所需要的知识、信息、人才等要素联系在一起，组成一个动态的资源利用综合体。虚拟组织的典型应用是创造虚拟化的办公空间和虚拟化的研究机构，前者是指同一企业的员工可以置身于不同的地点，但通过信息和网络技术连接起来，如在同一办公大厦内，同步共享和交流信息和知识；后者是指企业借助于通信网络技术，建立一个将世界各地的属于或不属于本企业的研究开发人员、专家或其他协作人员联系在一起，组成跨越时空的合作联盟，实现一定的目标。

**5. 柔性化**

营销组织结构的柔性化是指在组织结构上，根据环境的变化调整组织结构，建立临时的以任务为导向的团队式组织。组织结构柔性化的本质是保持变化与稳定之间的平衡，它需要管理者具有很强的管理控制力。组织结构柔性化最显著的优点是灵活便捷、富有弹性，因为这种结构可以充分利用企业的内外部资源，增强组织对市场变化与竞争的反应能力，有利于组织较好地实现集权与分权、稳定性与变革性

耐克的营销组织变革

的统一。除此之外，还可以大大降低成本，促进企业人力资源的开发，并推动企业组织结构向扁平化发展。很显然，柔性化的组织结构强化了部门间的交流合作，让来自不同方面的知识形成共享后的合力，有利于知识技术的创新。

# 任务二　市场营销计划

市场营销计划是指市场营销组织对市场营销未来行动的规划和安排。市场营销计划通过将企业在一定时期内的营销活动任务分解给企业的各个部门、环节和个人，从而不仅为这些部门、环节和个人在该时期的工作提供了具体的依据，而且为决策目标的实现提供了保障。制订和实施市场营销计划是市场营销组织的基本任务，是指导、协调市场营销活动的主要依据。

## 一、市场营销计划的作用

### 1. 为营销活动的分工提供依据

为了实现营销组织所制订的目标，组织必须开展相应的业务活动。为了保证营销组织不同成员在不同时空的活动相互协调地进行，必须进行科学的分工。营销计划将组织的目标活动在时间和空间上进行详细的分解，从而为科学分工提供了依据。

### 2. 为组织营销活动的资源筹措提供依据

任何活动的进行都是对一定资源的加工和转换。为了使营销组织的目标活动以尽可能低的成本顺利地进行，必须在规定的时间内提供活动进行所需的规定数量的各种资源。资源的提供不及时或者数量不足，可能导致活动的中断；而数量过多，则会导致资源的积压，从而不仅会增加资金的占用，甚至会造成资源的浪费。营销计划将活动在时空上的分

解，通过规定组织的不同部门在不同时间应从事何种活动，告诉了人们何时需要何等数量的何种资源，从而为活动的资源筹集和供应提供了依据。

### 3. 为营销组织活动的检查与控制提供依据

营销组织的各个部门、环节和个人在决策实施中的活动情况与目标要求不一定相符，可能会出现偏差。这种偏差如不及时发现并针对原因及时采取措施，则可能会导致营销组织活动的失败。营销计划为检查不同部门、环节和个人在不同时期的活动情况提供了客观的标准和依据。

## 二、营销计划的主要内容

市场营销计划的内容包括以下几个部分。

### 1. 计划概要

这是市场营销计划的开端，对主要的市场营销目标和措施作简要概括。

### 2. 背景分析

这一部分提供与市场形势、产品情况、竞争形势、分销情况以及宏观环境有关的现状资料并进行独到的分析。

### 3. 机会与威胁分析

通过分析现状，围绕产品找出主要的市场机会和威胁、优势与劣势，以及所面临的各种其他问题。

### 4. 拟订营销目标

明确问题后，需要做出与目标有关的选择，用以拟订战略和行动方案，这是营销计划的核心部分。

营销计划目标分为财务目标和市场营销目标两类。

营销目标应具体化，尽量用数量表达，如销售额、市场占有率、市场覆盖率、单价水平等。

### 5. 确定营销策略

营销策略包括目标市场、产品定位、市场营销组合策略及新产品开发和营销调查方面的计划。

### 6. 制定行动方案

行动方案将计划规定的目标和预算按季度、月度或更小的时间单位进行分解，如何具体着手、何时开始、何时完成、由谁做、预算经费多少等要按时间顺序列成一个行动方案。

## 三、市场营销计划的制订程序

### 1. 更新和收集数据，进行归纳分析

在解决任何问题时，首要的是掌握事实、分析事实。数据的更新与收集包括对行业、市场、销售、宏观经济方面的历史数据的收集和整理，同时要注意收集的数据应与解决营

销计划中的问题有关。

数据的分析工作非常重要，它必须能够支持得出的结论，并且透过数据可以看出设计的目标和战略是否可行。

### 2. 形成营销目标和营销战略

如前所述，营销目标一般采用数字指标进行衡量。销售额、品牌知名度、品牌第一提及率、现金流量等都是经常被设定的营销目标。

营销战略是为完成营销目标服务的。市场营销战略主要由三部分组成。

（1）目标市场战略，阐明企业及其品牌、产品准备进入的细分市场。

（2）市场营销组合战略，对选定的细分市场，分别制定包括产品、价格、渠道和促销等因素在内的一体化战略。

（3）市场营销预算。企业的营销目标、战略确定以后，要进行市场营销预算，即执行市场营销战略所需的、适量的各种市场营销费用、用途和理由等，作为各相关部门作出安排和管理的依据。

### 3. 制定营销行动方案

营销行动方案是市场营销计划的重要内容，是完成营销目标，执行营销战略的具体体现。营销行动方案按照时间系列、责任人落实、需要配备的资源等方法展示，说明了每个阶段需要对产品或服务采取的行动。

### 4. 预测财务结果

预测财务结果一般需要列明各项成本费用预算和盈亏金额，还包括现金流量表。这个过程通常需要财务人员的协助方能有效完成。财务结果对高层经理审批营销计划是非常关键的，它必须与公司的资源相匹配。

### 5. 协调和控制

再好的营销计划，也要靠具体的营销组织去实施，才能获得预期的效果。因此，营销计划的最后一部分，就是制订对营销计划的执行过程、进度等进行协调和控制的具体措施。即为了有效实行市场营销战略和计划，营销组织必须根据营销环境和企业资源、目标、策略的变化适应需要，调整自己，且企业内各职能部门均能相互配合，整体协调，共同为实现企业目标、营销计划而努力。

协调与控制常用的做法是把目标、预算按月度或季度分开，便于上级主管及时了解各个阶段的销售实绩，掌握未能完成任务的部门、环节的状况，分析原因，并要求其限期作出解释和提出改进措施。

# 任务三  市场营销执行

市场营销执行就是一个将市场营销计划转化为具体行动并实现既定目标的过程。

## 一、市场营销计划的有效执行

为了有效执行市场营销计划，市场营销部门以及相关人员对计划中的行动必须制定一个详细具体的执行方案，该方案必须明确市场营销计划中的关键环境、措施和任务，规定由"谁"在"什么时间""什么地点""怎样"去执行哪一项具体的任务。例如，计划规定了要组织一次与社会公益有关的公关活动，也分配了预算，这时就要安排人员具体组织并按照规定的时间完成这项任务。

## （一）营销执行应掌握的技能

为有效地执行市场营销计划，营销执行过程中须掌握以下相关的技能。

### 1. 配置技能

配置技能即营销管理人员根据计划规定的工作量和难度，在不同任务段合理分配时间、人员和资源的能力。

### 2. 控制技能

控制技能包括建立和管理一个对计划执行过程进行有效跟踪监督的控制系统，以及在发生意外时迅速采取补救措施的能力。控制有四种类型：年度计划控制、盈利控制、效率控制和战略控制。

### 3. 组织技能

组织技能主要是处理好组织内集权与分权、正规组织与非正规组织关系、建立合理制度、协调各部门关系的能力，以使组织效率达到最高。

### 4. 互动技能

互动技能组织的效率除取决于组织的结构、制度、传统、风格等因素外，还取决于管理者推动、影响他人努力将事情办好的能力。一位管理者还要善于影响组织之外的其他企业和个人更有效地工作或减少阻力，以达到企业的计划目标。

## （二）执行市场营销的程序

执行市场营销计划应遵循以下步骤。

### 1. 制定计划执行方案

根据市场营销计划，制定详细的执行方案。明确市场营销战略实施的关键性决策和任务，将执行这些决策和任务的责任落实到个人或销售小组，制订具体的任务进度表，规定行动方案执行的确切时间。

### 2. 建立组织机构

根据执行方案的要求，建立起与营销计划相适应的组织机构。组织机构应具备两大职能：一是提供明确的分工，将全部营销任务分解成管理的几个部分，再将其分配给各有关部门和个人；二是发挥协调作用，通过正式的联系沟通网络，协调各部门和人员的行动。

### 3. 开发人力资源

市场营销战略和计划最终是由企业内部的工作人员来执行的，人力资源的开发至关重要。根据人力资源管理的要求，涉及人员的招聘、选拔、培训、晋升、激励和考核等内容。开发人力资源应尽量做到人尽其才，激励考核措施要能够调动员工的积极性、主动性和创造性，防止营销管理人员行为的短期化，降低营销管理费用，保障市场营销计划的顺利完成。

## 二、计划执行中的问题与原因分析

在市场营销计划的执行过程中会出现各种问题，如任务不明确、权责不分明、管理不到位、资源不保障等，使得一个好的营销计划并不能带来预期的业绩。究其原因，主要有以下几个方面。

### 1. 计划脱离实际

市场营销计划通常由专业计划人员制订，执行则主要靠基层的管理人员和销售员。专业计划人员更多考虑的是总体方案和原则性要求，容易忽视具体执行中的细节，使计划过于笼统甚至是形式化；而基层操作人员由于不能完全理解营销计划的内涵，在执行过程中遇到困难在所难免。因此应由专业计划人员与基层人员共同来制订营销计划，可能更有利于市场营销计划的执行。

### 2. 长期目标与短期目标相矛盾

计划常常涉及企业的长期目标，企业对于具体执行计划的市场营销人员，通常又是根据他们短期的工作绩效，如销售量、市场占有率等指标，进行评估和奖励。因此，市场营销人员常常不得不注意短期目标，将资源主要投放到现有的成熟产品或成熟市场上，结果可能导致一个企业新产品推广的失败。所以，在制订营销计划时，一定要考虑到长期目标与短期目标之间的矛盾，设法求得二者的协调，以保障营销计划的正确执行。

### 3. 因循守旧的惰性

一般来说，企业当前的经营活动往往是为了实现既定的目标，新的战略、新的计划如果不符合传统和习惯，就容易受到抵制。因此，要想执行与旧战略截然不同的新计划，必须改变传统的组织结构和运行流程。

### 4. 缺乏具体、明确的行动方案

有一些营销计划之所以失败，是因为没有制定具体、明确的行动方案，缺乏一个能使企业内部各有关部门、环节协调一致、共同努力的依据。这就要求在执行营销计划之前，必须制定出详细具体的执行方案。

# 任务四　市场营销控制

市场营销控制是指企业跟踪营销活动的每一个环节，对营销计划中各项营销活动的实施和营销指标的完成情况进行监督和审计的过程。

市场营销组织的工作和任务，就是计划、实施和控制市场营销活动。营销控制的目的就是在执行市场营销计划过程中，保证企业营销计划与实际执行、预期目标与营销实绩的动态适应。

## 一、市场营销控制步骤

（1）确定应对哪些市场营销活动进行控制。市场营销活动的控制内容包括销售收入、销售成本、销售利润、市场调查、推销人员工作、顾客服务、新产品开发、广告活动等。

（2）设置控制目标。

（3）建立一套能测定营销结果的衡量尺度。

（4）确立控制标准。

（5）比较实绩与标准。

（6）分析偏差原因。

（7）采取改进措施。

## 二、市场营销控制方法

市场营销控制包括年度计划控制、盈利控制、效率控制和战略控制等方面，具体的控制方法如下。

### （一）年度计划控制

#### 1. 偏差分析

首先，控制步骤，管理者必须将年度营销计划分解为每季或每月的营销计划；其次，管理者必须随时跟踪掌握具体营销计划的实行情况，当营销实绩与计划标准属性发生偏差时，找出产生偏差的原因；最后，采取措施，纠正目标与实际执行结果之间的差额。

#### 2. 销售差额分析

销售差额分析是指分析销售额与计划销售额之间的差距，衡量并评估造成销售差距的不同因素的影响程度。具体有两种方法。

（1）总量差额分析，是指着眼于总销售额未能达到预期目标的分析。

（2）个别销售差额分析，是指着眼于个别产品或地区销售额未能达到预期份额的分析。

#### 3. 市场占有率分析

通过市场占有率分析揭示企业与竞争者的相对关系。市场占有率分析有三种指标。

（1）总体市场占有率，用本企业销售额在全行业销售额中所占比率表示。

（2）有限地区市场占有率，指企业在某一有限区域内的销售额占全行业在该地区市场销售额的比率。

（3）相对市场占有率，将本企业的市场占有率与行业内领先的竞争对手的市场占有率进行比较。

#### 4. 市场营销费用率分析

年度计划控制要确保企业在达到计划指标时，市场营销费用控制在一定限度内，就要对各项费用率进行分析。如果费用率变化幅度过大、上升速度过快，就必须采取相应的调整措施，降低费用。

### （二）盈利控制

盈利控制指企业测算它的各类产品在不同地区、不同市场，通过不同分销渠道出售的实际盈利能力。盈利控制能够帮助主管人员决策哪些产品或市场应予以扩大，哪些应予以缩减以至放弃。

盈利控制分析的方法：将费用开支分摊到各项职能上；再将各职能性费用按不同地区的费用支出进行分配；根据各地区销售额和费用支付额，编制各地区营销机构损益表。

### （三）效率控制

效率控制是对企业营销活动效率，如销售人员效率、广告效率、分销效率、促销效率等进行控制以达到预期要求。

（1）控制销售队伍的营销效率，包括每次销售访问平均所需时间、平均成本费用及订货量；发展的新客户数量、流失的老客户数量；销售队伍成本占总成本的百分比等方面的控制。

（2）控制商业广告效率，包括广告成本，各类媒体引起消费者注意、联想程度，顾客对广告内容、形式的意见，广告前后消费者对品牌、产品的态度等方面的控制。

（3）控制分销效率，包括分销网点的市场覆盖率、分销渠道成员所发挥的作用、存货、仓库、运输等方面的控制。

（4）控制促销效率，包括激发顾客兴趣和欲望的方式、方法，每次促销活动的成本及对整个营销活动的影响等方面的控制。

### （四）战略控制

战略控制是对企业的发展战略与市场营销环境的适应程度加以控制，目的是确保企业的目标、政策、战略和措施与市场营销环境相适应。

## 三、市场营销审计

为了确保企业目标、战略及策略能够与市场营销环境相适应，为了确保市场营销控制达到预期目的，企业必须时时注意对其整个市场营销活动进行全面的审查、评价，即进行市场营销审计。

市场营销审计是指对企业或战略业务单位的营销环境、营销目标、营销战略、营销组织、营销方法、营销程序和业务等诸方面进行独立的、系统的、综合的定期审查，以发现市场机会，找出问题所在，提出改善市场营销工作的行动计划和建议，供企业领导者决策时参考。

（一）市场营销审计的特性

从市场营销审计概念可以看出，市场营销审计具有四个方面的特性。

**1. 全面性**

营销审计不是只审计几个出问题的地方，而是覆盖整个营销环境、内部营销系统以至具体营销活动的所有方面，具体包括：营销环境审计、营销战略审计、营销组织审计、营销制度审计、营销生产率审计和营销功能审计六个方面。

**2. 独立性**

营销审计通常邀请企业之外富有经验的咨询部门或专家顾问参与，或由企业外部一个相对独立的、富有经验的营销审计机构客观进行，从而体现了营销审计的客观性和独立性。

**3. 系统性**

营销审计包括一整套有序的审计步骤，首先了解企业目标、确定审计范围，进而检查企业各项目标实现情况，从而确定对于计划的执行是否付出了足够努力；最后通过检查企业组织内信息沟通、权责分配是否合理，提出改进意见。

**4. 定期进行**

营销审计不是只在企业遇到问题或危机时才进行，而仅仅解决一些临时性问题。营销审计是定期进行的，无论企业处于顺境还是逆境。

（二）市场营销审计的内容

市场营销审计的内容包括六个方面。

**1. 市场营销环境审计**

（1）宏观环境审计。包括人口统计，如人口环境的变化对公司带来哪些机会和威胁，公司应当采取哪些行动；经济因素统计，如顾客的收入、储蓄、信贷和产品价格等方面有哪些变化将影响公司，公司可采取哪些行动；生态因素审计，如公司所需要的资源和能源的成本及获利性的前景如何，公司在环保方面发挥过什么作用；技术因素审计，产品技术发生过哪些主要变化，公司在这些技术领域的地位如何，有何产品会替代本公司产品；政治因素审计，哪些政治和法律因素会影响公司的营销战略与策略，公司应采取何种对策；文化环境审计，消费者的生活方式和价值观发生了哪些变化，对本公司将产生何种影响。

（2）任务环境审计。包括市场因素审计，如市场规模、成本、地理分销和盈利状况，细分市场的识别和确定；顾客因素审计，如顾客和潜在顾客对本公司和竞争者的产品质量、服务、销售队伍、价格、声誉的评价带来哪些机会，造成哪些威胁，公司可采取哪些步骤。

**2. 市场营销战略审计**

市场营销战略审计包括企业使命审计，如企业使命是否使用市场导向的术语明确地表述，是否切实可行；营销目标审计，如公司营销目标能否有效地指导营销计划和衡量营销实绩，是否与公司的竞争地位、资源和机会相适应；营销战略审计，如营销战略是否适应竞争者战略和经济环境，是否适应产品生命周期阶段和竞争者的战略与经济状况，市场细分和目标市场选择是否适当，是否为目标市场制订了有效的市场营销组合，实现营销目标的资源是否充足。

### 3. 市场营销组织审计

市场营销组织审计包括市场营销组织正式结构的审计，如营销主管人员是否有足够的权力和责任，营销活动能否按功能、产品、最终用户和地区有效地组织；营销组织功能效率的审计，如营销部门和销售部门及其他各部门之间能否保持良好的沟通和工作关系，产品管理系统能否有效地运作；职能部门相互之间联系效率审计，如营销部门与制造、研究开发、采购、财务、会计以及法律等部门之间能否有效地沟通与协作，亟待解决的问题是什么。

### 4. 市场营销制度审计

市场营销制度审计包括营销信息系统审计，如营销信息系统能否提供关于顾客、潜在顾客、经销商、竞争者、供应商以及各种公众的真实、及时、足够的信息，公司决策者有没有开展所需要的市场营销研究，有没有正确地利用调研的结果；营销计划系统审计，如营销计划的制订是否有效，销售定额的制订是否适当；营销控制系统审计，如营销控制程序能否保证季度、年度等目标的实现，营销部门是否定期分析产品、市场、地区和分销渠道的盈利情况和营销成本；新产品开发系统审计，如公司是否很好地组织、激发、收集和筛选新产品构思，新产品开发投资是否进行适当地营销研究和商业分析，推出新产品之前是否进行市场试销。

### 5. 市场营销生产审计

市场营销生产审计包括盈利率分析，如公司不同产品、市场、地区和分销渠道相应的盈利率分析，利润情况如何；成本效益分析，如不同营销活动的成本情况如何，哪些营销活动还有可以降低成本的空间。

### 6. 市场营销功能审计

市场营销功能审计包括产品审计，如不同产品线的目标市场是什么，能否满足目标市场的需求，哪些产品线应当淘汰，哪些产品线应当增加，哪些产品线需要进一步改进；价格审计，如公司的价格目标、政策、战略和定价程序是什么，定价是否正确地考虑了成本、需求和竞争因素，顾客与经销商对本公司产品的价格与质量有何看法；分销审计，如公司的分销网络能否充分覆盖市场，渠道成员工作效率如何，可采取哪些激励方法提高其工作积极性，有无必要改变分销渠道；广告审计，如广告目标是否合理，广告费用是否适宜，广告预算如何确定，广告主题及文案是否有效，广告媒体是否适当，广告效果如何；销售促进和公共关系审计，如销售促进预算是否足够，各种销售促进工具是否得到有效利用，公共关系及公共宣传预算是否足够，公共关系部门员工是否胜任；销售队伍审计，如销售队伍规模是否适当，销售队伍是否按照地区、市场或产品因素合理组织，销售人员报酬水平和构成是否足以起到激励作用，销售队伍的工作热情、能力和努力状况如何，销售业绩评价方式是否合理等。

## 思考与练习

1. 知识经济下营销组织结构有哪些新变化？
2. 市场营销计划的制订包括哪几个步骤？
3. 市场营销计划执行过程中存在哪些问题？原因是什么？
4. 简述市场营销控制的主要内容。

## 技能训练

### 无领导小组训练

**一、训练目标**

1. 培养学生的组织协调能力；
2. 激励学生能够在团体中积极表现自我。

**二、训练准备**

学生事先准备纸笔，分配小组；教师准备情景资料，组织学生实训，考核评价。

**三、训练内容**

1. 熟悉无领导小组情景训练的基本方法；
2. 根据情景分组演练。

**四、训练流程**

分组开展讨论—成果展示—教师点评。

**五、训练操作要点**

1. 知识点：无领导小组情景训练法；
2. 能力点：组织协调能力；
3. 控制点：时间及课堂氛围；
4. 考核点：组织领导的协调能力（自我推荐）、资料分析能力（结果的数量与质量）、团队配合。

# 参考文献

［1］吴健安，钟育赣．市场营销学［M］．北京：清华大学出版社，2015.

［2］科特勒，凯勒．营销管理［M］．王永贵，等译．北京：中国人民大学出版社，2012.

［3］科特勒，科特勒．营销的未来［M］．毕崇毅，译．北京：机械工业出版社，2015.

［4］科特勒．科特勒．谈营销：如何创造、赢取并主宰市场［M］．高登第，译．杭州：浙江人民出版社，2002.

［5］马斯特森，马克顿．营销学导论［M］．李先国，等译．北京：北京大学出版社，2006.

［6］石井淳藏，栗木契，鸠口充辉，等．日本营销学［M］．杨宇帆，译．北京：科学出版社，2010.

［7］艾·里斯，劳拉·里斯．品牌22律［M］．寿雯，译．北京：机械工业出版社，2023.

［8］特劳特，里卡金．重新定位［M］．谢伟山，苑爱冬，译．北京：机械工业出版社，2010.

［9］霍夫曼，贝特森．服务营销精要：概念、战略与案例［M］．范秀成，译．北京：北京大学出版社，2008.

［10］劳登，史蒂文斯，雷恩．营销管理：教材与案例［M］．陈兹勇，骆珊，译．北京：经济管理出版社，2006.

［11］多伊尔，布里奇沃特．营销市场创新［M］．荣忠声，卢维，陈彤，译．北京：中国时代经济出版社，2002.

［12］拉福雷．现代品牌管理（英文版）［M］．北京：中国人民大学出版社，2011.

［13］杨勇，李一红．现代市场营销学［M］．北京：中国物资出版社，2001.

［14］杨勇．价格竞争论［M］．北京：中国社会出版社，2005.

［15］杨勇，王惠杰．现代市场营销学［M］．北京：中国物资出版社，2007.

［16］王惠杰，杨勇，高万敏．现代市场营销学［M］．北京：中国物资出版社，2011.

［17］杨勇．市场营销策划［M］．北京：北京大学出版社，2014.

［18］杨勇，王惠杰．市场营销学［M］．2版．北京：中国财富出版社，2015．

［19］杨勇．市场调查与预测［M］．2版．北京：机械工业出版社，2021．

［20］杨勇．市场营销学实务教程［M］．北京：中国财富出版社．2018．

［21］陈鸿雁．市场营销学［M］．北京：电子工业出版社，2019．

［22］戴鑫．新媒体营销：网络营销新视角［M］．北京：机械工业出版社，2017．

［23］李牧南．产品创新思维与方法［M］．北京：机械工业出版社，2021．

［24］白玉苓，陆亚新．零售学［M］．北京：机械工业出版社，2020．

［25］何佳讯．战略品牌管理：企业与顾客协同战略［M］．北京：中国人民大学出版社，2021．

［26］白东蕊，岳云康．电子商务概论［M］．4版．北京：人民邮电出版社，2019．

［27］阳翼．数字营销［M］．2版．北京：中国人民大学出版社，2019．

［28］宁德煌．市场营销学：生活、营销与智慧［M］．北京：机械工业出版社，2020．

［29］王永贵．市场营销［M］．2版．北京：中国人民大学出版社，2022．

［30］阿姆斯特朗，科特勒．市场营销学：原书第13版［M］．赵占波，等译．北京：机械工业出版社，2019．

［31］吴健安，聂元昆．市场营销学［M］．6版．北京：高等教育出版社，2017．

［32］孙毅．数字经济学［M］．北京：机械工业出版社．2021．

［33］全琳琛．1分钟学营销：故事里的营销学［M］．北京：人民邮电出版社，2010．

［34］贾雯．市场营销理论与实务［M］．北京：中国商业出版社，2015．

［35］郭国庆．市场营销学通论［M］．6版．北京：中国人民大学出版社，2014．

［36］吴友富，吴炎燕．新编现代市场营销策略与技巧［M］．上海：上海外语教育出版社，2008．

［37］冯华亚．推销技巧与实战［M］．北京：清华大学出版社，2008．

［38］杨米沙．服务营销：环境、理念与策略［M］．广州：广东经济出版社，2005．

［39］张慧伶．市场营销方法与实践［M］．北京：中国商业出版社，2003．

［40］吕一林．市场营销学原理［M］．北京：高等教育出版社，2011．

［41］徐盛华．新编市场营销学基础［M］．北京：清华大学出版社，2006．

［42］高云龙，邰启扬．营销谋略与经典案例［M］．北京：社会科学文献出版社，2005．

［43］全国干部培训教材编审指导委员会．中外企业管理经典案例［M］．北京：人民出版社，2006．

［44］李毕华．阿里巴巴的营销策略［M］．深圳：海天出版社，2010．

［45］庄贵军．企业营销策划［M］．北京：清华大学出版社，2005．

［46］方虹．物流企业管理［M］．北京：高等教育出版社，2005．

［47］吴健．现代物流学［M］．北京：北京大学出版社，2010．

［48］薛辛光，孙雷红．营销策划理论与实务［M］．2版．北京：电子工业出版

社，2009.

[49] 王学东．营销策划：方法与实务［M］．北京：清华大学出版社，北京交通大学出版社，2010.

[50] 孟韬．市场营销策划［M］．大连：东北财经大学出版社，2009.

[51] 屈云波，张少辉．市场细分：市场取舍的方法与案例［M］．北京：企业管理出版社，2010.

[52] 李薇辉，罗文英．市场营销学［M］．上海：华东理工大学出版社，2006.

[53] 宋海峰．哈佛市场管理方法［M］．呼和浩特：内蒙古人民出版社，2010.

[54] 纪宝成．市场营销学教程［M］．5 版．北京：中国人民大学出版社，2012.

[55] 王月辉．日本企业市场营销战略［M］．北京：科学技术文献出版社，2005.

[56] 李晨耘．市场营销学实用教程［M］．北京：中国农业大学出版社，北京大学出版社，2010.

[57] 王槐林，李林．市场营销学［M］．北京：北京大学出版社，2010.

[58] 吕冬梅，黄泽群，谢朝阳．市场营销［M］．上海：同济大学出版社，2014.

[59] 李杰．品牌审美与管理［M］．北京：机械工业出版社，2014.

[60] 杨洪涛．市场营销：超越竞争，为顾客创造价值［M］．2 版．北京：机械工业出版社，2015.

[61] 里斯．视觉锤：视觉时代的定位之道［M］．王刚，译．北京：机械工业出版社，2012.

[62] 刘晓东．大数据微营销［M］．北京：中国财富出版社，2015.

[63] 宋彧．市场营销原理与实务［M］．北京：清华大学出版社，2013.

[64] 秦仲篪，袁超，李萍．品牌营销［M］．北京：清华大学出版社，2015.

[65] 骆品亮．定价策略［M］．3 版．上海：上海财经大学出版社，2013.

[66] 车慈慧．市场营销［M］．北京：高等教育出版社，2010.

[67] 张洪培，尚德峰，吕变喜．市场营销［M］．天津：南开大学出版社，2014.

[68] 戴万稳．国际市场营销学［M］．北京：北京大学出版社，2015.

[69] 刘厚钧．市场营销实务［M］．北京：电子工业出版社，2010.

[70] 秦远建．企业战略管理［M］．北京：清华大学出版社，2013.

[71] 郭国庆．营销伦理［M］．北京：中国人民大学出版社，2012.

[72] 王小兵，王晓东．市场营销理论与实务［M］．北京：清华大学出版社，2016.

[73] 陈劲，郑刚．创新管理：赢得持续竞争优势［M］．3 版．北京：北京大学出版社，2016.

[74] 吴健安．营销管理［M］．2 版．北京：高等教育出版社，2010.

[75] 李志敏．跟大师学营销［M］．北京：中国经济出版社，2004.

[76] 特劳特．大品牌大问题［M］．耿一诚，许丽萍，译．北京：机械工业出版社，2011.

［77］阿克．管理品牌资产［M］．吴进操，常小虹，译．北京：机械工业出版社，2012.

［78］郭国庆，贾淼磊．营销思想史［M］．北京：中国人民大学出版社，2012.

［79］李丹，徐娟，张勇．企业战略管理［M］．北京：清华大学出版社，2016.

［80］包政．营销的本质［M］．北京：机械工业出版社，2015.